French Grammar in Context
FOURTH EDITION

French Grammar in Context presents a unique and exciting approach to learning grammar.

Authentic texts from a rich variety of sources, literary and journalistic, are used as the starting point for the illustration and explanation of key areas of French grammar. Each point is consolidated with a wide range of written and spoken exercises. Grammar is presented not as an end in itself, but as a tool essential to enjoying French, understanding native speakers and communicating effectively with them.

Literary texts and poems are taken from renowned French authors such as Albert Camus, Zola, André Malraux, Alain Robbe-Grillet, Stendhal and Jacques Prévert. News sources include *Libération*, *Le Point*, *Marianne*, and *Le Monde Diplomatique*, in addition to articles from regional papers such as *Ouest-France* and *La Voix du Nord*. Lifestyle articles are included from magazines such as *Elle*.

This fourth edition has been updated to include new extracts from writers such as Christiane Rochefort, Raymond Queneau and Roch Carrier. In addition to extra exercises within the book, this new edition is supported by a companion website that offers a wealth of additional interactive exercises to practise and reinforce the material covered.

French Grammar in Context is aimed at intermediate and advanced students and is ideal for both independent and class-based study.

Margaret Jubb is Senior Lecturer in French at the University of Aberdeen.

Annie Rouxeville was previously Senior Lecturer in French and Tutor at TILL, University of Sheffield.

LANGUAGES IN CONTEXT

The *Languages in Context* series presents students with an engaging way of learning grammar while also acquiring cultural and topical knowledge. Each book in the series uses authentic texts, drawn from a generous variety of sources, as the starting point for the explanation of key areas of grammar. Grammar points are then consolidated with a wide range of exercises to test students' understanding.

Aimed at intermediate to advanced students, *The Languages in Context* series is suitable for both class use and independent study.

The following books are available in this series:

French Grammar in Context
Spanish Grammar in Context
German Grammar in Context

French Grammar in Context

FOURTH EDITION

MARGARET JUBB

and

ANNIE ROUXEVILLE

Routledge
Taylor & Francis Group

LONDON AND NEW YORK

Dedicated to the memory of Geneviève Wilkinson

Fourth edition published in 2014 by Routledge
2 Park Square, Milton Park, Abingdon, Oxon OX14 4RN

Simultaneously published in the USA and Canada
by Routledge
711 Third Avenue, New York, NY 10017

Routledge is an imprint of the Taylor & Francis Group, an informa business

First published in Great Britain in 1998, Second Edition published in 2003, Third Edition published in 2008 by Hodder Education, part of Hachette UK, 338 Euston Road, London NW1 3BH

British Library Cataloguing in Publication Data
A catalogue record for this book is available from the British Library

Library of Congress Cataloging in Publication Data
A catalog record for this book has been requested

ISBN: 978-0-415-70669-8 (hbk)
ISBN: 978-0-415-70668-1 (pbk)
ISBN: 978-1-315-87992-5 (ebk)

Typeset in 10/14pt Minion by
Servis Filmsetting Ltd, Stockport, Cheshire

Printed and bound in Great Britain by
TJ International Ltd, Padstow, Cornwall

Contents

Acknowledgements

This book developed from collaborative work undertaken some years ago under the auspices of the Association for French Language Studies Grammar Initiative. We gratefully acknowledge the impetus and support given to our work by AFLS. We are also grateful to Lesley Riddle of Edward Arnold for helping us to refocus and extend our earlier work with a view to publication, and to an unidentified reader selected by Edward Arnold for commenting on a first draft of the present work. In producing the original three AFLS Brochures Grammaire, we worked with two colleagues, Carol Chapman of the University of Liverpool, and the late Geneviève Wilkinson of the University of Hull.

Every effort has been made to trace and acknowledge the owners of copyright. The publishers will be glad to make suitable arrangements with any copyright holders whom it has not been possible to contact.

The authors and publisher would like to thank the following for permission to use copyright material in this book:

Label France: Corinne Tonarelli, 'La Provence, terre de lumière', no. 24, June 1996 and Mélina Gazsi, 'Cent ans de laïcité à la française', no. 60, 2005; *Éditions Gallimard* © Albert Camus, *L'Étranger*, 'J'ai retourné ma chaise', 1957, André Malraux, *La Condition Humaine*, 'L'auto de Chang-Kaï-shek', 1946, Jacques Prévert, 'Le Dromadaire mécontent', 'Contes pour les enfants pas sages' in *Histoires et autres histoires*, 1963, and Simone de Beauvoir, *Mémoires d'une jeune fille rangée*, 'La plupart des garçons que je connaissais', Collection Folio, 1958, Raymond Queneau, *Exercises de style*, 1947, www.gallimard.fr; *Société Nouvelle des Éditions Pauvert*: Jehanne Jean-Charles, *Les plumes du corbeau*, 'Cet après-midi, j'ai poussé', 1962; *Methuen Educational Ltd*: R. Vailland, *Un jeune homme seul*, 'Michel Favart, l'ingénieur', 1985, Claire Etcherelli, *Élise ou la vraie vie*, 'Je cherchai Arezki', ed. J. Roach, 1985 and Paul Éluard, 'Ma morte vivante', *Anthologie Éluard*, ed. C. Scott, 1983; *Libération*: 'Le temps aujourd'hui, région par région', 28 October 1996, J.-C. Schmitt, 'Un mythe composite', 9 February 1994, Éric Jozsef, 'Votre diplôme n'est pas valable', 11 March 2002, © Marion Chaudru, *Libération Voyages*, 2 April 2013 and *Libération Quotidien*, Kara Walker and Sean James Rose, 'Le besoin cathartique de faire un retour en arrière', 31 July 2007; *InfoMatin*: 'Enfant d'une secte', 29–30 December 1995; *Regards*: Daniel Le Scornet, 'Aujourd'hui, une catégorie entière de la population française', 22 December 1995; Service M: 'Donnez-moi un quart d'heure le soir'; Éditions de Minuit: Alain Robbe-Grillet, *Djinn*, 'De nouveau, la méfiance', 'Ensuite Jean m'a offert', 'Mais non, se dit-il', 'Tout cela paraissait absurde' and 'Comment t'appelles-tu?', 1981; *Le Monde*: Thomas Ferenczi, 'Faits divers', 17 November 1984 and Philippe Sollers, 'Le Diable à Florence', 27 September 1996; Institut de Formation au Marketing: 'Après le patron'; *Le Nouvel Observateur*, M.O., 'Ne lisez surtout pas', February 1995, W. Legros, 'Nous sommes tous polyglottes', 8–14 September 1994, C. Brizard, 'Pollution urbaine, les vrais dangers', 11–17 May 1995, Claude Roy, 'L'Observatoire de la planète Terre', 2–8 March 1995, Fabien Gruhier and Michel de Pracontal, 'Le secret du cerveau de Mozart', 9–15 February 1995 and Marc Ferro, 'Un bilan globalement négatif', 8 December 2005; *Le Monde Diplomatique*: Bernard Cassen, 'Le mur de l'anglais', May 1995; *L'Entreprise*: Jean Boissonnat, 'Tour du monde', October 1989; *Le Point*: E. Saint-Martin, 'Championnat d'échecs – Un Grand Maître de 14 ans', 29 March 1997, Marie-Sandrine Sgherri, 'Ces escrocs qui s'attaquent aux vieux', 3 May 2002 and Gilles Pudlowski, 'Nice, baie des arts', 29 March 1997; *Ouest-France*: 'Un cimetière marin au large de Tunis', 1 August 1997 and Julien Redon, 'Sous tension', 23 July 2002; *Elle*: Sylvie Tardrow, 'Tieb de Daurade', 4 November 1996 and 'News Beauté', 4 November 1996; *Éditions Atlas*: 'Toulouse', *Atlas Air France*, 1989; *La Voix du Nord*: Denis Sénié, 'Tintin au pays des pixels', 12 November 1996; *La Lettre du Gouvernement*: 'Préserver l'air, c'est protéger notre santé', 24 April 1996; *Le Monde de l'Éducation*: Caroline Helfter, 'Vers le bilinguisme', July–August 1996 and Macha Séry, 'La langue de Molière au secours de la langue de bois', July–August 1996; *L'Événement du Jeudi*: Nicolas Domenach, 'Ces réseaux qui gouvernent la France', 25–31 July 1996; *Actualquarto*: 'Biosphère II, la Terre bis', no. 3, 1990–91; *Okapi*: 'Le Tabloïd', 11–24 March 1995, 'Les grands débats' and 'Les aventuriers sous la mer', 1–15 September 1994; *Éditions Bernard Grasset*: Colette, *La Chatte*, 1933, 'Il aimait ses songes', Christiane Rochefort, *Les Petits Enfants du siècle*, 1961; *Bien-Dire*: 'Sur les quais', no. 2, Winter 1997; *Le Figaro*: Anne Muratori-Philip, 'Napoléon: le testament que l'on croyait perdu', 2 May 1996; *Sciences et Avenir*: B.A., 'Quand les cathédrales étaient peintes', 26 July 2002; *Présence Africaine*: Joseph Zobel, *La Rue Cases-Nègres*, 1974; *Éditions Caribéennes*: Joseph Zobel, *Et si la mer n'était pas bleue . . .*, 'Le Retour de Mamzelle Annette', 1982; *Ça m'intéresse*, © F. Karpyta, 'Pourquoi les filles parlent plus tôt que les garçons', no. 295, September 2005 and © Vincent Nouyrigat, 'Ces poussières qui font le tour du monde' no. 318, August 2007; *La Pèlerine*, 'Randonnées accompagnées, l'hébergement', 2007; Willy et Colette, *Claudine à l'école*, Livre de Poche, 1961, with the kind permission of *Éditions Albin Michel*; Frantz Fanon, *Peau noire, Masques blancs*, © *Éditions du Seuil*, 1952, Collection Points Essais, 1971 and Ahmadou Kourouma, *Les Soleils des Indépendances*, © *Éditions du Seuil*, 1970, Collection Points, 1995; *Marianne*, Pierre Feydel et Erwan Seznec, 'Les Parasites, les Profiteurs', no. 536, July 2007; *Éditions Stanké*, Roch Carrier, *Les Enfants du bonhomme dans la Lune*, 1979

Preface to the first edition

This book is intended for intermediate and more advanced students of French, both those approaching the end of high-school or secondary education and those in their first or second year at university, who need to consolidate and extend their knowledge of French grammar and to develop their ability to use this knowledge in speech and writing. Unlike a reference grammar, it does not aim to be exhaustive in its coverage. Instead, it focuses on key areas of grammar, selected both for their perceived usefulness and for the difficulties which they often cause the Anglophone student.

The starting point is always an authentic text, chosen for its intrinsic interest no less than for its richness as a source of examples of grammar in context. In the analysis which follows the text, the function and form of the relevant grammar topic are first explored as seen in the text, before a development section headed 'Discover more about X' amplifies the coverage with illustrated commentary on further important points, including any significant divergences of practice between different registers both in writing and in speech. Page references to the relevant sections of five standard reference grammars are provided, so that students may seek further information as they require. Cross-references are also made to relevant sections of other grammar units within the book itself. It is essential that both sections of analysis, 'X in the text' and 'Discover more about X', should be studied before the student attempts any of the exercises which follow.

The exercises continue the emphasis on grammar in context by including a considerable proportion of text-based exercises and also some communicative activities and translation exercises. A key is provided to all the exercises, except for the more open-ended communicative ones, so that students may use the book for private study. However, there is ample scope for the book to be used also in class. For example, each text naturally contains examples of other grammar points apart from the main point which it has been chosen to illustrate. Accordingly, a detailed listing of the further grammatical features of each text is provided as guidance for teachers, so that they may exploit the material in different ways.

The revision texts at the end of the book provide students with an opportunity to integrate the work which they have done in the preceding units. First, a series of analysis questions exploits the fact that each text contains examples of many different grammatical features. Students are required to demonstrate their understanding by providing their own commentary on highlighted features. A key with cross-references back to the analysis sections in the various units enables them to check their work. Finally, in order to ensure that passive knowledge and understanding have been translated into an ability to make active use of language, and that language observed has been internalized, a series of gap-filling exercises based on the texts is provided.

In the revision section, as in the rest of the book, the emphasis is on grammar in context and on grammar with a functional and communicative purpose. This is reflected most importantly in the texts themselves, which have been chosen from a wide variety of sources, both literary and non-literary. It is also apparent in the analysis sections which focus first on the function rather than the form of a given grammatical feature, and in the exercises which are predominantly text-based. Grammar is thus presented not as an end in itself, but as a tool essential both to understanding the authentic language of native speakers and to producing effective language of one's own. This book provides a first step towards acquiring grammatical competence in French, but its best success will be if it encourages students to practise in their own wider reading and exposure to spoken French the skills of observation, reflection and imitation which will enable them to go on learning on their own.

Preface to the second edition

In response to readers' suggestions, three new chapters have been added to this second edition of *French Grammar in Context*. These are: Nouns (Chapter 12), Adverbs and adverbial phrases (Chapter 17), and Word order (Chapter 30). The sequence of chapters has been slightly modified, so that the chapter on Articles and quantifiers now comes immediately after the new chapter on Nouns, and is itself then followed by Demonstratives (Chapter 14) and Possessives (Chapter 15). The chapter on the Present and perfect subjunctive (Chapter 26) has been substantially rewritten, but only minor revisions have been made to other chapters. The page references to R. Hawkins and R. Towell, *French Grammar and Usage* have been changed, and now refer to the second edition, published in 2001.

Preface to the third edition

This new edition has been updated with two new core texts (Chapters 11 and 29), two new revision texts (5 and 6), and a variety of new text-based exercises. The new texts come from throughout the French-speaking world. In response to the view of many teachers, it was decided to retain Chapter 27 on the Imperfect and pluperfect subjunctive, but to emphasize the importance of recognition in reading, rather than active use. Minor corrections and revisions have been made elsewhere, and the Bibliography has been updated to include new editions of the works listed.

Preface to the fourth edition

This edition has been updated with new core texts for Chapters 9 and 16, one new revision text (2), and a variety of new exercises throughout. Page references to the relevant sections of two additional reference grammar books, M. L'Huillier, *Advanced French Grammar*, and P. Turk and G.G. Vandaele, *Action grammaire*, have been provided in each chapter. The Bibliography has been updated to include these books, as well as the most recent editions of the other works listed. In the reprint of the third edition of *French Grammar in Context*, the page references in each chapter to *A Comprehensive Grammar of Modern French* had already been updated to refer to the sixth edition (2008), using the name of G. Price, who substantially revised it, rather than the names of the original compilers, L. S. R. Byrne and E. L. Churchill. Further changes have now been made as follows. The page references to Mary E. Coffman Crocker, *Schaum's Outline of French Grammar* here refer to the fifth edition, published in 2009, and the page references to R. Hawkins and R. Towell, *French Grammar and Usage* to the third edition, published in 2010. Minor corrections and revisions have been made elsewhere. In particular, the occasional glosses to the texts have been standardised so that they are all now in English, the language used for the grammatical explanations and the rubrics for the exercises.

This new edition is supplemented by a companion website. The companion website provides a wealth of additional interactive exercises to practise the material covered within the book. These interactive exercises have been written by Isabelle Gourdin-Sangouard.

1 | The present tense

La Provence, terre de lumière

Vincent Van Gogh **étouffe** à Paris. Il **part** chercher le soleil à Arles. C'**est** là, dans cette ancienne cité de la Gaule romaine, ancrée aujourd'hui dans le
5 delta du Rhône, que le peintre **trouve** la lumière qui **va** transformer son art . . . . Aux confins d'Arles, il **peint** le fameux tableau des *Alyscamps*: au fond de l'allée, le clocher de Saint-Honorat
10 **trempe** dans un ciel finement rayé de jaune et de bleu. La nature **est** violente et colorée, les peupliers **s'enflamment**, les buissons **s'empourprent**.
    Un peu plus tard, Van Gogh
15 **s'aventure** dans le delta et **découvre** le village de Saintes-Maries-de-la-Mer et la Méditerranée. 'La mer **a** une couleur comme les maquereaux, c'est-à-dire changeante', **écrit**-il à son frère Théo,
20 'on ne **sait** pas toujours si c'**est** vert ou violet, on ne **sait** pas toujours si c'**est** bleu car la seconde d'après, le reflet changeant a pris une teinte rose ou

grise.' Au bord des plages de Saintes-
25 Maries-de-la-Mer, lieux de pèlerinage et rendez-vous des gitans, ce peintre **dessine** la violence des flots et le reflet des voiles des bateaux.
    Loin des vagues, la Provence **devient**
30 bourgeoise. Aix-en-Provence, ville d'eau, ville d'art, a vu grandir Paul Cézanne au début du siècle. Plus tard, l'enfant du pays criera à ses amis peintres parisiens: 'Vive le soleil qui
35 **donne** une si belle lumière.' Successivement installé au nord-est de la ville ou au château noir, sur la route champêtre qui **mène** au petit village du Tholonet, Paul Cézanne **peint** les
40 couleurs, les yeux rivés sur la montagne Sainte-Victoire. Même dégarni de sa couronne d'arbres, ce bloc de calcaire **est** lumière. La montagne **se dresse**, grise, bleue ou beige mais toujours
45 majestueuse comme au bout du ciel.

Corinne Tonarelli, *Label France*

♀ The present in the text

1 USAGE

a Present
The present tense is frequently used in the same way as it is in English, to convey facts and actions going on in the present.

This can be a state of affairs, e.g. *sait* (line 20)

or a timeless fact/situation, e.g. *donne* (line 35), *mène* (line 38), *se dresse* (line 43)

b Past: the 'historic present'

The present can be used to express past actions. This is far more frequent in French than it is in English. The narrator uses the present as a descriptive or narrative tense in order to give more immediate impact to the story.

e.g. *étouffe* (line 1), *part* (line 2), *c'est* (line 2), *trouve* (line 5), *peint* (line 7), etc.

c Future

The present can also indicate future actions, usually through the use of *aller* + infinitive.

e.g. *va transformer* (line 6) = *transformera*

2 FORMATION

a A good many verbs used in the text are known as 'regular' verbs, with the infinitive ending in -*er*. To obtain the present tense of these verbs, take the infinitive form, remove the -*er* ending and add the following endings:

je	*tu*	*il/elle*	*nous*	*vous*	*ils/elles*
-e	-es	-e	-ons	-ez	-ent

In some verbs with an '-e' immediately before the final consonant preceding the '-er' ending of the infinitive e.g. *mener*, the 'e' changes to '**è**' except in the 'nous' and 'vous' forms e.g. *mène* (line 38). Other verbs include *amener*, *acheter*, *se lever*, *enlever*, *se promener*, *peser*, *geler*.

b There are a number of irregular verbs in the text, amongst which are some very common ones, as well as the auxiliaries *être* and *avoir*.

être	*avoir*	*aller*	*écrire*	*savoir*
je suis	j'ai	je vais	j'écris	je sais
tu es	tu as	tu vas	tu écris	tu sais
il/elle est	il a	il/elle va	il/elle écrit	il/elle sait
nous sommes	nous avons	nous allons	nous écrivons	nous savons
vous êtes	vous avez	vous allez	vous écrivez	vous savez
ils/elles sont	ils/elles ont	ils/elles vont	ils/elles écrivent	ils/elles savent

(de)venir	*partir*	*peindre*	*découvrir*
je (de)viens	je pars	je peins	je découvre
tu (de)viens	tu pars	tu peins	tu découvres
il/elle (de)vient	il/elle part	il/elle peint	il/elle découvre
nous (de)venons	nous partons	nous peignons	nous découvrons
vous (de)venez	vous partez	vous peignez	vous découvrez
ils/elles (de)viennent	ils/elles partent	ils/elles peignent	ils/elles découvrent

Other points to note in the text

- Pronominal verbs: *s'enflamment* (line 12); *s'empourprent* (line 13); *s'aventure* (line 15); *se dresse* (line 43) (see Chapter 20)
- Adjectives, in particular, colours (lines 3, 4, 7, 11, etc.) (see Chapter 16)
- Omission of the article: *Aix-en-Provence, ville d'eau, ville d'art* (lines 30–1) (see Chapter 13)

Discover more about the present

1 USAGE

a French uses a simple present for the English progressive.

e.g. *J'écris une lettre = I am writing a letter*
En train de + infinitive can be used to stress the length of time involved or the ongoing nature of the action.

e.g. *Je suis en train d'écrire une lettre*

b The immediate past can be expressed by using *venir de* + infinitive.

e.g. *Je viens de le voir = I have just seen him*

c *Depuis* + present is used in French to express an action which started in the past but is continuing in the present.

e.g. *J'habite dans cette maison depuis quatre ans = I have been living in this house for four years*
i The same construction applies to '*il y a . . . que*', '*ça fait . . . que*', '*voilà . . . que*'
Il y a quatre ans que j'habite dans cette maison
Ça fait quatre ans que j'habite dans cette maison
Voilà quatre ans que j'habite dans cette maison
ii Note that in English a past tense is always used in this context.

d The simple present in French can be used to refer to the future.

e.g. *Demain, c'est promis, j'arrive à l'heure*

e In spoken French the present is occasionally used instead of an imperative.

e.g. *Tu arrêtes de crier! (= Arrête de crier!)*

2 FORMATION

a Apart from the very common verbs in *-er*, there are two other types of 'regular' verbs: verbs ending in *-ir* like *finir* (although not all verbs ending in *-ir*) and verbs ending in *-re* like *vendre*. To obtain the present tense of these verbs, remove the *-ir* or *-re* endings and add the following endings:

	je	*tu*	*il/elle*	*nous*	*vous*	*ils/elles*
verbs ending in -ir	-is	-is	-it	-issons	-issez	-issent
verbs ending in -re	-s	-s	—	-ons	-ez	-ent

b Many common verbs have irregular conjugations. These include: *apercevoir, boire, conduire, connaître, courir, croire, devoir, dire, dormir, écrire, envoyer, faire, lire, mettre, mourir, naître, ouvrir, pouvoir, prendre, recevoir, sentir, sortir, suivre, tenir, voir, vouloir.*

See for further information:	Coffman Crocker, pp. 99–132
	Ferrar, pp. 48–9, 54–66, 68
	Hawkins and Towell, pp. 160, 164–97, 237–8
	Judge and Healey, pp. 103–5, 170, 216–19
	L'Huillier, pp. 77–91
	Price, pp. 257–99, 316, 322–6
	Turk and Vandaele, pp. 94–105

✎ EXERCISES

1 Complete the following sentences with the appropriate present ending.

a Ils parl_____ trop fort.

b Vous fin_____ votre travail et on sort.

c Nous refus_____ de l'écouter.

d Je te défend_____ de sortir seule.

e Il réuss_____ tout ce qu'il fait.

f Tu répond_____ quand je te parle!

g Tu tomb_____ amoureuse toutes les semaines!

h Ils vend_____ des noix de coco.

i Je compt_____ jusqu'à dix.

j Elle obé_____ rarement.

2 Complete the following sentences with the correct form of the verb. Make any necessary changes.

a Je _____ que c'est très difficile. (admettre)

b Cet enfant _____ à poings fermés. (dormir)

c Nous _____ bien sa famille. (connaître)

d Beaucoup d'enfants _____ de faim. (mourir)

e Vous _____ que c'est vrai? (croire)

f Les Impressionnistes _____ la lumière. (peindre)

g Ils _____ un café ensemble. (prendre)

h Vous _____ des crêpes ce soir? (faire)

i Ce qu'ils _____ , c'est la paix. (vouloir)

j Nous _____ très heureux de faire votre connaissance. (être)

k Est-ce que tu _____ une paire de ciseaux? (avoir)

l Vous _____ mieux? (aller)

3 Without looking at the original, complete the following text with the verbs in the appropriate form of the present.

Vincent Van Gogh _____ (étouffer) à Paris. Il _____ (partir) chercher le soleil à Arles. C'_____ (être) là, dans cette ancienne cité de la Gaule romaine, ancrée aujourd'hui dans le delta du Rhône, que le peintre _____ (trouver) la lumière qui _____ (aller) transformer son art. Aux confins d'Arles, il _____ (peindre) le fameux tableau des *Alyscamps*: au fond de l'allée, le clocher de Saint-Honorat _____ (tremper) dans un ciel finement rayé de jaune et de bleu. La nature _____ (être) violente et colorée, les peupliers _____ (s'enflammer), les buissons _____ (s'empourprer).

Un peu plus tard, Van Gogh _____(s'aventurer) dans le delta et _____ (découvrir) le village de Saintes-Maries-de-la-Mer et la Méditerranée. 'La mer _____ (avoir) une couleur comme les maquereaux, c'est-à-dire changeante', _____ (écrire)-il à son frère Théo, 'on ne _____ (savoir) pas toujours si c'_____ (être) vert ou violet, on ne _____ (savoir) pas toujours si c'_____ (être) bleu car la seconde d'après, le reflet changeant a pris une teinte rose ou grise.' Au bord des plages de Saintes-Maries-de-la-Mer, lieux de pèlerinage et rendez-vous des gitans, ce peintre _____ (dessiner) la violence des flots et le reflet des voiles des bateaux.

Loin des vagues, la Provence _____ (devenir) bourgeoise. Aix-en-Provence, ville d'eau, ville d'art, a vu grandir Paul Cézanne au début du siècle. Plus tard, l'enfant du pays criera à ses amis peintres parisiens: 'Vive le soleil qui _____ (donner) une si belle lumière.' Successivement installé au nord-est de la ville ou au château noir, sur la route champêtre qui _____ (mener) au petit village du Tholonet, Paul Cézanne _____ (peindre) les couleurs, les yeux rivés sur la montagne Sainte-Victoire. Même dégarni de sa couronne d'arbres, ce bloc de calcaire _____ (être) lumière. La montagne _____ (se dresser), grise, bleue ou beige mais toujours majestueuse comme au bout du ciel.

4 Translate into French.
   a I can't answer the phone: I'm washing my hair.
   b I have been on this course for three months.
   c I have just finished my lunch.
   d I'll be ready in two minutes.
   e He will disappear in a few moments.
   f How long have you been waiting?
   g I brush my teeth twice a day.
   h They are pushing the car.

5 A French-speaking friend is due to pay you a visit. Describe in French the house or block of flats you live in and how to get there. Use as many verbs in the present as possible.

6 'Qu'est-ce que tu fais demain?'
   Answer this question, using the present tense as a future. Ask other students the same question.

7 'Tu sais ce qui m'est arrivé hier?'
   Recount an incident using the historic present (i.e. as a past tense).

2 | The *passé composé*

Text

> **J'ai retourné** ma chaise et **je l'ai placée** comme celle du marchand de tabac parce
> que **j'ai trouvé** que c'était plus commode. **J'ai fumé** deux cigarettes, **je suis
> rentré** pour prendre un morceau de chocolat et **je suis revenu** le manger à la
> fenêtre. Peu après, le ciel **s'est assombri** et **j'ai cru** que nous allions avoir un
> 5 orage d'été. **Il s'est découvert** peu à peu cependant.
>
> Mais le passage des nuées avait laissé sur la rue comme une promesse de pluie qui
> **l'a rendue** plus sombre. **Je suis resté** longtemps à regarder le ciel. A cinq heures,
> des tramways **sont arrivés** dans le bruit. Ils ramenaient du stade de banlieue des
> grappes de spectateurs perchés sur les marchepieds et les rambardes.

Albert Camus, *L'Étranger*

⚲ The *passé composé* in the text

1 USAGE

The *passé composé* = perfect and is used to refer to completed events in the past, but it usually implies some kind of link between the past event and the present time, e.g. either that the event has taken place fairly recently, or that the consequences of it are still felt in the present. It may correspond either to the English 'I have placed' or 'I have been placing', but in this extract, as so very often, it functions as a definite past and is best translated by a simple past in English: 'I placed'. It is used in distinction to the **imperfect** tense (see Chapter 3), which presents actions in the past as ongoing, continuous, incomplete, e.g. *Ils ramenaient* (line 8) in the text above. *Des tramways sont arrivés* (line 8) is a completed event; but *ils ramenaient* (line 8) relates what they were in the process of doing. They were bringing back . . .

The text is taken from a novel, *L'Étranger*, by Albert Camus. Normally, in a novel, one would expect to find the **past historic**, rather than the *passé composé*, used as the main narrative tense for completed events in the past. Camus is using the *passé composé* instead for particular stylistic effect (see Chapter 5).

2 FORMATION

a The *passé composé* is a compound tense. It is made up of **two** parts: the appropriate form (in terms of person and number) of the present tense of *avoir* or *être* and the past participle of the verb being used, e.g. *j'ai retourné* (line 1), *je suis rentré* (lines 2–3).

b Regular past participles are formed thus:

- -*er* verbs: replace -*er* with -*é*, as in *retourné* (line 1), *rentré* (line 3)
- -*ir* verbs: replace -*ir* with -*i*, as in *assombri* (line 4)
- -*re* verbs: replace -*re* with -*u*, as in *rendue* (line 7)

    There are some irregular past participles to be learnt. These include: *revenu* (line 3), *cru* (line 4), *découvert* (line 5).

c *Avoir* and *être*

Most French verbs form the *passé composé* with *avoir*, but there are a small number, mostly verbs of motion, which use *être* instead. In the text above, we have the examples of *rentrer* (lines 2–3), *revenir* (line 3), *rester* (line 7), and *arriver* (line 8).

All pronominal/reflexive verbs form the *passé composé* with *être*, e.g. *le ciel s'est assombri, il s'est découvert* (lines 4, 5). The question of their past participle agreement is examined in **Discover more about the *passé composé***, below.

d Agreement of the past participle

- The past participle of *avoir* verbs agrees not with the subject of the verb, but with any preceding direct object which there might happen to be, e.g. in the passage above: *je l'ai placée* (line 1). Here *placée* agrees with the feminine singular preceding direct object pronoun *l'* which stands for *la chaise*. Again, in line 7, there is an example of a past participle, *rendue*, agreeing with a preceding direct object: *La pluie qui l'a rendue plus sombre*. Here the pronoun *l'* stands for *la rue*.
- The past participle of *être* verbs (leaving aside the various categories of pronominal verbs) agrees in number (singular/plural) and gender (masculine/feminine) with the subject. The past participles *rentré* (line 3), *revenu* (line 3) and *resté* (line 7) in the passage above are masculine singular, because the subject, *je*, standing for the male narrator, is masculine singular. But the past participle *arrivés* in line 8 is masculine plural, because it agrees with the masculine plural subject, *des tramways*.

Other points to note in the text

- Infinitives: *prendre* (line 3); *manger* (line 3); *avoir* (line 4); *regarder* (line 7) (see Chapter 22)
- Pronominal verbs: *s'est assombri* (line 4); *s'est découvert* (line 5) (see Chapter 20)
- Pluperfect: *avait laissé* (line 6) (see Chapter 4)
- Prepositions: *pour* (line 3); *à* (lines 3 and 7); *sur* (line 6); *dans* (line 8); *du* (line 8), etc. (see Chapter 28)

Discover more about the passé composé

1 USAGE

a The *passé composé* is used in informal French (all spoken French except for oratory, and informal writing such as personal correspondence) to narrate events which were completed in the past. It is increasingly used in this way in newspapers and creative writing as well.

b In formal French, a distinction is made between the past historic, which places a completed action squarely in the past, and the *passé composé*, which links up with the speaker's present, either because the events narrated were completed in the recent past, or because the repercussions of the events are still felt (see Chapter 5).

2 FORMATION

a There are a number of irregular past participles, falling into six types.

1 *-it*	4 *-u*	5 *-rt*
dire > **dit**	*-voir* avoir > **eu**	couvrir > **couvert**
écrire > **écrit**	recevoir > **reçu**	offrir > **offert**
faire > **fait**	devoir > **dû**	ouvrir > **ouvert**
	pleuvoir > **plu**	mourir > **mort**
	pouvoir > **pu**	
	savoir > **su**	
	voir > **vu**	
2 *-is*		6 [irregular]
asseoir > **assis**	*-loir* falloir > **fallu**	être > **été**
mettre > **mis**	valoir > **valu**	naître > **né**
prendre > **pris**	vouloir > **voulu**	clore > **clos**
acquérir > **acquis**		résoudre > **résolu**
	-re boire > **bu**	
	plaire > **plu**	
	connaître > **connu**	
3 *-i*	paraître > **paru**	
rire > **ri**	lire > **lu**	
suivre > **suivi**	vivre > **vécu**	
suffire > **suffi**		
nuire > **nui**	*-ir* courir > **couru**	
	tenir > **tenu**	
	venir > **venu**	
	vêtir > **vêtu**	

You should also note that the past participle of a verb ending in -*uire* ends in -*uit*, e.g. *conduire > conduit; construire > construit*, and the past participle of a verb ending in -*indre* ends in –*int*, e.g. *craindre > craint; joindre > joint; plaindre > plaint.*

b In addition to reflexive verbs, all of which form their *passé composé* not with *avoir*, but with *être*, there are 13 verbs known as '*être*' verbs, i.e., *aller, arriver, entrer, monter, naître, retourner, tomber, venir, partir, sortir, descendre, mourir, rester*, plus their compounds: *rentrer, revenir, devenir, advenir, survenir, ressortir*, etc.

Some of the *'être'* verbs listed above may be used transitively (with a direct object),
e.g. *sortir* (to take/bring out); *monter* (to take/bring up); *descendre* (to take/bring down); *rentrer*
(to take/bring in). When they are used in this way, they form their *passé composé* with *AVOIR*,
e.g. *J'ai descendu la valise; Il a monté les bagages; Nous avons sorti les meubles.*

Monter and *descendre* also take *avoir* in expressions such as *J'ai descendu l'escalier; Il a monté
la rue.*

c Agreement of the past participle in pronominal/reflexive verbs
There are three types of pronominal/reflexive verbs, which need to be distinguished when
discussing how their past participles agree:

i Real reflexive verbs, where the action by the subject is reflected back on the subject, i.e.
where the doer of the action is both subject and object of the verb, e.g. *elle **se** lave* ('she
washes **herself**'). Here the participle agrees with the *se* which is the preceding direct object:
elle s'est lavée.

In some cases the reflexive pronoun is not the direct object of the verb, but the indirect
object, e.g. *elle s'est lavé les mains* (the object, what she washed, is the hands, the *se* is only
indirectly involved). Here the participle never agrees.

ii Reciprocal verbs, which express the idea of two or more people doing something to each
other. Here the participle agrees with the *se* if it is the **direct** object, but not if it is **indirect**.

e.g. *ils se sont vus* ('they saw each other', direct object), but *ils se sont écrit* ('they wrote to
each other', indirect object).

iii Pronominal verbs, which look like reflexive verbs, but where the reflexive pronoun has
nothing to do with 'oneself', e.g. *se repentir* (to repent), *se souvenir de* (to remember). Here
the participle agrees with the subject, e.g. *elles se sont souvenues de l'histoire.*

d Pay attention to word order when the verb in the *passé composé* is negative and/or inverted,
e.g. *il **n**'est **pas** venu; nous **ne** l'avons **pas** vu; l'**avez-vous** vu?; ne l'**avez-vous pas** déjà fait?*

See for further information: Coffman Crocker, pp. 148–68

Ferrar, pp. 50–3, 70

Hawkins and Towell, pp. 158, 240–2

Judge and Healey, pp. 108–9, 223–5

L'Huillier, pp. 126–38

Price, pp. 319–20, 348–53

Turk and Vandaele, pp. 123–31, 148, 150, 198–9

✎ EXERCISES

1 Complete the following sentences with the correct form of the *passé composé* of the verb indicated and make any necessary changes.

a Pendant l'été dernier je _____ une bonne connaissance du français parlé. (acquérir)

b Voilà un problème que nous ne _____ toujours pas. (résoudre)

c Albert Camus _____ en 1913 en Algérie. (naître)

d Il _____ accidentellement en 1960. (mourir)

e Mes copains me _____ une journée à Disneyland pour mon anniversaire. (offrir)

f Nous _____ du champagne au premier de l'an. (boire)

g Ces incidents _____ à nos intérêts. (nuire)

h Nous ne pas _____ votre lettre. (recevoir)

2 Rewrite the following sentences in the *passé composé*.

a Nous allons au cinéma.

b Elle se regarde dans le miroir.

c Ce sont des cadeaux que j'achète.

d Voici les fleurs que je cueille.

e Elle se lave les cheveux.

f Malheureusement elle sort ce soir.

g La dame à qui je demande le chemin ne répond pas.

h Ils se regardent dans les yeux.

i Elle se demande si c'est vrai.

j Ils s'écrivent tous les jours.

3 Complete the following sentences with the correct form of the *passé composé* of the verb indicated. Make any necessary changes.

a Encore une fois tu _____. (se tromper)

b Aujourd'hui nous _____ en retard. (se réveiller)

c Elle _____ de partir. (se dépêcher)

d Les enfants bien _____. (s'amuser)

e Elles _____ sur le petit mur. (s'asseoir)

f Ils _____ des cartes de Noël. (s'envoyer)

4 Translate the following sentences into French.

a I ran to the post office.

b She went upstairs to her room.

c She received a prize for her work.

d They became extremely unpleasant.

e We have thought about it.

f I didn't shut it (the door).

5 Choosing the appropriate verbs from the list below, fill in the gaps in the following passage with the correct form of the *passé composé*.

aller, arriver, comprendre, demander (3), *dire* (4), *donner* (3), *entendre, faire, se mettre* (2), *pousser* (2), *raconter, réclamer, rentrer, serrer, tomber, venir*

Cet après-midi, je _____ Arthur dans le bassin. Il _____ et il _____ à faire glou-glou avec sa bouche, mais il criait aussi et on le _____. Papa et maman _____ en courant. Maman pleurait parce qu'elle croyait qu'Arthur était noyé. Il ne l'était pas. Le docteur _____. Arthur va très bien maintenant. Il _____ du gâteau à la confiture et maman lui en _____. Pourtant, il était sept heures, presque l'heure de se coucher quand il _____ ce gâteau, et maman lui en _____ quand même. Arthur était très content et très fier. Tout le monde lui posait des questions. Maman lui _____ comment il avait fait pour tomber, s'il avait glissé et Arthur _____ que oui, qu'il avait trébuché. C'est chic à lui d'avoir dit ça, mais je lui en veux quand même, et je recommencerai à la première occasion.

D'ailleurs, s'il ne pas _____ que je l'avais poussé, c'est peut-être tout simplement parce qu'il sait très bien que maman a horreur des rapportages. L'autre jour, quand je lui avais serré le cou avec la corde à sauter et qu'il _____ se plaindre à maman en disant: 'C'est Hélène qui me _____ comme ça,' maman lui _____ une fessée terrible et lui _____: 'Ne fais plus jamais une chose pareille!' Et quand papa _____, elle lui _____ et papa _____ aussi en colère. Arthur a été privé de dessert. Alors, il _____ et, cette fois, comme il ne rien _____, on lui _____ du gâteau à la confiture: j'en _____ aussi à maman, trois fois, mais elle _____ semblant de ne pas m'entendre. Est-ce qu'elle se doute que c'est moi qui _____ Arthur?

Jehanne Jean-Charles: *Les plumes du corbeau* (Pauvert, 1962)

6 Suppose Hélène had had not a brother but a sister. Rewrite the passage, starting: 'Cet après-midi j'ai poussé Amandine dans le bassin', and making any other necessary changes. Pay particular attention to the endings of past participles.

7 Write a paragraph of about 150 words about a memorable day, using the *passé composé* whenever appropriate.

3 | The imperfect

Text

LE DROMADAIRE MÉCONTENT

Un jour, il y **avait** un jeune dromadaire qui n'**était** pas content du tout. La veille, il avait dit à ses amis: 'Demain, je sors avec mon père et ma mère, nous allons entendre une conférence, voilà comme je suis moi!' Et les autres avaient dit: 'Oh, oh, il va entendre une conférence, c'est merveilleux', et lui n'avait pas dormi de la nuit
5 tellement il **était** impatient et voilà qu'il n'**était** pas content parce que la conférence n'**était** pas du tout ce qu'il avait imaginé: il n'y **avait** pas de musique et il **était** déçu, il s'**ennuyait** beaucoup, il **avait** envie de pleurer.

Depuis une heure trois quarts un gros monsieur **parlait**. Devant le gros monsieur, il y **avait** un pot à eau et un verre à dents sans la brosse et de temps en temps, le
10 monsieur **versait** de l'eau dans le verre, mais il ne se **lavait** jamais les dents et visiblement irrité il **parlait** d'autre chose, c'est-à-dire des dromadaires et des chameaux.

Le jeune dromadaire **souffrait** de la chaleur, et puis sa bosse le **gênait** beaucoup, elle **frottait** contre le dossier du fauteuil, il **était** très mal assis, il **remuait**.
15 Alors sa mère lui **disait**: 'Tiens-toi tranquille, laisse parler le monsieur', et elle lui **pinçait** la bosse, le jeune dromadaire **avait** de plus en plus envie de pleurer, de s'en aller . . . .

Toutes les cinq minutes, le conférencier **répétait**: 'Il ne faut surtout pas confondre les dromadaires avec les chameaux, j'attire, mesdames, messieurs et chers
20 dromadaires, votre attention sur ce fait: le chameau a deux bosses mais le dromadaire n'en a qu'une!'

Tous les gens de la salle **disaient**: 'Oh, oh, très intéressant', et les chameaux, les dromadaires, les hommes, les femmes et les enfants **prenaient** des notes sur leur petit calepin.
25 Et puis le conférencier **recommençait**: 'Ce qui différencie les deux animaux, c'est que le dromadaire n'a qu'une bosse, tandis que, chose étrange et utile à savoir, le chameau en a deux . . .'.

À la fin le jeune dromadaire en eut assez et se précipitant sur l'estrade, il mordit le conférencier:
30 'Chameau!' dit le conférencier furieux.

Et tout le monde dans la salle **criait**: 'Chameau, sale chameau, sale chameau!'
Pourtant c'**était** un dromadaire, et il **était** très propre.

Jacques Prévert, *Contes pour enfants pas sages*

♀ The imperfect in the text

1 USAGE

a The imperfect often describes an event in progress in the past. Neither the beginning nor the end of the action is relevant. It provides background information to the story-line.

e.g. *Un jour il y avait un jeune dromadaire qui n'était pas content du tout* (line 1)

The imperfect is used to convey the ongoing nature of an action in the past, as opposed to a punctual action, when the *passé composé* or the past historic would be used.

e.g. *Il parlait d'autre chose* (line 11) (= he was talking about something else)
    Il était très mal assis (line 14) (= he was sitting uncomfortably)
as opposed to, e.g., *il mordit le conférencier* (lines 28–9) (= he bit the speaker)

The imperfect is used in descriptions in the past. Here again continuity is the key to the use of this tense.

e.g. *C'était un dromadaire et il était très propre* (line 32)

Note In English the simple past is often used in cases where French requires the imperfect

e.g. *Il avait envie de pleurer* (line 7) (= he wanted to cry)

b The imperfect can be used to express a habit or repetition in the past.

e.g. *De temps en temps le monsieur versait de l'eau* (lines 9–10)
    Toutes les cinq minutes, le conférencier répétait (line 18)
Note Repetition can be expressed in English by 'would'

e.g. he would do this every day = *il faisait cela chaque jour*

When 'would' can be paraphrased as 'used to', it should be translated into French with an imperfect and not with a conditional (see Chapter 7).

c Imperfect + *depuis*

This describes an action started in the past and still in progress at the time of narration.

e.g. *Depuis une heure trois quarts un gros monsieur parlait* (line 8) (= a fat gentleman had been talking for an hour and three-quarters)

(See Chapter 1 for the use of *depuis* + present, e.g. *il parle depuis une heure* = he has been talking for an hour)

2 FORMATION

The stem used to form an imperfect is that of the first-person plural of the present tense.

e.g. *Nous **av**ons, nous **regard**ons, nous **finiss**ons*

The following endings are added to this stem: *-ais, -ais, -ait, -ions, -iez, -aient.*

e.g. *Il y avait* (line 1), *parlait* (line 8), *souffrait* (line 13), *disaient* (line 22), *prenaient* (line 23), etc.

Note 1 *Être* has an irregular **stem** in the imperfect but it has regular endings:

j'étais	nous étions
tu étais	vous étiez
il/elle était	ils/elles étaient

e.g. *qui n'était pas* (line 1), *il était impatient* (line 5), etc.

Note 2 When the stem ends in *c*, it becomes *ç* before an *a*.

e.g. *pinçait* (line 16), *recommençait* (line 25)

Other points to note in the text

- Pluperfect: *avait dit* (line 2); *avaient dit* (line 3); *n'avait pas dormi* (line 4); *avait imaginé* (line 6) (see Chapter 4)
- Past historic: *eut* (line 28); *mordit* (line 28); *dit* (line 30) (see Chapter 5)
- Pronominal verb: *s'ennuyait* (line 7) (see Chapter 20)

Discover more about the imperfect

1 USAGE

a The imperfect corresponds both to the English simple past, and to 'was doing', 'used to do' and 'would do'.

e.g. *Je mangeais une pomme* = I was eating an apple/I ate/used to eat/would eat an apple (every day).

b The imperfect is used commonly both in spoken and in written French.

c Indirect speech

In indirect speech (reported speech) the imperfect is commonly used where the present tense would have been used in direct speech.

e.g. *Il pensa 'C'est ridicule!'* (direct speech)
  Il pensa que c'était ridicule (indirect speech)

This usage of the imperfect is particularly frequent in literary texts. Its systematic use by Flaubert has become known as the *style indirect libre*.

e.g. *Elle songeait quelquefois que c'étaient là pourtant les plus beaux jours de sa vie* (Flaubert)

d *Imparfait de narration*

The imperfect can be used stylistically to give greater immediacy or impact to the story.

e.g. *Albert Camus mourait accidentellement en 1960*

e *Si* + imperfect

The imperfect is used after *si* when the main clause is in the present conditional.

e.g. *Si elle acceptait, il en serait très heureux* (see Chapter 7)

2 FORMATION

a A stem ending in *g* becomes *ge* before an *a*.

e.g. *Ils mangeaient des haricots*

For the definition of 'stem' see above, ***The imperfect in the text, 2.***

b Knowing the correct forms of the present is the key to the formation of the imperfect. Occasional difficulties may arise with regular *-ir* verbs.

e.g. *finir > finissait*
s'épanouir > s'épanouissait

See for further information:	Coffman Crocker, pp. 142–8
	Ferrar, pp. 68–71
	Hawkins and Towell, pp. 160–1, 239, 241–3
	Judge and Healey, pp. 100, 105–8, 115–17
	L'Hullier, pp. 115–25
	Price, pp. 257, 317–18, 320
	Turk and Vandaele, pp. 132–6, 148–50

✎ EXERCISES

1 Complete the following text with the appropriate forms of the imperfect.

La plupart des garçons que je _____ (connaître) me _____ (sembler) disgracieux et bornés; je _____ (savoir) pourtant qu'ils _____ (appartenir) à une catégorie privilégiée. J'_____ (être) prête, dès qu'ils _____ (avoir) un peu de charme ou de vivacité, à subir leur prestige. Mon cousin Jacques n'avait jamais perdu le sien. Il _____ (habiter) seul avec sa sœur et une vieille bonne dans la maison du boulevard Montparnasse et il _____ (venir) souvent passer la soirée chez nous. À treize ans, il _____ (avoir) déjà des manières de jeune homme; l'indépendance de sa vie, son autorité dans les discussions en _____ (faire) un précoce adulte et je _____ (trouver) normal qu'il me traitât en petite cousine. Nous _____ (se réjouir), ma sœur et moi, quand nous _____ (reconnaître) son coup de sonnette.

Simone de Beauvoir, *Mémoires d'une jeune fille rangée*

2 Rewrite the following sentences in the imperfect using the data given in brackets.

e.g. *Je ne mange jamais de viande (adolescent, plat préféré: steak-frites)*
Je ne mange jamais de viande, mais quand j'étais adolescent, mon plat préféré était le steak-frites

a Cette année j'ai un peu d'argent parce que j'ai travaillé au supermarché. (l'an dernier, pas de travail, pas d'argent)

b Aujourd'hui c'est son anniversaire. (il y a un an, fêter ses dix-huit ans)

   c Cette semaine j'ai le temps d'aller au cinéma. (la semaine dernière, écrire une dissertation)

   d Maintenant la plupart des gens ont un portable. (il y a vingt ans, chose rare)

   e Maintenant je peux conduire la voiture de mon père. (l'an dernier, pas de permis)

   f J'ai pas pu venir à ta soirée. (finir révisions pour l'examen)

   g Cette fois-ci, ça va! (l'autre jour, faire des erreurs tout le temps)

   h Aujourd'hui j'ai des problèmes avec mon ordinateur. (hier, marcher impeccablement)

3 Translate the following sentences into French, using the imperfect when appropriate.

   a Snow covered the ground and it was freezing.

   b When she was a child she lived in that house.

   c I was fast asleep when she rang up.

   d He used to drink pastis at noon every day.

   e If it was me, I'd say no!

   f When I was younger, I would often visit my grandmother.

   g He said it was far too late to send it.

   h She had been in the waiting-room for nearly two hours.

   i As she was getting dressed, she noticed there was a car on the drive.

4 Oral work

   Tell the story of Prévert's dromedary in French, in your own words, and using the imperfect whenever appropriate.

5 Work in pairs

   Tell your friend some of your childhood memories, using the imperfect whenever possible. 'Quand j'étais petit(e) . . .'

6 Written work

   Write a paragraph on the following theme, using the imperfect when appropriate.

   La vie avant l'invention de l'automobile: Quels étaient les inconvénients? et les avantages? Comment se débrouillait-on?

4 | The pluperfect

Text

> Michel Favart, l'ingénieur, **s'était présenté** en juin 1889 au concours de l'École
> Polytechnique, qu'il **avait préparé** pendant deux ans, à Paris. Il **n'avait pas été**
> **admis**. Quand il **avait annoncé** son échec à sa mère, Eugénie Favart, elle l'**avait**
> **giflé**. Cette gifle reçue et acceptée à l'âge de dix-neuf ans, **avait décidé** de sa
> 5 carrière. Plutôt que de rentrer en octobre en *taupe*,* et de s'y préparer à affronter
> une seconde fois le jury d'admission à l'Ecole et les conséquences familiales d'un
> nouvel échec, il s'**était présenté**, quasi en cachette, à un concours du Ministère de
> l'agriculture et **avait participé**, comme agent topographe, à une campagne de
> remembrement dans le Valois. Cinq ans plus tard, Michel Favart se fiançait avec
> 10 Victoria Godichaux, à la suite d'une rencontre ménagée par une amie commune
> des deux familles.

R. Vailland, *Un Jeune Homme Seul*

* *taupe* (school slang): second-year preparatory class in mathematics and science for entrance to
the *grandes écoles*, e.g. the *École Polytechnique*

The pluperfect in the text

1 USAGE

a The pluperfect is used as in English to indicate a past action completed before another past action.

In the text, the story of Michel Favart is narrated in the past. He became engaged to V. G. – *Il se fiançait* (line 9). This happened five years after he had taken and failed the Polytechnique entrance examination. Lines 1–9 record facts which all happened before his engagement, hence the use of the pluperfect.

b Note the English translation of *pendant* when used with the pluperfect,

e.g. . . . *qu'il avait préparé pendant deux ans* (line 2) (= for which he had studied for two years)

2 FORMATION

The pluperfect of a verb is formed by using the imperfect of *être* or *avoir* plus the past participle of the verb.

e.g. *Michel Favart, l'ingénieur, s'était présenté* . . . (line 1)
. . . *qu'il avait préparé pendant deux ans* (line 2)

For verbs conjugated with *être* or *avoir* see Chapter 2.

Note The pluperfect is formed in the same way in the passive voice, i.e. pluperfect of *être* + past participle.

e.g. *Il n'avait pas été admis* (lines 2–3) (see Chapter 21)

Other points to note in the text

- *de: décider de* + noun (line 4); *plutôt que de . . . et de* (line 5)
- *à: se présenter à* (lines 1, 7); *participer à* (line 8)
- Imperfect: *se fiançait* (line 9) (see Chapter 3)

Discover more about the pluperfect

USAGE

a The pluperfect corresponds to both the English pluperfect and continuous pluperfect.

e.g. *J'avais mangé* = 'I had eaten' or 'I had been eating'

b The pluperfect is used commonly both in spoken and in written French.

c The rules for agreement of the past participle apply to the pluperfect as they do to the *passé composé* (see Chapter 2).

d The pluperfect can be used to indicate a time sequence in the past. It follows such conjunctions as *quand, lorsque, dès que*, etc.

e.g. *Quand elle était rentrée du travail, elle s'occupait des enfants*

e *Si* + pluperfect is found in sentences where the main clause is in the past conditional.

e.g. *Si j'avais fait attention je ne serais pas tombé dans ce trou*

f The pluperfect is also used in indirect speech when the main verb is in the past.

e.g. *Il a dit qu'il avait fini ses études*

See for further information: Coffman Crocker, pp. 186–8

Ferrar, pp. 50–66, 71

Hawkins and Towell, pp. 160–1, 239, 241–3

Judge and Healey, pp. 111–12, 114–16, 170

L'Huillier, pp. 148–50

Price, pp. 321–4, 329

Turk and Vandaele, p. 137

✎ EXERCISES

1 Complete the following sentences with the appropriate form of the pluperfect.

a Nous _____ (sortir) par la porte de derrière.

b Il _____ (s'asseoir) à sa place habituelle.

c Je _____ (dormir) dans le train.

d Malgré nos efforts il _____ (devenir) insupportable.

e Il _____ (courir) plus d'un kilomètre.

f Il y a quelques années il _____ (s'intéresser au) football.

g Elle _____ (retourner) au collège voir ses amis.

h Ils _____ (faire) le tour du monde.

2 Complete the following text with verbs in the pluperfect and make the necessary changes.

Cette phase de sa vie maintenant _____ (se terminer). Elle se souvenait quand elle _____ (arriver) comme elle _____ (trouver) difficile de s'adapter à la vie au collège et pourtant comme le temps _____ (passer) vite! Maintenant elle _____ (finir) ses études, elle _____ (obtenir) son premier poste. Elle _____ (boucler) sa valise et elle _____ (faire) ses adieux à ses anciens compagnons. Demain, la nouvelle vie!

3 Answer the following questions using the pluperfect.

e.g. *Tu avais faim*? (*manger, avant*) > *Non, j'avais mangé avant*

a Tu as rencontré quelqu'un? (tous, partir)

b Tu avais froid? (emporter, anorak)

c Vous êtes allés à l'exposition? (déjà, prendre fin)

d Vous étiez debout? (apporter, chaises supplémentaires)

e Il disait la vérité? (encore, mentir)

f Tu as trouvé les enfants? (se cacher, bien)

4 Translate the following sentences into French.

a She thought he had improved.

b I had been aware of these rumours.

c If we had had more time, we would have done it.

d They had been telling stories.

e They were the flowers I had bought.

f Had it been the case, I would not have objected.

5 Free writing

Tell the story of what happened before you arrived home one day last week, using the pluperfect whenever possible.

5 | The past historic and past anterior

Je **cherchai** Arezki. Il n'était pas encore arrivé. Je **pris** la file. La paix, c'était avant. Maintenant, l'orage tant désiré descendait en moi. Arezki **fut** là, tout à coup. Sa tenue me **surprit**. Il portait un costume sombre, une chemise blanche, mais pas de pardessus ni de vêtement chaud. Il se **mit** derrière moi, sans parler, et me **fit** un
5 signe de complicité. Un grand Algérien de la chaîne qui s'appelait Lakhdar **passa** près de nous. Il **tendit** la main vers Arezki.

'Où vas-tu toi?'

'Une course à faire.'

Nous **montâmes** enfin et nous nous **retrouvâmes** écrasés l'un contre l'autre sur
10 la plate-forme de l'autobus. Arezki ne me regardait pas. À la porte de Vincennes, nous **pûmes** avancer.

'On descendra Porte des Lilas, qu'est-ce que vous en pensez? Vous aimez marcher?'

'C'est très bien', **dis**-je.
15 Ma gêne augmentait et le silence de mon compagnon n'était pas pour me détendre. Je **lus** en entier le règlement de la Compagnie affiché au-dessus de ma tête.

Arezki me **fit** un signe. Nous **descendîmes**. Je ne connaissais pas le quartier. Je le **dis** à Arezki, ça faisait un sujet de conversation. Après avoir traversé la place, nous **entrâmes** dans un café, 'A la Chope des Lilas'. Les lettres étaient d'un vert brutal.
20 Au comptoir, beaucoup d'hommes s'agglutinaient. Certains nous **dévisagèrent**. Les tables étaient occupées. 'Venez', **dit** Arezki, et nous nous **faufilâmes** vers l'angle à gauche où quelques chaises restaient vides. Arezki s'**assit** face à moi.

Claire Etcherelli, *Élise ou la vraie vie*

⌕ The past historic in the text

The past historic is occasionally known as the simple past, preterite or past definite.

1 USAGE

a In the same way as the *passé composé*, the past historic indicates an action of any duration completed in the past, as opposed to the imperfect, which indicates a continuing action in the past. Compare the two verbs in the following sentence: *Un grand Algérien de la chaîne qui s'appelait* Lakhdar **passa** *près de nous* (lines 5–6), or *Au comptoir, beaucoup d'hommes s'agglutinaient. Certains nous* **dévisagèrent** (line 20).

b The past historic is a tense which is very rarely used in spoken French. It is occasionally found in formal speeches but never in normal conversation. It is, however, commonly used as a narrative tense in novels, short stories and fairly highbrow newspapers and magazines. French children get used to it at an early age as many traditional stories and fairy-tales are written in the past historic.

The *passé composé* is normally found in a less literary context. The difference between the *passé composé* and the past historic is therefore not so much a difference of meaning as a difference of register. If you were the heroine of the story and you were actually telling someone about going out with Arezki, you would never use the past historic, but you would tell the story in the *passé composé*.

Occasionally both past historic and *passé composé* are found in the same text. The past historic refers to a completed event with no immediate relevance to the present, whereas the *passé composé* refers to a completed event whose relevance is still felt in the present.
e.g. *Après cette affaire le ministre* **démissionna** *et la paix* **est** *maintenant* **revenue** *dans ce secteur de la vie publique.* (The consequences of *la paix est revenue* are still felt now.)

2 FORMATION

The past historic is formed using the stem of the verb plus a past historic ending. There are essentially three types of past historic endings: endings in *a*, endings in *i*, and endings in *u*.

a *a* endings. This applies to all verbs with infinitives ending in *-er*.

je cherch**ai**
tu cherch**as**
il/elle cherch**a**
nous cherch**âmes**
vous cherch**âtes**
ils/elles cherch**èrent**

Examples in the text: *cherchai* (line 1), *passa* (line 5), *montâmes* (line 9), *retrouvâmes* (line 9), *entrâmes* (line 19), *dévisagèrent* (line 20), *faufilâmes* (line 21).

b *i* endings. This applies to verbs with infinitives ending in *-ir, -ire, -dre, -tre*.

je pr**is**
tu pr**is**
il/elle pr**it**
nous pr**îmes**
vous pr**îtes**
ils/elles pr**irent**

Examples in the text: *pris* (line 1), *surprit* (line 3), *mit* (line 4), *fit* (line 4), *tendit* (line 6), *dis* (line 14), *descendîmes* (line 17), *dit* (line 21).

There are a number of exceptions to this conjugation, notably *venir* and *tenir* (see **2c** below, **Discover more about the past historic**). In the singular of regular -*ir* verbs and *dire*, the past historic is identical in form to the present. *S'asseoir* is an exception and is conjugated as an -*ir* verb. Example in the text: *s'assit* (line 22).

c *u* endings: See **Discover more about the past historic, 2**, below.

Other points to note in the text

- Negatives and: *pas de . . . ni de* (lines 3–4) (see Chapters 8 and 13)
- *sans* + infinitive: *sans parler* (line 4) (see Chapter 28)
- *pouvoir* + infinitive: *nous pûmes avancer* (line 11) (see Chapter 24)
- *avoir* (or *être*) + past participle: *après avoir traversé* (line 18) = having crossed (see Chapter 22)
- Pronominal verbs: *nous nous retrouvâmes* (line 9); *nous nous faufilâmes* (line 21); *s'assit* (line 22) (see Chapter 20)

Discover more about the past historic

1 USAGE

a The *tu* and *vous* forms of the past historic are extremely rare. This is to be expected, as *tu* and *vous* are used in direct communication when the *passé composé* is normally used.

b The past historic is not normally used in (i) spoken language, (ii) letters or diaries, (iii) business language, or (iv) newspapers, although more highbrow newspapers such as *Le Monde* do use it. It can also be found in popular accounts of incidents, car crashes, etc., where dramatic effect is sought.

2 FORMATION

a *u* endings.

je **pus**
tu **pus**
il/elle **put**
nous **pûmes**
vous **pûtes**
ils/elles **purent**

The past participle often gives a clue as to the formation of an irregular past historic, e.g. *lu/je lus*; *pu/je pus*. However, there are exceptions, e.g. *vu/je vis*.

b The past historic of *être* and *avoir*.

je fus	j'eus
tu fus	tu eus
il/elle fut	il/elle eut
nous fûmes	nous eûmes
vous fûtes	vous eûtes
ils/elles furent	ils/elles eurent

Note The past historic of *être* and *avoir* form part of the past anterior (see below).

c *Venir* and *tenir* have irregular conjugations in the past historic.

je vins	je tins
tu vins	tu tins
il/elle vint	il/elle tint
nous vînmes	nous tînmes
vous vîntes	vous tîntes
ils/elles vinrent	ils/elles tinrent

See for further information:

Coffman Crocker, pp. 168–73
Ferrar, pp. 48–66, 69–71
Hawkins and Towell, pp. 158–97, 238–42
Judge and Healey, pp. 99–102, 108–9, 116–21
L'Huillier, pp. 139–47
Price, pp. 249–99, 316–20
Turk and Vandaele, pp. 143–7, 148, 150

Text

'Ah! nom de Dieu de nom de Dieu!'

Il avait jeté sa poignée de brosses du haut de l'échelle. Puis, aveuglé de rage, d'un coup de poing terrible, il creva la toile.

Christine tendait ses mains tremblantes.

5   'Mon ami, mon ami . . .'

Mais, **quand elle eut couvert** ses épaules d'un peignoir, et qu'**elle se fut approchée**, elle éprouva au cœur une joie aiguë, un grand élancement de rancune satisfaite. Le poing avait tapé en plein dans la gorge de l'autre, un trou béant se creusait là. Enfin, elle était donc tuée!

Émile Zola, *L'Oeuvre*

⌕ The past anterior in the text

1 USAGE

a The past anterior, like the past historic, is a literary tense not normally used in conversation.

b The past anterior is used to indicate an action which immediately precedes that of the main clause, when the verb in the main clause is in the past historic.

e.g. *Quand elle eut couvert ses épaules, . . . elle éprouva . . .* (lines 6–7) (*when* she had covered her shoulders . . .)

2 FORMATION

The past anterior is formed by using the past historic of *être* or *avoir* and the past participle of the verb.

e.g. *Elle eut couvert* (line 6)

See Chapter 2 for verbs conjugated with *être* or *avoir*.

Other points to note in the text

- Pluperfect: *avait jeté* (line 2); *avait tapé* (line 8) (see Chapter 4)
- Pronominal verb: *se creusait* (lines 8–9) (see Chapter 20)
- Passive: *était tuée* (line 9) (see Chapter 21)

Discover more about the past anterior

USAGE

a The past anterior can be used in time clauses starting with: *quand* (see text), *lorsque, après que, aussitôt que, dès que, à peine.*

e.g. *Aussitôt qu'il eut appris la nouvelle, il lui téléphona*

With *à peine* there is an inversion of subject and verb, and the main clause starts with *que.*

e.g. *À peine eut-elle cassé le vase qu'elle le regretta*

b The past anterior is occasionally used to indicate in a main clause that an action was completed very quickly.

e.g. *Afin de pouvoir sortir, il eut vite terminé son travail.*

c Pluperfect and past anterior

There is no difference in meaning between the pluperfect and the past anterior. The difference is one of register, the past anterior being used only in writing (see past historic) and in specific cases (see above). Both are translated into English by the pluperfect. Example from the text:

eut couvert (line 6) (past anterior) = had covered (pluperfect). In a less formal register the sentence could read: *Quand elle avait couvert ses épaules . . ., elle a éprouvé . . .*

See for further information: Coffman Crocker, pp. 191–2

Ferrar, p. 71

Hawkins and Towell, pp. 248–9

Judge and Healey, pp. 97, 120–1

L'Huillier, pp. 150–2

Price, pp. 321–2

Turk and Vandaele, p.138

✎ EXERCISES

1 Imagine that Élise is giving an oral account of her story (page 20). Change the verbs in the past historic to the appropriate form.

2 Rewrite the following sentences in the past historic.

   a Je suis allé à Rome.

   b Elle a fini d'écrire sa lettre.

   c Ils sont venus me chercher.

   d Il a été charmant avec les dames.

   e J'ai parlé très fort.

   f Elles ont eu grand peur.

   g Ils ont aperçu le Président.

   h Elle a dit que c'était impossible.

3 Complete the following text with the appropriate forms of the past historic. It is the continuation of the text on page 20.

Nos voisins nous _____ (regarder) sans discrétion. Je me _____ (voir) dans la glace du pilier, violette et décoiffée. Je _____ (rabattre) le col de mon manteau, et dans le même temps où je faisais ce geste, je _____ (prendre) conscience de ma singularité. J'étais avec un Algérien. Il avait fallu le regard des autres, l'expression du garçon qui prenait la commande, pour que je m'en rendisse compte. Une panique soudaine me _____ (traverser), mais Arezki me dévisageait et je _____ (rougir), craignant qu'il ne devinât mon trouble.

   'Vous prenez quoi?'

   'Comme vous', _____ (dire)-je stupidement.

   'Un thé chaud?'

   Il ne paraissait pas plus à son aise que moi. Je _____ (répéter) deux fois avant de boire: 'Bon anniversaire!'

   Il _____ (sourire) drôlement et me _____ (questionner). Je lui _____ (parler) de notre vie avec la grand-mère, de Lucien. Et je lui _____ (demander) s'il avait des frères, une mère. Il avait trois frères, une sœur, et sa mère vivait toujours. Il me la _____ (décrire) jaunie comme la feuille prête à tomber, meurtrie comme un fruit blet, la vue presque éteinte. Je _____ (penser) à la grand-mère.

4 Translate the following sentences, using the past historic whenever possible.

  a She went out at 5.00 p.m.
  b I called Erica but she was not there.
  c She opened the door without thinking.
  d He died the following day.
  e They were back after dark.
  f She woke up and opened her eyes.
  g At last they could go home.
  h I suddenly had the feeling it was Pat.

5 Complete the following text, using the past historic or the imperfect as appropriate.

Son père avait été tué dans une querelle, par un jeune homme du même pays, _____ (dire)-on; et Sainte-Lucie était resté seul avec sa sœur. Ce _____ (être) un garçon faible et timide, petit, souvent malade, sans énergie aucune. Il ne _____ (déclarer) pas la vendetta à l'assassin de son père. Tous ses parents le _____ (venir) trouver, le _____ (supplier) de se venger; il _____ (rester) sourd à leurs menaces et à leurs supplications.

Alors, suivant la vieille coutume corse, sa sœur, indignée, lui _____ (enlever) ses vêtements noirs, afin qu'il ne portât pas le deuil d'un mort resté sans vengeance. Il _____ (rester) même insensible à cet outrage, et, plutôt que de décrocher le fusil encore chargé du père, il _____ (s'enfermer), ne _____ (sortir) plus, n'osant pas braver les regards dédaigneux des garçons du pays.

Des mois _____ (se passer). Il _____ (sembler) avoir oublié jusqu'au crime et il _____ (vivre) avec sa sœur au fond de son logis. Or, un jour, celui qu'on _____ (soupçonner) de l'assassinat _____ (se marier). Sainte-Lucie ne _____ (sembler) pas ému par cette nouvelle; mais voici que, pour le braver sans doute, le fiancé, se rendant à l'église, _____ (passer) devant la maison des deux orphelins.

Le frère et la sœur, à leur fenêtre, _____ (manger) des petits gâteaux frits quand le jeune homme _____ (apercevoir) la noce qui _____ (défiler) devant son logis. Tout à coup il _____ (se mettre) à trembler, _____ (se lever) sans dire un mot, _____ (se signer), _____ (prendre) le fusil pendu sur l'âtre, et il _____ (sortir).

Maupassant, *Un bandit corse*

6 Write the first page of a novel, using the past historic and the imperfect as your main narrative tenses.

7 Complete the following sentences, using the correct form of the past anterior.

  a Dès qu'elle _____ (se présenter) tout le monde la regarda.
  b On mangea et but beaucoup après que la maîtresse de maison _____ (partir).
  c À peine elle _____ (claquer) la porte qu'elle se le reprocha.

d Ils partirent aussitôt qu'ils _____ (recevoir) le message de détresse.

e La cérémonie commença quand le roi _____ (s'asseoir).

f Lorsqu'ils _____ (faire) leur sieste, ils ouvrirent le magasin.

8 Translate the following sentences, using the past historic, the past anterior, the imperfect or the pluperfect as appropriate.

a She had already said so but no one believed her.

b Her bag was packed in five minutes.

c She was more understanding after he had explained his motives.

d I hadn't realized it was so crucial.

e They went to Paris as soon as his contract was finished.

f Anger mounted as soon as the results were published.

9 Complete the following text using the past historic, the past anterior, the imperfect or the pluperfect as appropriate, making any necessary changes to word order.

L'enfant _____ (avoir) chaud, il _____ (être) fiévreux. Sa mère _____ (être) inquiète car il déjà _____ (être) malade le mois passé. Quand elle _____ (prendre) sa température elle _____ (se rendre compte) qu'elle _____ (être) trop élevée. Elle _____ (appeler) le médecin et lui _____ (demander) de passer dès qu'il pourrait. Il _____ (arriver) après l'heure du déjeuner et dès qu'il _____ (examiner) l'enfant, il _____ (décider) de l'hospitaliser par mesure de sécurité. Ils _____ (partir) aussitôt que sa mère _____ (préparer) le nécessaire mais quelques minutes plus tard il _____ (falloir) revenir à la maison chercher la peluche qu'on _____ (oublier).

6 | The future and future perfect

Text

Le temps aujourd'hui, région par région

Bretagne, Pays de la Loire, Normandie. Un vent violent de sud-ouest puis d'ouest **soufflera** du Finistère à la baie de Seine. Au plus fort de la tempête, les rafales maximales **atteindront** 120 km/h sur le littoral nord. Du Morbihan au Perche, ce vent **sera** plus contenu et ne **dépassera** pas 80 km/h. Côté ciel, après un bref passage pluvieux en début de journée, on **profitera** de belles éclaircies pour le reste de la journée.

Nord-Picardie, Île-de-France. La tempête **soufflera** en Manche et en mer du Nord. Les plus fortes rafales **atteindront** 120 km/h l'après-midi en bord de mer. Dans l'intérieur, le vent s'annonce également soutenu, avec des rafales de l'ordre de 60 à 80 km/h. Les nuages et pluies du matin **laisseront** place à un ciel plus clément l'après-midi.

Nord-Est, Bourgogne, Franche-Comté. Il ne faut pas trop se fier aux éclaircies matinales. Le voile nuageux, présent ce matin, **s'épaissira** au fil des heures. L'après-midi **se passera** sous une certaine grisaille. Les premières pluies faibles **se déclencheront** rapidement sur la Lorraine. Elles **finiront** par atteindre l'Alsace et la Franche-Comté avant la fin de la journée.

Poitou-Charentes, Centre, Limousin. La côte charentaise **sera balayée** par des vents de sud-ouest assez forts approchant parfois 70 km/h. Dans l'intérieur, le vent **soufflera** plus modérément. Il **amènera** de plus en plus de nuages en cours de matinée et quelques pluies brèves autour de midi. L'après-midi le ciel **retrouvera** d'assez belles éclaircies.

Aquitaine, Midi-Pyrénées. Les régions du Sud-Ouest **bénéficieront** dans l'ensemble d'un temps agréable, doux et ensoleillé. Au nord de l'Aquitaine, ce soleil **aura** du mal à se maintenir, les nuages **se multiplieront** en cours d'après-midi et **donneront** même quelques gouttes en fin d'après-midi de la Gironde à la Dordogne. Ces pluies n'**arriveront** que dans la nuit au pied des Pyrénées.

Auvergne, Rhône-Alpes. L'Auvergne **commencera** sa journée sous un beau soleil. En cours de matinée, des nuages de plus en plus épais **arriveront** par le nord. Ils **s'accompagneront** de pluies

60 l'après-midi. En Rhône-Alpes, on **pourra** bénéficier de belles plages de soleil. La dégradation n'**arrivera** qu'en fin d'après-midi.

Pourtour méditerranéen, Corse.

65 Les régions méditerranéennes **resteront** à l'écart des intempéries. Elles **connaîtront** une journée assez agréable malgré un léger voile nuageux l'après-midi. Des nuages côtiers

70 risquent encore de gâcher un peu les éclaircies, surtout sur la Camargue. Le vent sud-ouest **se lèvera** l'après-midi entre Corse et continent.

Libération

🔍 The future in the text

1 USAGE

The future is used much in the same way in French as it is in English. It is used for events which will take place in the future (in this case, the weather forecast).

2 FORMATION

a The future of regular verbs is formed by using the infinitive + the following endings: *-ai, -as, -a, -ons, -ez, -ont*.

e.g. *Un vent . . . soufflera* (lines 2–3)

Note The final 'e' of *-re* verbs is dropped before future endings are added.

e.g. *Les rafales . . . atteindront* (lines 5–6)

b A number of verbs have irregular future stems to which the future endings are added. The most common are:

avoir > *j'aurai*   être > *je serai*

Note *aura* (line 47) and *sera* (lines 8, 34) in the text.

Other points to note in the text

- Pronominal verbs: *s'épaissira* (line 25); *se passera* (line 26); *se déclencheront* (line 28); *se multiplieront* (line 48); *s'accompagneront* (line 59); *se lèvera* (line 72) (see Chapter 20).
- Passive: *sera balayée* (lines 34–5) (see Chapter 21).
- Expressions of time: *pour le reste* (line 12); *en cours de* (lines 39, 49, 56), *autour de* (line 40); *en fin de* (lines 50, 62–3) (see Chapter 28).

• Expressions of space: *du . . . à/au* (lines 3–4, 7); *en* (lines 14, 16); *dans l'intérieur* (lines 17, 37); *au nord de* (line 46) (see Chapter 28)

Discover more about the future

1 USAGE

a As well as indicating events which will take place in the future, the future tense can be used to express:

i advice

e.g. *Tu feras bien attention, hein?*

ii a request

e.g. *Vous pourrez lui passer un coup de fil?*

Sometimes also used in the negative form.

e.g. *Tu n'oublieras pas de passer à la poste?*

iii a command

e.g. *Vous me ferez ce devoir pour demain*

b The future tense is also used after a number of conjunctions of time: *quand, lorsque, aussitôt que, dès que, pendant que, tandis que,* etc.

e.g. *Quand il sera 9 heures, il sera temps de commencer*
   Pendant qu'elle regardera les nouvelles, je ferai à manger

Note that in English the present tense is normally used in such cases.

e.g. While she **watches** the news, I'll prepare something to eat

In all cases the main verb is also in the future.

c *Si* sentences

In cases where *si* (= if) is followed by the present (see Chapter 1), the main verb is in the future.

e.g. *Si tu viens me chercher, on ira au cinéma*

Note that *si* is never followed by the future in such cases (see Chapter 7).

d The future can be used in indirect speech and after verbs such as *penser que, croire que, espérer que, savoir que* when the main clause is in the present.

e.g. *Il dit qu'il ira en voiture*
   Je sais qu'elle fera de son mieux

e Occasionally the future can indicate a probability.

e.g. *Tiens, Corinne qui passe! elle ira sans doute à la piscine*

This is the equivalent of the English 'must' (she must be going to the swimming pool).

f The future can be found as a narrative tense expressing events which occurred in the past. The narrator looks into the future using the future tense, although these events are now in the past.

e.g. *Parti à la découverte de l'Indochine khmère au début des années 20, André Malraux* **entrera** *en contact avec les révolutionnaires communistes en Chine en 1925. Il* **restera** *chef de maquis pendant la Seconde Guerre mondiale et* **deviendra** *un compagnon de route du Général de Gaulle.* (A. Raynouard)

g The notion of future is not always expressed by the future tense.

Aller + infinitive is often used to express the near future. This is particularly common in spoken French.

e.g. *Je vais faire les courses* (I am about to go shopping)

Note the distinction between 'Elle va avoir un bébé' (certainty, i.e. she is pregnant) and 'Elle aura un bébé' (probability, some time in the more distant future).

2 FORMATION

a Most verbs whose infinitives end in *-ler* and *-ter* double the *l* or the *t*.

e.g. *appeler > j'appellerai, jeter > je jetterai*

Most other verbs whose infinitives end in mute *e* + consonant + *er* change *e* to *è*.

e.g. *mener > je mènerai, semer > je sèmerai*

b Apart from *être* and *avoir* the most common irregular verbs are:

aller > *j'irai*	pleuvoir > *il pleuvra*
apercevoir > *j'apercevrai*	pouvoir > *je pourrai*
s'asseoir > *je m'assiérai*	recevoir > *je recevrai*
courir > *je courrai*	savoir > *je saurai*
décevoir > *je décevrai*	tenir > *je tiendrai*
devoir > *je devrai*	valoir > *je vaudrai*
envoyer > *j'enverrai*	venir > *je viendrai*
faire > *je ferai*	voir > *je verrai*
falloir > *il faudra*	vouloir > *je voudrai*
mourir > *je mourrai*	

See for further information: Coffman Crocker, pp. 173–81

Ferrar, pp. 48–66, 71–3

Hawkins and Towell, pp. 162, 164–97, 243–4, 246, 403

Judge and Healey, pp. 109–11, 115–16, 122–4

L'Huillier, pp. 104–10, 113–14

Price, pp. 257–9, 324–9

Turk and Vandaele, pp. 111–17

Text

> 'À mort les bourgeois! vive la sociale!'
>
> Rose continuait à rire, dans le vestibule de l'hôtel, comme égayée de l'aventure, répétant au domestique terrifié:
>
> 'Ils ne sont pas méchants, je les connais.'
>
> 5   M. Grégoire accrocha méthodiquement son chapeau. Puis, lorsqu'il eut aidé Mme Grégoire à retirer sa mante de gros drap, il dit à son tour:
>
> 'Sans doute, ils n'ont pas de malice au fond. Lorsqu'ils **auront** bien **crié**, ils **iront** souper avec plus d'appétit.'

É. Zola, *Germinal*

The future perfect (*futur antérieur*) in the text

1 USAGE

a The future perfect indicates that one action will have taken place before another occurs in the future. In English the ordinary perfect tense is normally used in such cases.

In the text the future perfect (line 7) indicates that, when the workers *have finished* shouting, they will then go home and eat their suppers.

b The most frequent use of the future perfect is, as in the text, after time conjunctions such as: *quand, lorsque, aussitôt que, dès que.*

In these sentences the main verb is in the future.

e.g. *Lorsqu'ils auront bien crié, ils iront . . .* (line 7)

2 FORMATION

The future perfect is formed using the future of *être* or *avoir* + the past participle of the verb (see verbs conjugated with *être* or *avoir* in Chapter 2).

e.g. *Ils auront . . . crié* (line 7)

Other points to note in the text

• Imperfect and past historic: the imperfect expresses a continuous action in the past (*continuait*, line 2) whereas the past historic conveys an action started and finished in the past (*accrocha*, line 5) (see Chapters 3 and 5).

• Past anterior (*lorsqu'il eut aidé*, line 5); note that the main verb is in the past historic (*il dit*, line 6) (see Chapter 5).

Discover more about the future perfect

a The future perfect can describe an event scheduled to happen at some date in the future, e.g. *C'est promis, j'aurai tapé ce document avant la fin de la semaine* (the document will be typed before the end of the week).

b Like the future, the future perfect can indicate a probability (See *Discover more about the future,* **e**), e.g. *Elle est déjà rentrée. Elle aura fini son travail plus tôt que de coutume* (she must have finished earlier than usual).

c In the same way as the future, the future perfect can be used as a narrative tense referring to past events (See *Discover more about the future,* **f**).

e.g. *Elle aura attendu 20 ans pour que son talent soit enfin reconnu*
(She will have waited 20 years for her talent to be recognized)

See for further information: Coffman Crocker, pp. 188–9

Ferrar, p. 71

Hawkins and Towell, p. 250

Judge and Healey, pp. 97–103, 108, 112–13, 115, 122–4, 158

L'Huillier, pp. 111–12

Price, p. 325

Turk and Vandaele, p. 138

✎ EXERCISES

1 Complete the following sentences with the verbs in the appropriate forms of the future.

  a Ils _____ (passer) par le grand portail.

  b Elle _____ (partir) en Inde quand elle _____ (avoir) assez d'argent.

  c Les vents _____ (atteindre) 120 km/h.

  d Il _____ (falloir) beaucoup de patience.

  e Je ne _____ (savoir) rien de plus après avoir entendu son discours.

  f Elles _____ (recevoir) les félicitations du jury.

  g Avec cet argent vous _____ (pouvoir) acheter un nouveau dictionnaire.

  h Je _____ (aller) à l'église et je _____ (s'asseoir) à l'arrière.

2 Complete the following poem by putting the verbs listed at the end, in the future.

Demain, dès l'aube, à l'heure où blanchit la campagne,

Je _____ **a**. Vois-tu, je sais que tu m'attends.

Je _____ **b** par la forêt, je _____ **b** par la montagne.

Je ne puis demeurer loin de toi plus longtemps.

Je _____ **c** les yeux fixés sur mes pensées,

Sans rien voir au dehors, sans entendre aucun bruit,

Seul, inconnu, le dos courbé, les mains croisées,

Triste, et le jour pour moi _____ **d** comme la nuit.

Je ne _____ **e** ni l'or du soir qui tombe,

Ni les voiles au loin descendant vers Harfleur,

Et quand je _____ **f**, je _____ **g** sur ta tombe

Un bouquet de houx vert et de bruyère en fleur.

Victor Hugo

a partir; **b** aller; **c** marcher; **d** être; **e** regarder; **f** arriver; **g** mettre

3 Finish the following sentences, using appropriate forms of the future.

  a Si tu te presses . . . .

  b S'ils gagnent les élections . . . .

  c Si nous faisons la traversée demain matin . . . .

  d Si je n'ai rien reçu de toi à la fin du mois . . . .

  e Si vous n'avez rien d'autre à faire . . . .

  f Si elle passe son permis de conduire . . . .

4 Translate the following sentences into French.

  a I know he won't do it again.

  b She says the train is going to be late again.

  c If you don't run, you'll be late!

  d I believe that, if he has time, he will do it tonight.

  e I'll see her as soon as she arrives.

  f They'll be leaving any time now.

5 Oral work

Tell your friends what you are going to do tomorrow, using the near future (*aller* + infinitive).

6 Write a page on the following theme, using the future tense whenever appropriate: 'Quand j'aurai fini mes études . . .'.

7 Complete the following sentences with the appropriate form of the future perfect, making any necessary changes to word order.

  a Elle l'emportera dès qu'elle _____ (acheter) une voiture.

  b Nous _____ (rentrer) avant 11 heures.

  c Je _____ (terminer) dans un instant.

  d Dans une semaine tu _____ (finir) tes examens.

  e Elles _____ (connaître) toutes sortes d'aventures.

  f Les pauvres! Ils _____ (s'ennuyer) bien.

g Vous _____ (traduire) bientôt ce document?

h Elle _____ (se demander) où j'étais partie.

8 Make sentences with the future and future perfect.

e.g. *Corrigez ce texte et apportez-le moi > Vous m'apporterez ce texte quand vous l'aurez corrigé.*

a Payez votre cotisation et vous pouvez jouer au tennis.

b Habillez-vous et descendez pour le petit déjeuner.

c Finis ton café et nous partons.

d Éteignez la lumière et vous dormirez mieux.

9 Complete the following sentences with the appropriate form of the future or future perfect.

a On _____ (partir) dès que vous _____ (finir) la vaisselle.

b Cela _____ (faire) bientôt deux ans qu'elle est partie au Canada.

c On en _____ (reparler) quand tu _____ (passer) ton examen.

d Promis, ça _____ (être fait) dès ce soir.

e Il _____ (regarder) la télé quand il _____ (finir) ses devoirs, pas avant!

f Ne t'inquiète pas, il lui _____ (falloir) plus d'une heure pour rentrer dans cette circulation.

g Vous _____ (avoir) une meilleure idée quand vous _____ (lire) le rapport.

h Je lui _____ (faire) part de votre décision.

7 | The conditional (present and past)

Text

L'auto de Chang-Kaï-shek **arriverait** dans l'avenue par une étroite rue perpendiculaire. Elle **ralentirait** pour tourner. Il fallait la voir venir, et lancer la bombe lorsqu'elle **ralentirait**. Elle passait chaque jour entre une heure et une heure et quart: le général déjeunait à l'européenne. Il fallait donc que celui qui **surveillerait** la petite rue, dès

5 qu'il **verrait** l'auto, fît signe aux deux autres. La présence d'un marchand d'antiquités, dont le magasin s'ouvrait juste en face de la rue, l'**aiderait**; à moins que l'homme n'appartînt à la police. Tchen voulait surveiller lui-même. Il plaça Peï dans l'avenue, tout près de l'endroit où l'auto **terminerait** sa courbe avant de reprendre de la vitesse; Souen, un peu plus loin. Lui, Tchen, **préviendrait** et **lancerait** la première bombe. Si

10 l'auto ne s'arrêtait pas, atteinte ou non, les deux autres **lanceraient** leurs bombes à leur tour. Si elle s'arrêtait, ils **viendraient** vers elle: la rue était trop étroite pour qu'elle tournât. Là était l'échec possible: manqués, les gardes debout sur le marchepied **ouvriraient** le feu pour empêcher quiconque d'approcher.

Tchen et ses compagnons devaient maintenant se séparer. Il y avait sûrement des

15 mouchards dans la foule, sur tout le chemin suivi par l'auto. D'un petit bar chinois, Peï allait guetter le geste de Tchen; de plus loin Souen **attendrait** que Peï sortît. Peut-être l'un au moins des trois **serait-il tué**, Tchen sans doute. Ils n'osaient rien se dire. Ils se séparèrent sans même se serrer la main.

André Malraux, *La Condition Humaine*

The present conditional in the text

1 USAGE

a 'Future in the past'

Normally, if an event is narrated in the present, future events within the story are expressed in the future tense. If the same story is narrated in the past, the present conditional is used instead of the future. This is occasionally referred to as the 'future in the past'.

e.g. *Il fallait donc que celui qui surveillerait la petite rue* . . . (line 4)

In the present this would read: *Il faut donc que celui qui surveillera la petite rue* . . . .
There are numerous examples of this in the text (lines 1, 2, 3, etc.).

b *Si* + imperfect (see Chapter 3)

In sentences where a condition is expressed (*si* + imperfect), the main verb is in the present conditional.

e.g. *Si l'auto ne s'arrêtait pas , ... les deux autres lanceraient leurs bombes* (lines 9–10)

Si elle s'arrêtait, ils viendraient vers elle (line 11)

2 FORMATION

The endings are the same as the imperfect endings: *-ais, -ais, -ait, -ions, -iez, -aient.* The stem used for the present conditional is the same as the stem of the future, whether the verb is a regular or an irregular one. As with the future, the stem always ends with an *r* (see Chapter 6).

Other points to note in the text

- Imperfect subjunctive: *fît* (line 5); *appartînt* (line 7); *tournât* (line 12); *sortît* (line 16) (see Chapter 27)
- Pronominal verb: *s'ouvrait* (line 6) (see Chapter 20)
- Word order: inversion: *Peut-être . . . . . serait-il tué* (lines 16–17) (see Chapter 30)

Discover more about the present conditional

USAGE

a The conditional frequently expresses the English 'would' in situations other than the 'future in the past' when it indicates that some event would take place if certain conditions were fulfilled.

e.g. *Dans ce cas-là, j'irais voir le directeur* (= *si c'était le cas*)

It must be remembered, however, that 'would' can convey the idea of repetition in the past.

e.g. She would open the shutters at 7.00 a.m.

In such cases the conditional should not be used, as 'would' means 'used to' and the repetition is indicated by the imperfect (*Elle ouvrait les volets à 7 heures*) (see Chapter 3).

b The conditional often expresses a polite request or a suggestion.

e.g. *Je voudrais parler à Mme Crépin*

Vous pourriez passer par chez moi

c A possibility can be expressed by the use of the present conditional.

e.g. *Cela pourrait bien être le cas*

Children playing are often heard using the conditional to indicate a situation which is imagined.

e.g. *Alors moi je serais le policier et toi tu serais le voleur*

d The present conditional is frequently used in the media to indicate unconfirmed facts.

e.g. *Il y a eu un incendie à la suite duquel il y aurait de sérieux dégâts* (= There was a fire which apparently caused serious damage)

e In indirect speech, if the main verb is in the past tense, future action is indicated by the conditional (see *Future in the past*, above).

e.g. *Elle a dit qu'elle ferait attention*

See for further information:	Coffman Crocker, pp. 182–6, 190–1, 193–5
	Ferrar, pp. 71–3
	Hawkins and Towell, pp. 162, 244–6, 403
	Judge and Healey, pp. 156–76
	L'Huillier, pp. 183–91
	Price, pp. 257–8, 326–30
	Turk and Vandaele, pp. 118–22, 139

Text

'Enfant d'une secte, moi aussi, **je me serais suicidée** sur commande'. Élevée dans une secte, Isabelle s'en est échappée à 28 ans. Elle dénonce à 5 présent les pressions psychologiques et remâche son 'enfance perdue'. À tel point qu'Isabelle affirme aujourd'hui 'comprendre' la folie des adeptes de l'ordre du Temple solaire: 'J'ai réalisé 10 que **j'aurais** aussi **pu** en arriver là. Si on me l'avait demandé, **je me serais suicidée.**'

InfoMatin

The past conditional in the text

1 USAGE

'Would have'

The past conditional is used to express an action which would have happened, had certain conditions been fulfilled.

e.g. *J'aurais aussi pu en arriver là* (line 10) (= I could have got to that stage if, e.g., I had stayed)
Je me serais suicidée (lines 11–12) (= I would have committed suicide)

Note that in such cases *si* is followed by the pluperfect.

e.g. *Si on me l'avait demandé, je me serais suicidée* (lines 10–12) (see Chapter 4)

2 FORMATION

The past conditional is formed by using the present conditional of *avoir* or *être* and the past participle of the verb.

e.g. *J'aurais pu* (line 10)
   Je me serais suicidée (lines 11–12)

je serais . . .	j'aurais . . .
tu serais	tu aurais
il/elle serait	il/elle aurait
nous serions	nous aurions
vous seriez	vous auriez
ils/elles seraient	ils/elles auraient

Other points to note in the text

- Omission of the article: *Enfant d'une secte* (line 1) (see Chapter 13)
- Pronominal verb: *Je me serais suicidée* (lines 1–2, 11–12) (see Chapter 20)

Discover more about the past conditional

a The past conditional can express a possible action in the past.

e.g. *Cela aurait bien pu être le cas* (It could well have been the case)

b The past conditional is frequently used in the media to indicate unconfirmed facts in the past.

e.g. *Ceux qui auraient lancé les fusées n'ont pas eu le droit de se défendre au tribunal* (Those who have allegedly thrown the rockets were not allowed to defend themselves in court)

c The past conditional can express regret or reproach.

e.g. *J'aurais aimé être artiste* (I would have liked . . .)
   Vous auriez pu m'en parler plus tôt (You could have mentioned it before)

See for further information: Same references as for the present conditional, above

Tenses after *si*

1 USAGE

a In most cases *si* introduces a condition on which the action mentioned in the main clause is dependent. See above: ***The present conditional in the text*** b and ***The past conditional in the text.*** In all such cases the sequence of tenses is as follows:

Condition ('si' clause)	Result (main clause)
present	future or imperative
imperfect	present conditional
pluperfect	past conditional

SI

e.g. *Si tu as assez d'argent tu nous achèteras/achète-nous une glace*

Si j'avais assez d'argent je vous achèterais une glace

S'il avait eu assez d'argent il nous aurait acheté une glace

Note 1 The *si* clause can come first or last.

Note 2 *Si* is contracted to *s'* before *il/ils*. It does not change before *elle/elles*.

e.g. *S'il téléphone; Si elle téléphone*

Note 3 *Si* is not directly followed by the conditional or the future.

b A number of *si* clauses do not express true conditions. As a rule of thumb, if *si* can be translated by 'whether', the above sequence of tenses does not apply.

e.g. *Je lui ai demandé si elle avait fini*

✎ EXERCISES

1 Complete the following text by putting the verbs indicated in the conditional tense.

– Quand je serai grand, me disait Jojo, mon papa et maman Yaya seront morts. Je serai contremaître à l'usine. Je vais acheter une auto plus belle que celle de mon papa, et j'irai chercher m'man Gracieuse, et je ferai une belle maison pour habiter avec elle. Mais je n'épouserai pas une femme méchante comme m'man Yaya. Je préfère rester avec maman.

Moi, j'_____ (avoir) une grande propriété, grande comme toute la campagne alentour. Je ne _____ (planter) pas de canne à sucre. J'_____ (avoir) beaucoup de gens qui _____ (cultiver) avec moi des légumes, des fruits, qui _____ (élever) des poules, des lapins, mais qui _____ (s'habiller), même pour travailler, de culottes et de blouses non déchirées, et qui _____ (mettre) de beaux costumes le dimanche, et dont les enfants _____ (aller) tous à l'école. M'man Tine ne _____ (être) pas morte; elle _____ (soigner) les poules, _____ (assembler) les œufs. M'man Délia _____ (s'occuper) du ménage.

Je rêvais pour de vrai, puisque Jojo, me rappelant à la réalité des faits, me disait, sans malice pourtant:

– Mais tu ne pourras pas avoir tout ça; tu n'es pas blanc, tu n'es pas un béké.*

– N'empêche.

– Mais tes travailleurs, alors, ils seront presque aussi bien nourris et logés que les békés! Alors n'y aura plus de nègres; et les békés, qu'est-ce qu'ils vont faire?

Je restais dérouté, honteux, un peu triste.

J. Zobel, *La Rue Cases-Nègres*

* *un béké*: white Creole, i.e. French native of the Caribbean islands

2 Complete the following *si* sentences with the appropriate form of the verb.

    a **i**   Ça m'arrangera si tu _____ (pouvoir) passer à la pharmacie.

        ii   Ça me _____ (arranger) si tu pouvais passer à la pharmacie.

        iii Ça m'aurait arrangé si tu _____ (pouvoir) passer à la pharmacie.

    b **i**   Si je _____ (se lever) à temps, j'irai acheter du lait.

        ii   Si je me levais à temps, je _____ (aller) chercher du lait.

        iii Si je _____ (se lever) à temps, je serais allé acheter du lait.

    c **i**   Si un jour j'ai le temps et l'argent, je _____ (faire) des régates.

        ii   Si je _____ (avoir) le temps et l'argent, je ferais des régates.

        iii Si j'avais eu le temps et l'argent, je _____ (faire) des régates.

3 Translate into French.

    a I would prefer not to change it.

    b He said he'd come back tomorrow.

    c Could you help me to lift this bag?

    d Tell me if you would like to share.

    e According to the paper, six died in the accident.

    f I should go home this weekend.

    g If she was kinder to others, others would be kinder to her.

    h Yell if you are ready!

    i You should start looking for jobs right now.

    j The criminal is alleged to have gone abroad.

4 Finish the following sentences using the correct tense.

    a Si je peux partir à Noël . . . .

    b Si j'habitais dans une ferme . . . .

    c Si j'avais eu plus de chance . . . .

5 Oral group work

    Discuss the following, using verbs in the conditional.

    a Si les gens étaient moins égoïstes . . . .

    b Si nous étions au pouvoir . . . .

6 What would you do?

    Vous perdez les clés de votre voiture

    Si je perdais les clés de ma voiture, j'irais à la gendarmerie

    a Vous ne savez pas cuisiner.

    b Il y aura grève du métro.

    c Vous n'êtes pas content(e) de vos conditions de travail.

    d L'électricité est coupée.

8 | The negative

Text

Aujourd'hui, une catégorie entière de la population française – les jeunes entre 18 et 25 ans – **n'a pas de** droit social propre. C'est la seule. Si entre 18
5 et 25 ans, vous **n'êtes pas** inséré dans l'emploi, et on sait que c'est de moins en moins le cas pour toutes sortes de raisons qui **ne sont pas** seulement liées à la crise de l'emploi, comme par
10 exemple l'allongement des études, vous **n'avez pas de** droits sociaux. La jeunesse devient une catégorie **sans insertion** dans la société, que ce soit du point de vue familial, professionnel. Et
15 c'est irréversible.

Pas de droits sociaux, cela veut dire **pas de** ressources garanties, une complète dépendance. Prenons la mendicité: évidemment que des jeunes
20 mendient, certains mendient, d'autres passent aux activités illégales pour pouvoir subsister. C'est une classe d'âge où **n'existe aucune** sécurité sociale et il **ne s'agit pas** seulement
25 d'assurance-maladie. Je propose d'engager le débat sur la création d'une branche jeunesse de la sécurité sociale. Quand, au milieu du siècle, est apparu le problème des personnes âgées qui **ne**
30 **pouvaient plus** subsister, on a inventé la sécurité sociale pour eux. Nous sommes devant le même type de

problème très neuf pour la jeunesse. Une sécurité sociale pour la jeunesse,
35 ce **n'est pas** le RMI pour les jeunes, dont ils **ne voudraient pas**. Il faut une vraie sécurité sociale avec une prestation plus proche du SMIC que du RMI, qui permette à chaque jeune
40 d'être autonome, quel que soit son type d'insertion ou de **non-insertion** dans la société. Il s'agit de droits de l'Homme: la majorité légale à dix-huit ans définit une personne avec tous ses droits sauf
45 qu'il **n'y a pas de** droits sociaux! D'où une dépendance vis-à-vis de la famille, etc. Des droits propres à la jeunesse permettraient une grande liberté individuelle et conduiraient les jeunes à
50 **ne pas accepter n'importe quoi**.

Aujourd'hui, un jeune très qualifié est poussé à accepter **n'importe quel** boulot pour subsister, ce qui brise son projet professionnel et provoque un
55 ressentiment, un gâchis, une dégradation de son image; il devient concurrent pour des travaux **non qualifiés** avec d'autres jeunes **non qualifiés** qui, du coup, **n'ont plus**
60 accès à ces emplois: on les pousse ainsi à l'illégalité. Une prestation de sécurité sociale **ne réglera pas** le problème de la toxicomanie mais empêcherait certaines dérives . . . . Cela permettrait

> 65 d'envisager autrement l'emploi, les
> projets personnels, y compris
> amoureux: songeons que l'âge moyen
> du premier enfant pour une femme est
> de vingt-huit ans et demi! On peut
> 70 parler d'une grande modification
> culturelle mais il **ne s'agit pas que** de
> cela: les jeunes sont dans une contrainte
>
> terrible et il **n'existe souvent aucune**
> possibilité pour un projet de famille.
> 75   J'insiste parce que la jeunesse
> constitue la première urgence et la
> multiplication des «mesures jeunes»
> **n'y répond pas du tout**. J'attends un
> vrai débat à ce sujet.

Daniel Le Scornet, *Regards*

⚲ The negative in the text

1 NEGATION OF VERBS AND WORD ORDER

a Negation with a verb is generally expressed by placing *ne* (which elides to *n'* before a vowel) **before** the verb and *pas* **immediately after** it, e.g. *n'êtes pas* (line 5). This translates the English 'not'.

b Other negative expressions which are used together with *ne* include *ne . . . plus* (= no longer, no more) in lines 29–30, *ne . . . que* (= only) and *ne . . . pas que* (= not only) in line 71, and *ne . . . pas du tout* (= not at all) in line 78. There is also the adjectival *ne . . . aucun(e)* (= absolutely no) in lines 23 and 73. It should be noted that this expression is very rarely found in the plural, *pas de* or *sans* being more usual.

c Where the verb is preceded by a reflexive pronoun, by a direct or indirect object pronoun, and/or by *y* or *en, ne* must come before any such pronoun(s).

e.g. *il ne s'agit pas* (line 24), *il n'y a pas* (line 45)

d Where an auxiliary verb such as *aller, devoir, vouloir, pouvoir* is followed by an infinitive, *ne* comes before the auxiliary verb, and the other negative expression (*pas, plus*) generally follows the auxiliary, but comes before the infinitive, e.g. *ne pouvaient plus subsister* (lines 29–30). Notable exceptions to this are *personne* and *aucun*, and the other negative expressions listed in *Discover more about the negative,* **1 a ii** below. They follow the infinitive

e.g. *je ne veux voir personne; il ne peut tolérer aucun inconvénient*

e With a present infinitive which stands alone, both *ne* and *pas* stand together in front of the infinitive, e.g. *ne pas accepter* (line 50), but notable exceptions again are *personne* and *aucun* (and all the expressions in *Discover more about the negative,* **1 a ii** below) which follow the infinitive.

e.g. *gêné de n'avoir aucun livre*

2 OTHER USAGE

a *Ne* is used on its own in a number of fixed expressions and notably to form a set of indefinite expressions, including *n'importe quoi* (line 50) and *n'importe quel* (line 52), meaning literally 'it does not matter what/which', in other words, anything/any.

b *Pas* is used alone to negate words or phrases which do not contain verbs.

e.g. *pas de droits sociaux, pas de ressources garanties* (lines 16–17)

c *Non* is used to negate past participles occurring alone without *avoir* or *être*, e.g. *non qualifiés* (lines 57–8). *Non* is used to form compounds with nouns.

e.g. *non-insertion* (line 41)

3 USE OF ARTICLES

De is normally substituted for the partitive article (*du, de la, de l'*) or the indefinite article *(un, une, des)* with the direct object of a verb in the negative, e.g. *n'a pas de droit* (line 3), *n'avez pas de droits* (line 11). Even in the absence of a verb, *pas de* + noun is the norm, e.g. *pas de droits* (line 16). *Pas un(e)* is sometimes found, but it has the particularly emphatic meaning of 'not a single one'. The definite article (*le, la, les*) remains unchanged after a negative, e.g. *Je n'aime pas le sport.* See also Chapter 13.

Other points to note in the text

• Impersonal verbs: *il s'agit de* (lines 24, 42, 71); *il faut* (line 36); *il y a* (line 45) (see Chapter 25)
• Present subjunctive: *que ce soit* (line 13); *une vraie sécurité sociale . . . qui permette* (lines 36–9); *quel que soit* (line 40) (see Chapter 26).

Discover more about the negative

1 NEGATION OF VERBS AND WORD ORDER

a When considering word order, it is useful to divide negative expressions in French into two groups.

i negative adverbs

ne . . .
- *pas* (= not)
- *point* (literary/archaic variant for not, not at all)
- *nullement* (= in no way)
- *plus* (= no longer, no more)
- *guère* (= hardly, scarcely)
- *jamais* (= never)
- *rien* (= nothing)

ii negative pronouns/determiners

ne . . .
- *personne* (= no-one)
- *que* (= only)
- *aucun* (= no, none, not any)
- *nul* (= no, none, not any)
- *pas un* (= not a single one)
- *nulle part* (= nowhere)
- *ni . . . ni* (= neither . . . nor)

b With a compound tense, *ne* comes before the auxiliary verb and any object pronouns which precede it, whilst *pas* or any other of the negative expressions from group **i** comes after the auxiliary verb but **before** the past participle, e.g. *Je ne l'ai jamais vu.* However, negative expressions from group **ii follow** the past participle, e.g. *Il n'a vu personne. Il ne l'a trouvé nulle part.*

With an interrogative inverted verb, *ne* precedes the verb in the normal way, whilst *pas* or any other of the negative expressions from list **i** follows after the subject pronoun which is attached to the verb, e.g. *N'avez-vous pas fini votre travail?*

Negative expressions from list **ii** follow the past participle as always, e.g. *N'avez-vous vu personne?*

c With a perfect infinitive, as with a present infinitive (see ***The negative in the text***, 1c, above), the usual pattern is that *ne* and any negative expression from group **i** precede the infinitive *avoir* or *être*, whereas any negative expression from group **ii** follows the past participle, e.g. a *Il regrette de ne pas avoir fait ce travail*; b *Il est content de n'avoir rencontré personne.*

However, examples will be found where expressions from group **i** follow *avoir* or *être*.

e.g. *Il regrette de ne l'avoir pas fait*

d With the expression *ne . . . que* (only), the second element *que* is placed immediately before the word or phrase to which the idea of 'only' applies.

e.g. *Je ne suis venu que **pour vous parler**; Vous ne le voyez que **le samedi**; Je n'ai parlé qu'**à lui***

e A sentence may begin with one of the following negative expressions as its subject: *jamais, rien, personne, aucun, nul, pas un, ni . . . ni.* When this happens, *ne* remains in its normal position, before the verb and before any preceding object pronouns, e.g. *Personne ne pourra vous aider; Rien ne s'est passé.* The temptation in such cases to add *pas* after the verb must at all costs be avoided.

Note Whether they occur as subject or object of the sentence, *personne* and *rien* may be qualified by a masculine adjective or participle, which must always be preceded by *de*.

e.g. *rien de nouveau; personne d'intéressant*

f Double negatives may occur, with *ne* as usual before the verb and a combination of, e.g. *jamais* and *rien* after it. The order in which the negative expressions are listed in **i** and **ii** is the order in which they are combined in double negatives, e.g. *Il ne fait jamais rien.* The only negative expression which may be combined with *ne . . . pas* is *ni*.

e.g. *Il n'a pas besoin de votre aide ni de votre pitié*

2 USE OF *NE*

a It should be noted that increasingly *ne* is omitted in less formal varieties of spoken French, and *pas* alone carries the negative force.

b In certain set expressions, particularly in literary style, *pas* may be omitted, leaving *ne* alone to carry the negative force.

e.g. *À Dieu ne plaise; Je n'ose vous le dire; Je ne sais ce qu'il est devenu; Si ce n'était trop tard, je le lui dirais*

c *Ne* is also found alone in other contexts where, strangely enough, it does **not** negate the meaning. This expletive use of *ne* is found, for example, in comparative clauses, e.g. *Il travaille plus que vous ne le pensez* (He works harder than you think he does); after the conjunctions *avant que* and *à moins que*, e.g. *Avant que vous ne partiez, . . .* ; after expressions of fear such as *craindre, de peur que*, e.g. *Je crains qu'il ne tombe; De peur qu'il ne revienne, je suis partie* (see Chapter 26).

3 USE OF ARTICLES

a After *ne . . . que*, the indefinite and partitive articles *un(e), des, du, de la, de l'* do **not** change to *de*.

e.g. *Il n'écrit que des poèmes; Je n'ai que du café*

b After the expression *ne . . . ni . . . ni*, no article is used.

e.g. *Je n'ai ni frères ni sœurs*

See for further information: Coffman Crocker, pp. 242–51

Ferrar, pp. 265–71

Hawkins and Towell, pp. 383–99

Judge and Healey, pp. 305–10

L'Huillier, pp. 332–5, 621–35

Price, pp. 433–60

Turk and Vandaele, pp. 251–9

✎ EXERCISES

1 Rewrite the following sentences in the negative.

a Vous faites du sport.

b J'ai fini mon travail.

c Avez-vous fini votre travail?

d Pouvez-vous m'aider?

e Je vais lui en parler ce soir.

f J'ai bien compris ce chapitre.

g Je pars tout de suite.

h Savez-vous nager?

i J'ai un frère.

j Avez-vous eu le temps de le lire?

k Vous allez partir tout de suite?

l Il vous a vu arriver tout à l'heure.

m Je vais le faire.

n Je suis contente d'avoir fini ce travail.

2 Rewrite the following sentences, replacing the italicized expression with a negative phrase.

a J'ai oublié *quelque chose*.

b Il part *toujours* à neuf heures.

c Le week-end, nous faisons *toujours quelque chose* d'intéressant.

d J'ai *toujours* admiré son travail.

e *Quelqu'un* vous a téléphoné.

h *Quelque chose* va se passer ici.

i Il a *quelque* espoir.

j Il est *toujours* occupé à *quelque chose*.

k Elle va écrire *quelque chose*.

l *Quelqu'un* est venu m'aider.

m *Quelque chose* le tracasse.

f J'ai *un* frère *et une* sœur. **n** Avez-vous vu *quelqu'un*?

g Avez-vous vu *quelque chose*?

3 Rewrite the following sentences, adding the French equivalent of the English words given in brackets at the end.

   a J'ai lu ce livre. (never)

   b Nous nous sommes amusés. (not at all)

   c Il y a des étudiants dans la salle. (no longer any)

   d Il me reste vingt euros. (only)

   e Elle prend du café. (hardly any)

   f Je l'ai trouvé. (nowhere)

   g Il y a un arbre dans le jardin. (not a single one)

   h Nous avons étudié des pièces de théâtre et des romans. (neither . . . nor)

4 Translate the following sentences into French.

   a You will never find another one like him.

   b He doesn't live at home any more.

   c My car is not reliable – neither is yours!

   d Not one of you understood what it was about.

   e I have nothing to say.

   f I have looked everywhere for that key and I can't find it anywhere.

   g It is hardly the moment to bring this up.

   h No-one is blameless in this affair.

   i I'll never be scared of spiders again.

   j There is only one banana left.

9 | Interrogatives

Text 1

A l'Orientation, ils me demandèrent ce que je voulais faire dans la vie.

Dans la vie. **Est-ce que je savais** ce que je voulais faire dans la vie?

5 "**Alors?** dit la femme.

– Je ne sais pas.

– Voyons: si tu avais le choix, supposons."

La femme était gentille, elle
10 interrogeait avec douceur, pas comme une maîtresse. Si j'avais le choix. Je levai les épaules. Je ne savais pas.

"Je ne sais pas.

– **Tu ne t'es jamais posé la**
15 **question?**"

Non. Je ne me l'étais pas posée. Du moins pas en supposant que ça appelait une réponse; de toute façon ça ne valait pas la peine.

20 On m'a fait enfiler des perles à trois trous dans des aiguilles à trois pointes, reconstituer des trucs complets à partir de morceaux, sortir d'un labyrinthe avec un crayon, trouver des animaux
25 dans des taches, je n'arrivais pas à en

voir. On m'a fait faire un dessin. J'ai dessiné un arbre.

"**Tu aimes la campagne?**"

Je dis que je ne savais pas; je croyais
30 plutôt que non.

"**Tu préfères la ville**?"

A vrai dire je crois que je ne préférais pas la ville non plus. La femme commençait à s'énerver. Elle
35 me proposa tout un tas de métiers aussi assommants les uns que les autres. Je ne pouvais pas choisir. Je ne voyais pas pourquoi il fallait se casser la tête pour choisir d'avance dans quoi on allait se
40 faire suer. Les gens faisaient le boulot qu'ils avaient réussi à se dégotter, et de toute façon tous les métiers consistaient à aller le matin dans un truc et y rester jusqu'au soir. Si j'avais eu une
45 préférence ç'aurait été pour un où on restait moins longtemps, mais il n'y en avait pas.

"Alors, dit-elle, **il n'y a rien qui t'attire particulièrement?**"

Christiane Rochefort, *Les Petits Enfants du siècle*

Text 2

Interrogatoire

– **A quelle heure ce jour-là passa
l'autobus** de la ligne S de midi 23,
direction porte de Champerret?
– A midi 38.
5 – **Y avait-il beaucoup de monde** dans
l'autobus de la ligne S sus-désigné?
– Des flopées.
– **Qu'y remarquâtes-vous** de
particulier?
10 – Un particulier qui avait un très long
cou et une tresse autour de son
chapeau.
– **Son comportement était-il** aussi
singulier que sa mise et son
15 anatomie?
– Tout d'abord non; il était normal,
mais il finit par s'avérer être celui
d'un cyclothymique paranoïaque
légèrement hypotendu dans un état
20 d'irritabilité hypergastrique.
– **Comment cela se traduisit-il?**
– Le particulier en question interpella
son voisin sur un ton pleurnichard en
lui demandant s'il ne faisait pas
25 exprès de lui marcher sur les pieds
chaque fois qu'il montait ou
descendait des voyageurs.
– **Ce reproche était-il fondé?**
– Je l'ignore.
30 – **Comment se termina cet incident?**
– Par la fuite précipitée du jeune
homme qui alla occuper une place
libre.
– **Cet incident eut-il un
35 rebondissement?**
– Moins de deux heures plus tard.
– **En quoi consista ce rebondissement?**
– En la réapparition de cet individu sur
mon chemin.
40 – **Où et quand le revîtes-vous?**
– En passant en autobus devant la cour
de Rome.
– **Qu'y faisait-il?**
– Il prenait une consultation
45 d'élégance.

Raymond Queneau, *Exercices de style*
© Editions Gallimard www.gallimard.fr

⌕ Interrogatives in the text

1 INTONATION

The simplest way to ask a question in spoken French is by using rising intonation at the end of
the sentence. There are a number of examples of this in text 1

e.g. *alors* (line 5); *tu ne t'es jamais posé la question?* (lines 14–15); *tu aimes la campagne?* (line 28);
tu préfères la ville? (line 31); *il n'y a rien qui t'attire particulièrement?* (lines 48–9).

2 EST-CE QUE

A very frequent way of asking questions in French, particularly in spoken French, is to use 'est-ce que' at the beginning of the declarative sentence

e.g. *est-ce que je savais ce que je voulais faire dans la vie?* (text 1, lines 3–4).

3 INTERROGATIVE ADJECTIVES, PRONOUNS AND ADVERBS

a The interrogative adjective *quel/le* can be used to start a question and is followed by inversion of subject and verb. *Quel/le* agrees with the noun it qualifies.

e.g. *à quelle heure ce jour-là passa l'autobus* (text 2, lines 1–2).

b *Que/qu'* (before a vowel) followed by inversion of subject and verb = what

e.g. *qu'y remarquâtes-vous* (text 2, line 8); *qu'y faisait-il* (text 2, line 43).

Quoi is a stressed pronoun used after a preposition = what

e.g. *en quoi consista ce rebondissement?* (text 2, line 37).

c Adverbs are frequently used to introduce questions

e.g. *comment cela se traduisit-il?* (text 2, line 21); *comment se termina cet incident?* (text, 2 line 30); *où et quand le revîtes-vous?* (text 2, line 40).

4 SIMPLE INVERSION

Questions can be formed by inverting a pronoun subject and the verb. The subject and the verb are connected by a hyphen

e.g. *y avait-il* (text 2, line 5).

Note that in compound tenses the subject pronoun and the auxiliary would be inverted

e.g. *y avait-il eu.*

5 COMPLEX INVERSION

When the subject of a verb is a noun, simple inversion is not possible. The construction known as 'complex inversion' replaces it and entails

subject noun + verb + pronoun corresponding to the subject

e.g. *son comportement était-il* (text 2, line 13); *cet incident eut-il un rebondissement* (text 2, lines 34–5 *comment cela se traduisit-il* (text 2, line 21).

In the last example a demonstrative pronoun replaces the subject noun.

The use of complex inversion is characteristic of more formal written French. In text 2, however, it is used in direct speech for stylistic purposes, the author seeking to give the impression that the speaker is a pretentious person using affected language. This would not occur in normal conversation.

Other points to note in the text

- Past historic: in text 1 the past historic is used as a narrative tense, e.g. *demandèrent* (line 1); *proposa* (line 35) (see Chapter 5)

  In text 2 the past historic is used widely in spoken language which is not common, particularly in the *vous* form, and is used here for stylistic reasons (see above, final paragraph of 'complex inversion') e.g. *qu'y remarquâtes-vous* (line 8); *où et quand le revîtes-vous* (line 40)
- Imperfect: there are numerous examples of the imperfect, both in text 1 and text 2 (see Chapter 3)
- Tenses after 'si': *si tu avais* (text 1, line 7); *si j'avais* (text 1, line 11); *si j'avais eu . . . ç'aurait été* (text 1, lines 44–5) (see Chapter 7)
- Pluperfect: *je ne me l'étais pas posée* (text 1, line 16); *avaient réussi* (text 1, line 41); *j'avais eu* (text 1, line 44) (see Chapter 4)
- Reflexive verbs: *tu ne t'es jamais posé* (text 1, line 14); *je ne me l'étais pas posée* (text 1, line 16); *se termina* (text 2, line 30) (see Chapter 20)
- Infinitives: *on m'a fait enfiler . . . reconstituer . . . sortir . . . trouver* (text 1, lines 20–24); *fait faire* (text 1, line 26); *se faire suer* (text 1, lines 39–40); *il fallait se casser* (text 1, line 38); *s'avérer être* (text 2, line 17) (see Chapter 22)
- Verbs with *à* and *de* + infinitive: *commencait à s'énerver* (text 1, line 34); *avaient réussi à se dégotter* (text 1, line 41); *consistaient à aller . . . et y rester* (text 1, lines 42–3) (see Chapter 23)
- Demonstratives: *ce* (text 2, lines 1, 28, 37); *cet* (text 2, lines 34, 38); *cela* (text 2, line 21) (see Chapter 14)
- Word order:
  - **a** compound tense + negative e.g. *je ne me l'étais pas posée* (text 1, line 16)
  - **b** compound tense + question + negative e.g. *tu ne t'es jamais posé* (text 1, line 14)
  - **c** inversion after direct speech e.g. *dit la femme* (text 1, line 5) (see Chapter 30).

Discover more about interrogatives

USAGE

a Interrogative sentences of the *comment/où/quand* type as seen in text 2 can also start with *pourquoi* and *combien*

  e.g. *Pourquoi as-tu fait ça? Combien faut-il payer?*

b Note that '**-t-**' must be introduced between a verb ending with a vowel and a subject pronoun also starting with a vowel (*il, elle, on*)

  e.g. *Combien le voyage va-t-il coûter?*

c In formal style the simple inversion of subject pronoun and verb can be used to ask a question, e.g. *Revenez-vous l'an prochain?*

d The pronoun *qui* can be used to start an interrogative sentence in the same way as *que* and *quoi*.

  e.g. *Qui sera là demain?*

In spoken language the following less formal constructions can be used.

	People	**Things**
Subject	**Qui** est-ce **qui** arrive?	**Qu'**est-ce **qui** arrive?
	Who is coming?	What is happening?
Object	**Qui** est-ce **que** vous avez vu?	**Qu'**est-ce **que** vous avez vu?
	Who(m) did you see?	What did you see?

Note that the forms beginning with *Qui* refer to people and the forms beginning with *Que* refer to things. Note also that the relative pronoun, which comes after *est-ce*, marks the distinction between grammatical subject (*qui*) and object (*que* which elides to *qu'* before a word beginning with a vowel).

Note also the common expression:

Qu'est-ce que c'est? = What's that?

Note There is no inversion with these forms. Contrast *Qu'a-t-il fait?* and *Qu'est-ce qu'il a fait?*

e The interrogative pronoun *lequel* (= which one) is used to start an interrogative sentence when a precise answer is required. Its various forms are: *lequel* (masc. sing.), *laquelle* (fem. sing.), *lesquels* (masc. pl.) and *lesquelles* (fem. pl.).

Lequel always agrees with the noun it refers to.

e.g. *Laquelle de ces photos préférez-vous? Lesquels de ces poèmes avez-vous lus?*

Lequel in its various forms can be combined with *à* or *de*:

à + lequel > auquel   *à + lesquels > auxquels*
à + laquelle no change   *à + lesquelles > auxquelles*

e.g. *Auquel vous êtes-vous adressé?*

de + lequel > duquel   *de + lesquels > desquels*
de + laquelle no change   *de + lesquelles > desquelles*

e.g. *Desquelles avez-vous peur?*

f There are a number of ways of asking informal questions in conversational French, such as the common forms *Qui c'est qui, C'est qui qui, C'est combien/comment/quand/où?*

e.g. *Qui c'est qui m'a appelé? C'est qui qui m'a appelé? C'est où qu'on va?*

See for further information: Coffman Crocker, pp. 232–41

Ferrar, pp. 232–9, 259–63

Hawkins and Towell, pp. 350–66

Judge and Healey, pp. 419–25

L'Huillier, pp. 636–57

Price, pp. 193–201, 304–7, 461–9

Turk and Vandaele, pp. 283–8

EXERCISES

1   Complete the following questions with an appropriate interrogative word (*qui, que, lequel, combien, comment, où, quand*, etc.) and make the necessary changes.

  a _____ est-ce que ça va coûter?

  b _____ attendez-vous pour partir?

  c _____ de ces deux cartes postales préfères-tu?

  d _____ est-ce que tu viendras le chercher?

  e _____ de ces employés allez-vous vous adresser?

  f _____ n'a pas encore terminé son exercice?

  g _____ de ces sacs est le plus grand?

  h _____ faut-il que je prenne mon billet?

  i _____ ferez-vous après ce stage?

  j _____ faites-vous pour ne pas vous tromper?

2   Rewrite the following questions, using the more formal interrogative (single or complex inversion).

  e.g. *Est-ce que vous êtes prêts? > Êtes-vous prêts?*
  Est-ce que Renée a pris les billets? > Renée a-t-elle pris les billets?

  a Est-ce qu'elle est revenue?

  b Est-ce que la France est un pays surpeuplé?

  c Est-ce qu'il faut envoyer cette lettre maintenant?

  d Est-ce que cette décision est irrévocable?

  e Est-ce que vous irez à l'opéra?

  f Est-ce que cet enfant est en bonne santé?

3   Translate the following questions, using first the *est-ce que* form then the more formal inversion.

  e.g. Have you finished your meal? > *Est-ce que vous avez terminé votre repas? Avez-vous terminé votre repas?*

  a Are they going to build a block of flats?

  b Will it rain this weekend?

  c Does the party agree?

  d Have they appointed a new president?

  e What happens if you are wrong?

  f Can you walk to the top of that hill?

  g Where did you lose your passport?

  h Where did she go after New York?

4 Write questions which would result in the following answers.

e.g. *Je suis allée à la pharmacie < Où es-tu allée?/Où est-ce que tu es allée?*

 a Elles sont parties hier matin.

 b Je préfère celle-là.

 c J'ai fait cela parce que ça me paraissait nécessaire.

 d Il en a parlé à son docteur.

 e C'est un diplôme de tourisme que je prépare.

 f Au supermarché chercher de l'eau minérale.

5 Imagine that you are attending a job interview in French. Write eight questions you might be asked or which you might ask the interviewers.

10 | Personal Pronouns

Donnez-moi un quart d'heure le soir, et je vous donnerai une mémoire prodigieuse

De nouvelles méthodes peuvent multiplier par dix les possibilités de votre mémoire

J'ai donné une mémoire excellente à des milliers de personnes qui **se** plaignaient de tout oublier. En fait, **je leur** ai simplement appris à **se** servir de leur
5 mémoire, mais d'une façon tellement efficace qu'**ils** ont maintenant une mémoire infaillible. Dites-**vous** bien que si, aujourd'hui, **vous** êtes convaincu d'avoir une mémoire médiocre, cela n'a
10 aucune importance pour le résultat final. Car, **je vous l'**affirme et **je** peux **le** prouver, votre mémoire est en réalité dix fois plus puissante que **vous** ne **le** pensez. Votre mémoire est normale,
15 mais **elle** ne fonctionne qu'au minimum de ses possibilités. Il existe pourtant des techniques éprouvées qui peuvent **vous** permettre de graver dans votre mémoire ce que **vous** voulez retenir, et cela, de
20 façon tellement forte que **vous** ne pourrez plus jamais **l'**oublier. Une bonne mémoire, ce n'est pas un don, c'est une question de techniques et ces techniques nous pouvons toutes **vous les**
25 révéler.

Ces prouesses sont à votre portée.
Vous avez probablement déjà vu à la télévision ces champions de la mémoire qui semblent tout savoir. Eh bien, pour
30 retenir autant de choses **ils** ont généralement des procédés de mémorisation qu'**ils se** gardent de dévoiler. **Moi, je les** connais et **je vous les** révèle tous dans la méthode que **j'**ai
35 mise au point. C'est ainsi, par exemple, que **vous** pourrez retenir, après **les** avoir entendus seulement une fois, une liste de 40 mots quelconques n'ayant aucun rapport entre **eux**. **Vous** pourrez aussi
40 facilement retenir l'ordre des 52 cartes d'un jeu que l'**on** aura effeuillé devant **vous**. Mais il y a mieux: **vous** pourrez instantanément dire quelle est la 15e ou la 47e carte du jeu. Tout cela **vous** paraît
45 peut-être incroyable, et pourtant **vous** parviendrez à faire ces expériences comme tous ceux qui connaissent les techniques que **je leur** révèle.

Retenez davantage avec moins
50 *d'effort.* Bien entendu, le but de ma méthode n'est pas de réaliser des prouesses de ce genre, mais le fait que **vous** puissiez **les** réaliser après quelques jours seulement d'exercices

55 amusants, montre tout ce que l'**on** peut
obtenir d'une mémoire bien entraînée.
Dès lors, **vous** pourrez apprendre les
langues étrangères dans un temps
record, retenir le nom des gens, leur
60 visage, les rendez-vous, les numéros de
téléphone, les dates, les formules, les
horaires . . . . **Vous** pourrez retenir sans
notes le plan d'un discours, les idées
clés d'une conférence, le contenu d'un
65 livre, **vous** souvenir avec précision
d'un monument, d'un tableau ou d'une
photo. **Vous** saurez comment
emmagasiner les souvenirs dans votre
cerveau, retenir ce qui **vous** est
70 nécessaire pour votre profession ou vos
études, tout cela deux fois plus vite et
avec deux fois moins de fatigue.

*Ne **vous** privez pas de ce facteur de
succès.* Avoir une bonne mémoire
75 constitue un atout extraordinaire pour
réussir dans la vie. C'est vrai pour les
études, comme dans la vie
professionnelle. Ne laissez pas passer
cette occasion d'acquérir la mémoire
80 parfaite dont **vous** avez besoin. Si **vous**
désirez **en** savoir plus sur la méthode
que **j'**ai mise au point avec le Centre
d'Études, renvoyez simplement le
coupon ci-dessous, mais faites-**le** tout
85 de suite, car actuellement **vous** pouvez
profiter d'un avantage supplémentaire
très intéressant.

Service M

Personal pronouns in the text

1 UNSTRESSED SUBJECT PRONOUNS

Usage

a *Vous* is used in the text (e.g. *Vous avez,* line 27) as the so-called 'polite' second-person singular form, the normal form of address between people who are unfamiliar with one another, or between whom there is some 'social distance'. *Tu* is the alternative second-person singular form which is used to address children, friends, family and professional equals. The second-person plural form is always *vous.*

b *On* is frequently used in French (i) to refer to a person or people whose identity is not known, e.g. *on aura effeuillé* (line 41) and (ii) as an equivalent for English 'you'.
e.g. *on peut obtenir* (lines 55–6).

c In written French, in order to avoid hiatus after a vowel, *l'on* is often found rather than *on* after *et, où, qui, que, si,* e.g. *que l'on* (lines 41 and 55).

Form

The subject pronouns (I, you, he, she, it, etc.) are:

Singular: *je, tu, il, elle, on*
Plural: *nous, vous, ils, elles*

Although *on* takes a singular verb form, it is frequently plural in reference. See usage b above and ***Discover more about personal pronouns, 1b,*** below.

Note The third-person singular 'neutral' pronouns *ce, cela, ça* are dealt with separately in Chapter 14.

Except in an inverted question, where it follows the verb, the subject pronoun normally appears immediately before the verb. The only words which may intervene between it and the verb are:

   i   the unstressed object pronouns, e.g. *je vous l'affirme* (line 11) (see **2** below)
   ii the negative particle *ne*, e.g. *vous ne le pensez* (lines 13–14).

2 UNSTRESSED OBJECT PRONOUNS

Usage

a It is important that you are able to distinguish between **direct** and **indirect objects**, in both English and in French. It is important also that you know the structure which is used with a particular French verb. This will not necessarily be the same as in English. For example, in English you teach someone (direct object) to do something, but in French the construction is *apprendre à quelqu'un à faire quelque chose.* The use of *à* + noun indicates that the noun is the indirect object, and therefore the appropriate pronoun will be an indirect object pronoun. So, in the text we find *je **leur** ai appris à se servir* (lines 3–4).

b The pronoun *le,* as well as referring to masculine nouns, may also have a 'neutral' function, referring to general ideas or whole phrases, e.g. *je vous l'affirme, je peux le prouver* (lines 11–12), where *l'* and *le* both refer to the whole idea that your memory is ten times more powerful than you think. Another example of 'neutral' *le* is *faites-le* (line 84), where *le* refers to the action of sending in the coupon. Sometimes, French uses 'neutral' *le* where no equivalent pronoun 'it/this' would be required in English, e.g. *que vous ne le pensez* (lines 13–14). This is often found, as here (along with *ne*), in the second clause of a comparison, typically in formal written French (see Chapter 18).

c The pronoun *en* (line 81) should be particularly noted, since it has no exact equivalent in English. It is used to stand in the place of a phrase which begins with *de.* Here, *en savoir plus* is the equivalent of *savoir plus de détails. En* is very frequently used in French when there would be no equivalent in English, e.g. *Combien de pages avez-vous lu? J'en ai lu une vingtaine.*

d For the pronoun *y* which does not occur in the text, see ***Discover more about personal pronouns, 2e,*** below.

Form

The unstressed object pronouns are:

person	singular	plural	direct/indirect
first	me	nous	direct and indirect
second	te, vous	vous	direct and indirect
third masc. (him, it, them)	le	les	direct
neutral (it)	le		
fem. (her, it, them)	la	les	
masc., fem., mixed	lui	leur	indirect
reflexive, reciprocal	se	se	direct and indirect

There are numerous examples in the text, e.g. *se* (line 2), *leur* (line 3), *le* (line 11).

3 WORD ORDER

Position of unstressed object pronouns

a Object pronouns appear immediately in front of main verbs in simple tenses, e.g. *je les connais* (line 33). In compound tenses, object pronouns appear immediately in front of the auxiliary *avoir* or *être*, e.g. *je leur ai simplement appris* (lines 3–4). In such cases, the past participle agrees with any preceding direct object pronouns (see Chapter 2), but there is no agreement here, because *leur* is an indirect object pronoun.

b When the object pronoun is governed by a verb in the infinitive, it comes immediately before the infinitive, e.g. *je peux le prouver* (lines 11–12); *après les avoir entendus* (lines 36–7).

c With a positive imperative, object pronouns come immediately **after** the verb, and are attached to it by a hyphen, e.g. *faites-le* (line 84). See also Chapter 19.

Order of unstressed object pronouns when more than one is present

When more than one object pronoun is present, the order of their appearance is as indicated in the following table.

		Position		
1st	2nd	3rd	4th	5th
me				
te	le	lui	y	en
se	la	leur		
nous	les			
vous				

Examples from the text are: *je vous l'affirme* (line 11); *nous pouvons toutes vous les révéler* (lines 24–5); *je vous les révèle* (lines 33–4). For the order of pronouns in combination with positive imperatives, see Chapter 19.

4 STRESSED PRONOUNS (SUBJECT AND OBJECT)

Usage

a The stressed pronouns are often used for emphasis (see also Chapter 31), either of the subject, e.g. *Moi, je les connais* (line 33), or of the object, e.g. *Lui, je le déteste.* Unlike the unstressed pronouns, they may be separated from the verb, and so are sometimes called 'disjunctive' (or detachable, stand-alone) pronouns.

b They are also used as the object of a preposition.

e.g. *entre eux* (line 39); *devant vous* (lines 41–2).

Form

The stressed pronouns are:

person	singular	plural
first	moi	nous
second	toi	vous
third		
(masculine)	lui	eux
(feminine)	elle	elles
(neutral)	ceci, cela, ça	
(non-specific)	soi	

Note For *ceci, cela, ça*, see Chapter 14.

Other points to note in the text

- Imperatives: *donnez-moi* (title); *dites-vous* (line 7); *faites-le* (line 84) (see Chapter 19)
- Relative pronouns: *qui* (lines 2, 17, 47); *que* (lines 34, 41, 48, 82); *dont* (line 80); *ce qui* (line 69); *ce que* (line 55) (see Chapter 11)
- Comparison + ne: *plus puissante que vous ne le pensez* (lines 13–14) (see Chapter 18)

Discover more about personal pronouns

---

1 SUBJECT PRONOUNS

a It should be noted that the third-person pronouns *il(s)*, *elle(s)* can refer not only to people but also to animals and things.

e.g. *Avez-vous vu mes clefs? Elles* (i.e. *les clefs*) *sont sur votre bureau.*

b *On* is used in French for purposes other than those seen in the text: (i) as an alternative to the passive (see Chapter 21); (ii) as an alternative for *nous*, particularly in informal spoken French.

e.g. *Si on allait au cinéma ce soir?* (= How about us going to the cinema this evening?)

2 UNSTRESSED OBJECT PRONOUNS

Usage

a Other common verbs which, like *apprendre*, take **indirect** object pronouns where an English speaker might expect a direct object pronoun are: *nuire* (to harm), *obéir, plaire, ressembler, téléphoner*. The construction of the following should also be noted: *donner, envoyer, offrir, permettre, promettre, reprocher*. They all follow the pattern *promettre quelque chose à quelqu'un*, so that a direct object pronoun will be required for the thing promised, and an indirect object for the person to whom it is promised, e.g. *Il lui a promis un congé*, or *Il le lui a promis*. Note also the following verbs which all take an indirect object for the person involved + *de* + infinitive: *conseiller, défendre, demander, dire, ordonner, permettre*, e.g. *Il lui a demandé de partir*.

b When the verb *faire* is followed by an infinitive, and both it and the infinitive have direct objects, the object of *faire* becomes an indirect object.

e.g. *Je lui ai fait ranger sa chambre* (I made her tidy her room).

c 'Neutral' *le* often occurs in French with *être* + adjective, where there would be no object pronoun in English, e.g. *Moi je suis contente, mais Jean ne l'est pas*. On the other hand, use of 'neutral' *le* is **not** found in French where an English speaker might expect it in, e.g. *Je trouve difficile de comprendre cette explication* (I find it difficult to understand . . .). The verbs involved are typically *croire, penser, juger*, etc.

d The pronoun *en*, which stands in the place of a phrase introduced by *de*, may be used for people or for things, e.g. *elle s'occupe des enfants > elle s'en occupe*. It should also be noted that *en* may stand not only for *de* + noun, but also for *de* + infinitive.

e.g. *J'ai envie de partir > J'en ai envie*

e The pronoun *y* stands in the place of a phrase introduced by *à, dans, en, sur*, etc., e.g. *je pense à mon travail > j'y pense; je l'ai vu dans la rue > je l'y ai vu*. Unlike *en*, it is not normally used to refer to people. Like *en* it may stand not only for *à* + noun, but also for *à* + infinitive.

e.g. *Je tiens à partir > J'y tiens*

f A small number of verbs in French involve *y* or *en* as an integral part of their structure with no discernible specific meaning attached to the pronoun, e.g. *s'en aller* (= to go away); *en vouloir à quelqu'un* (= to hold a grudge against someone); *il y a* (= there is, there are).

Form

It should be noted that the unstressed object pronouns *le* and *les* **never** combine with the prepositions *à* and *de* to form *au(x)* or *du/des*, e.g. *Il m'a interdit de le faire; Il m'a autorisé à le faire*. The contracted forms *au(x)* and *du/des* represent *à/de* + definite article (see Chapter 13).

3 WORD ORDER

Position of unstressed object pronouns

When the verbs *faire, laisser, envoyer* or verbs of perception, e.g. *voir*, are followed by an infinitive, object pronouns normally appear before the first verb and **not** before the infinitive.

e.g. *Il les fait entrer; Elle m'a laissé partir*

Order of unstressed object pronouns when more than one is present

It should be particularly noted that a first- and second-person indirect object pronoun precedes any direct object pronoun, e.g. *je vous les révèle* (lines 33–4), **but** that with the third-person indirect object pronouns, *lui* and *leur*, the order is reversed, e.g. *il la lui donne; je le leur demande.*

4 STRESSED PRONOUNS

a The stressed pronouns are used where a pronominal verb is followed by *à* + person, e.g. *Je me fie à elle*. They are also used with a small number of other verbs which take *à* + person, notably verbs of movement, e.g. *il vient à moi*; also with *penser, songer, croire, tenir*, e.g. *je pense à lui* and with *être à*, e.g. *ce livre est à lui.*

b *Soi* is the stressed form of the pronoun *se*. It may refer either to people or to things, but is normally only used to refer to non-specifics, such as *on, chacun*, e.g. *on est obligé de le faire soi-même.*

See for further information:	Coffman Crocker, pp. 252–68
	Ferrar, pp. 199–210
	Hawkins and Towell, pp. 45–82
	Judge and Healey, pp. 54–76
	L'Huillier, pp. 488–516
	Price, pp. 138–57
	Turk and Vandaele, pp. 60–70

✎ EXERCISES

1 Study the use of the pronouns *le/l'/les* in the following examples taken from the text. What do these pronouns refer to in each case? Could **a** be described as 'neutral' *le/l'*?

    a vous ne pourrez plus jamais **l'**oublier (lines 20–1)

    b nous pouvons toutes vous **les** révéler (lines 24–5)

    c je **les** connais (line 33)

    d après **les** avoir entendus (lines 36–7)

    e vous puissiez **les** réaliser (line 53)

2 Without looking at the original, fill in the gaps with the appropriate pronoun.

   a Je____ai appris à se servir de leur mémoire.

   b Une mémoire est une question de techniques, et ces techniques nous pouvons toutes _____ _____ révéler.

   c Vous pourrez retenir après _____ avoir entendus seulement une fois une liste de 40 mots quelconques n'ayant aucun rapport entre _____.

   d Ils ont des procédés de mémorisation qu'ils_____gardent de dévoiler. _____ je _____ connais, et je _____ _____ révèle tous dans la méthode que j'ai mise au point.

3 Rewrite the following, replacing the words in italics by the appropriate pronoun.

   a Vous pourrez retenir *40 mots*.

   b Vous parviendrez à faire *ces expériences*.

   c Tout ce que l'on peut obtenir *d'une mémoire*.

   d Vous pourrez vous souvenir *des noms de lieux*.

   e Ne laissez pas passer *cette occasion*.

4 Rewrite the following sentences, using (i) the *passé composé* and (ii) the *passé composé* in the negative. Pay attention to the agreement of the past participle.

   a Je vous l'affirme.

   b Je vous les révèle.

   c Il nous les montre.

   d Nous le lui demandons.

   e Nous le leur disons.

   f Vous leur en parlez.

5 Reply to the following questions in complete sentences, answering in both the positive and negative, and using pronouns to replace the words in italics. Refer to Chapter 8 on the negative if you are unsure about where to place *ne . . . pas* with *aller* + infinitive.

   a Est-ce que vous allez parler *de cette annonce à vos amis*?

   b Est-ce que vous allez montrer *cette annonce à vos amis*?

   c Est-ce que vous allez demander *des conseils à vos amis*?

   d M. Hardier nous révèle-t-il *ses techniques*?

6 Rewrite the following, replacing the words in italics with the appropriate pronouns.

   a Avez-vous pensé *à partir en vacances*?

   b Êtes-vous satisfait? Non, je ne suis pas *satisfait*.

   c Elle ressemble beaucoup *à sa mère*.

   d Le patron a accordé un jour de congé *à tous ses employés*.

   e Je m'adresse *à la concierge* quand j'ai besoin d'un tel renseignement.

   f Le professeur a conseillé *aux étudiants* de bien réviser ce point.

   g Je ne peux pas l'empêcher *de partir*.

   h Le cadeau a beaucoup plu *à son amie*.

   i Je vais donner un coup de fil *à Jean* ce soir.

j Ce que je reproche *à la vendeuse* c'est de ne pas m'avoir averti *de ce problème*.

k Elle est assise à côté de *Jean et de Marie*.

l Il a envoyé chercher *le médecin*.

m J'avais l'intention de regarder *le documentaire* ce soir.

n Il avait déjà commencé à ranger *ses affaires*.

7 Replace the gaps in the following text with the appropriate object or stressed pronouns. Indications as to which person of the pronoun to use are given where necessary.

De nouveau, la méfiance (1 pers. sing.) ___ a envahi. Je sens comme un danger inconnu, obscur, qui plane sur cette réunion truquée. Cette salle remplie de faux aveugles est un piège, où je _____ suis laissé prendre . . . . Par l'étroite fente que j'ai entretenue avec soin sous le bord droit de mes grosses lunettes, je jette un coup d'œil à mon voisin le plus proche, un grand garçon blond qui porte un blouson de cuir blanc, assez chic, ouvert sur un pull-over bleu vif . . .

Il a _____ aussi (comme je m' _____ étais douté tout à l'heure déjà) fait glisser de quelques millimètres l'appareil ajusté qui _____ aveuglait, afin d'apercevoir les alentours, sur sa gauche; si bien que nos deux regards de côté _____ sont croisés, j'_____ suis certain. Une petite crispation de sa bouche (1 pers. sing.) _____ fait, d'ailleurs, un signe de connivence. Je (3 pers. sing. dir. and indir.) _____ renvoie, sous la forme du même rictus, qui peut passer pour un sourire à son adresse.

A. Robbe-Grillet, *Djinn*

8 Likewise in this text, fill in the appropriate pronouns.

Ensuite, Jean (1 pers. sing.) _____ a offert des bonbons à la menthe. Je _____ ai répondu que j'_____ voulais bien un. Mais c'était plutôt par politesse. Alors il _____ a touché le bras gauche, en disant:

«Tenez. Donnez-_____ votre main».

Je ____ ____ ai tendue, paume ouverte. Il ___ a déposé une pastille à moitié fondue, un peu collante, comme ___ ont tous les enfants dans leurs poches. Je n'___ avais vraiment plus aucune envie, mais je n'osais pas ___ avouer au donateur: une fois la pastille acceptée, il devenait impossible de ____ ____ rendre.

Je ___ ai donc introduite dans ma bouche, tout à fait à contrecœur. Je ___ ai tout de suite trouvé un goût bizarre, fade et amer à la fois. J'ai eu très envie de ___ recracher. Je m'___ suis abstenu, toujours pour ne pas vexer le gamin. Car, ne ___ voyant pas, je ne savais jamais s'il n'était pas justement en train de ___ observer.

A. Robbe-Grillet, *Djinn*

9 Translate the following into French, paying particular attention to the use of pronouns.

a It's a question of everyone for himself here.

b I find it impossible to please her.

c You remind me of her. (Use *faire penser à*.)

d Marie and Jeanne did everything themselves.

e I would like to show her this photograph and ask her what she thinks of it.

f I am trying to teach him to read.

g I advised him to catch the 12 o'clock train.

h I saw her leave this morning.

i They made him finish his work.

11 | Relative Pronouns

La maison de Monsieur Ernest était une vieille baraque en planches **qui** n'avait jamais été peinte et avait pris, de ce fait, l'aspect de tout **ce qui** est abandonné à la pluie et au soleil dans la touffeur du climat. D'ailleurs, elle n'appartenait même pas à Monsieur Ernest. Elle faisait partie de quatre ou cinq autres **que** Madame

5 Achi, une des grandes propriétaires du bourg, louait à une dizaine de familles.

    Ce qui la distinguait des autres baraques alignées du même côté de la rue, c'est que, au lieu d'être plus ou moins penchée d'un côté, elle partait à la renverse, gardant cependant sa toiture de tuiles moussues comme Siméon **qui**, même lorsqu'il était saoul, titubait et culbutait, sans que son vieux képi crasseux

10 décollât de sa nuque.

    Il y avait, au-dessus de l'entrée, un panneau encadré **sur lequel** on avait peint des lettres, **que** les craquelures de la peinture et la poussière **dont** elles étaient imprégnées avaient effritées jusqu'à les rendre illisibles, mais les mots se devinaient aisément; la porte restant toujours ouverte, tout le monde pouvait

15 voir que c'était là que Monsieur Ernest taillait les cheveux et la barbe des hommes du bourg et des environs – du moins ceux **qui** ne trouvaient pas que ses tarifs étaient trop élevés. Car il y avait dans chaque quartier un homme, ouvrier à l'usine ou tâcheron des plantations, **qui** possédait une paire de ciseaux, un rasoir, parfois même une tondeuse, et **qui**, le dimanche matin, avant la messe de

20 préférence, remplissait l'office de coiffeur, moyennant une rétribution modique – la clientèle se composant d'ailleurs presque exclusivement de voisins et d'amis.

    Mais, Monsieur Ernest était le coiffeur du bourg, comme Monsieur Édouard était le cordonnier, Mamzelle Élodie, la couturière, ou Madame Almatisse, la pâtissière. Chez lui, il y avait des glaces **qui** reflétaient presque toute la pièce, et

25 **dans lesquelles** plusieurs personnes à la fois pouvaient se voir presque en entier. Monsieur Ernest barbouillait le menton et les joues de ses clients de mousse de savon de toilette et les frictionnait avec de l'eau de Cologne **qui** sentait bon jusque dans la rue; de plus, il possédait cet appareil prestigieux au moyen **duquel**, en manière de touche suprême, quand il avait fini de lui tailler

30 les cheveux, il enveloppait la tête du client d'un nuage de parfum.

    Est-ce que je me rappelle à quelle occasion j'entrai pour la première fois chez Monsieur Ernest?

> Il me semble que c'était pendant cette période **où** il restait tous les après-midi
> assis sur une chaise devant sa porte, un bras enveloppé et suspendu à son cou par
> 35 un madras. Il avait fait une chute de cheval, alors qu'il se rendait à Desmarinières,
> voir son vieux père.

J. Zobel, *Le Retour de Mamzelle Annette*

🔎 Relative pronouns in the text

a Relative pronouns are used to relate a noun or pronoun to a descriptive relative clause which follows. For example, in lines 27–8, the relative pronoun *qui* links the noun *eau de Cologne* (called the antecedent) to the relative clause, *sentait bon.*

b The relative pronoun is usually repeated before each verb, e.g. *un homme . . . qui possédait une paire de ciseaux . . . et qui . . . remplissait l'office de coiffeur* (lines 17–20).

c The relative pronoun *qui* is used when the noun or pronoun is the subject of the verb that follows in the relative clause, as in the example above. The pronoun *que* is used when the noun or pronoun is the direct object or complement of the verb in the relative clause, e.g. *quatre ou cinq autres que Madame Achi . . . louait* (lines 4–5). Both *qui* and *que* may refer to people (animates), e.g. *Siméon qui . . . titubait et culbutait* (lines 8–9) or things (inanimates).

d The relative pronoun *dont* is used when the preposition *de* is involved, e.g. *la poussière dont elles étaient imprégnées* (lines 12–13). Here the past participle, *imprégné*, is constructed with *de*, i.e. in an independent clause, one would say: *Les craquelures de la peinture étaient imprégnées de poussière.*

e When prepositions other than *de* are involved, the relative pronoun *lequel* is used to refer to things (inanimates), e.g. *un panneau encadré sur lequel on avait peint des lettres* (lines 11–12). Note that in informal English, particularly in speech, the relative pronoun is frequently omitted and the preposition is put at the end of the sentence, e.g. 'a board they had painted letters on'. Such a construction is impossible in French. Note also that particular care must be taken to ensure that *lequel* agrees in number and gender with the noun to which it refers, e.g. *des glaces . . . dans lesquelles* (lines 24–5).

f Sometimes it is necessary to use the form *duquel* (or *de laquelle/desquels/desquelles*) instead of *dont*, e.g. *cet appareil prestigieux au moyen duquel* (lines 28–9). This is because the noun *appareil* is governed by another prepositional phrase, *au moyen*, as well as *de*. See also **Discover more about relative pronouns, f,** below.

g The relative pronouns *qui*, *que* and *dont* must be preceded by *ce* when they have no other noun or pronoun to act as an antecedent. This occurs when the relative has the meaning of 'the thing which' or 'what', e.g. *Ce qui la distinguait des autres baraques* (line 6). This construction *ce qui* (or *ce que* or *ce dont*) . . . *c'est* is used very frequently for the purpose of highlighting or emphasizing a particular element (see Chapter 31).

h The forms *ce qui, ce que* and *ce dont* must always be used after the pronoun, *tout*, e.g. *tout ce qui est abandonné* (line 2).

i *Où* often functions as a relative pronoun, e.g *cette période où il restait* (line 33), and it may refer, as in this case, to time ('when'), rather than to place ('where'). It should be noted that it is not possible to use *quand* as a relative pronoun in French to translate 'when'. Instead, translate 'the day/moment when' as *le jour/moment où*, and the indefinite 'a day/moment when' as *un jour/moment que*.

Other points to note in the text

- Imperfect tense: in descriptions, e.g. *était* (line 1); indicating habitual/repeated actions, e.g. *barbouillait* (line 26); *frictionnait* (line 27); *enveloppait* (line 30)
- Pluperfect tense: *n'avait jamais été peinte* (lines 1–2); *avait pris* (line 2); *avait peint* (line 11); *avaient effritées* (line 13); *avait fait* (line 35) (see Chapter 3)
- Passive: *n'avait jamais été peinte* (lines 1–2); *est abandonné* (line 2); *étaient imprégnées* (lines 12–13) (see Chapter 21)
- Pronominal verbs: *se devinaient aisément* (lines 13–14); *se composant* (line 21); *pouvaient se voir* (line 25); *je me rappelle* (line 31) (see Chapter 20)
- Imperfect subjunctive: *sans que son vieux képi crasseux décollât de sa nuque* (lines 9–10) (see Chapter 27)
- Conjunctions: *sans que* (line 9); *alors que* (line 35) (see Chapter 29)

Discover more about relative pronouns

a The relative pronoun *qui* **never** elides before a vowel or mute 'h', e.g. *l'homme qui est arrivé hier*; *les gens qui habitent ici*; but *que* does elide to *qu'*, e.g. *le livre qu'elle a écrit*.

b The direct object relative pronoun, which is frequently omitted in English, must never be omitted in French, e.g. *les erreurs qu'ils ont faites* –'the mistakes they made'.

c Like *qui* and *que*, the relative pronoun *dont* may refer to animates (people) as well as to inanimates (things), e.g. *la femme dont je connais le fils*.

d Remember to use *dont* whenever the construction in French involves *de*, and watch out in particular for verbs whose equivalent in English takes a direct object or a different preposition, e.g. *le livre dont il a besoin/envie; les noms dont je me souviens; son époux dont elle dépend*. Also watch out for prepositional phrases involving *de*, e.g. *elle parle d'une façon particulière*, hence *la façon dont elle parle*. One particular usage of *dont* should be noted. It can translate the English 'of which', 'including', e.g. *il y avait 200 nouveaux députés, dont 65 femmes*.

e In English we say 'the woman whose son I know', but in French it is essential to use the word order 'subject, verb, object' after *dont*, thus *la femme dont je connais le fils*.

f It is not possible to use *dont* if another prepositional phrase in addition to *de* is involved. In such cases, use *de qui* (to refer to people) or *duquel/de laquelle/desquels/desquelles* (to refer to things), e.g. *le collègue dans la voiture de qui j'ai laissé mon sac; le manteau dans la poche duquel j'ai laissé mes clefs.*

g With prepositions other than *de*, the normal relative pronoun used to refer to people is *qui*, e.g. *les gens avec qui il est parti; l'homme à côté de qui elle est assise.* However, after the prepositions *entre* and *parmi*, *lesquel(le)s* must always be used, e.g. *les gens parmi lesquels il vivait.* Care must be taken not to follow the common English pattern of omitting the relative pronoun, e.g. 'the people he left with'; 'the man she is sitting next to'; 'the people he lived amongst' (see **Relative pronouns in the text**, **e**, above).

h It should be noted that as well as agreeing in number and gender with the noun to which it refers, the pronoun *lequel* combines in the masculine singular and in the plural with the prepositions *à* and *de* to give *auquel, auxquel(le)s, duquel, desquel(le)s.* In the feminine singular, *à laquelle, de laquelle*, it does not combine.

i When the relative pronoun refers back not to a single word, but to a whole idea or clause, the forms *ce qui, ce que (qu'), ce dont* must be used, e.g. *Elle a été très brusque avec lui, ce qui m'a beaucoup surpris.* The comma indicates that the relative pronoun refers back to the whole of what precedes, rather than just to one word.

j In formal French, it is quite common to find inversion of subject and verb in a relative clause introduced by *que, ce que, dont, où*, or preposition + *lequel*, e.g. *la dernière lettre qu'avait reçue sa malheureuse épouse; les examens écrits auxquels sont soumis tous les candidats.* This happens especially when the subject group consists of more syllables than the verb. See also Chapter 30.

k See Chapter 26 for the use of the subjunctive in relative clauses introduced by a superlative or by an indefinite.

See for further information: Coffman Crocker, pp. 272–9
Ferrar, pp. 224–31
Hawkins and Towell, pp. 366–82
Judge and Healey, pp. 339–56
L'Huillier, pp. 517–32
Price, pp. 183–92
Turk and Vandaele, pp. 277–82

✎ EXERCISES

1 Join the following pairs of sentences by replacing the words in italics with a relative pronoun and re-ordering the new sentence as necessary.

a La victime est un militant. *Il* luttait contre l'exploitation capitaliste et *il* défendait les salariés.

b Il défendait les salariés. Les droits *des salariés* étaient bafoués.

c La droite dénonce l'insécurité dans les villes. Les individus les plus faibles sont victimes *de cette insécurité.*

d Il a oublié de signer le document. *Cette omission* nous a surpris.

e Ils s'indignent de la politisation. Certains drames sociaux font l'objet *de cette politisation*.

f Voici l'endroit. Je vais garer la voiture *dans cet endroit*.

g Est-ce que tu connais cette femme? Il parle *à cette femme*.

h Tout le travail est à refaire. Nous avons fait *ce travail* hier.

i Il fume comme un sapeur. Elle déteste *ce comportement*.

j C'est un traitement remarquable. Il serait mort *sans ce traitement*.

2 Fill in the gaps with the appropriate relative pronoun.

a Est-ce tout _____ vous avez fait?

b _____ je me souviens surtout, c'est de la manière _____ ils nous ont accueillis.

c La femme à côté de _____ elle était assise, ne lui a pas adressé la parole.

d Il dit qu'il a déjà fini son travail, _____ je ne crois pas.

e _____ m'irrite c'est sa façon de parler.

f Le jour _____ ils sont arrivés il pleuvait sans cesse.

g C'est un problème _____ nous n'avions pas pensé.

h Les gens chez _____ elle a logé étaient très sympathiques.

i Elle a bien du mal à découper la viande, parce que le couteau avec _____ elle travaille est très émoussé.

3 Complete the following extract from the same short story as the main text above with the appropriate relative pronouns *qui/que, lequel/laquelle, ce qui/ce que (ce qu'), où.*

Monsieur Ernest était en train de se raser, debout devant la grande glace dans _____ on voyait tout _____ il y avait dans la pièce; moi j'avais balayé l'arrière-boutique, et je finissais de bien laver les verres avec des feuilles de haricot écrasées – c'est ainsi que je voyais faire par toutes les femmes lorsqu'elles manquaient de savon, ou ____ prétendaient que c'était encore mieux qu'avec du savon, car les feuilles de haricot conjurent le mauvais esprit ____ pousse à boire du rhum – et, tout à coup, juste au moment ____ je posais le plateau de bois de Guyane avec les verres propres au milieu de la table, j'entends une voix de femme ____ dit . . .

4 Complete the following text with the appropriate relative pronouns *qui, que, ce qui, dont, desquels.*

Les trois «affaires» criminelles _____ nourrissent depuis quelques jours la controverse sur l'insécurité illustrent d'une manière exemplaire la façon _____ des événements deviennent, à travers la presse, les partis, les leaders d'opinion, les enjeux d'un débat national, et _____ des faits divers sont ainsi transformés en faits politiques.

L'assassinat de plusieurs vieilles dames à Paris est l'occasion pour la droite de dénoncer l'insécurité dans les villes, _____ sont victimes les individus les plus faibles, _____ ne protège aucune organisation et _____ ne revendique aucune collectivité. L'attention portée aux personnes âgées est une «spécialité» des partis de droite, _____ trouvent en elles à la fois une clientèle électorale et une certaine image du peuple, perçu en dehors de toute appartenance professionnelle et de toute classe sociale, dans l'universalité de la condition humaine.

À ceux _____ croient que «tout est politique», comme à ceux _____ s'indignent de l'exploitation et de la «politisation» _____ font l'objet certains drames sociaux, il convient de répondre qu'est politique _____ est constitué comme tel, pour de bonnes ou de mauvaises raisons, par ceux _____ ont le pouvoir de le faire, au premier rang _____ figurent, bien entendu, les médias.

Le Monde

5 Complete the following text with the appropriate relative pronouns *qui/que, qu'/ce qui/ce que* (*ce qu'*), *dont, où*.

L'artiste Kara Walker parle des thèmes ___ l'ont inspirée.

À mes débuts, je choisissais des sujets très larges, _____ j'estimais universels. J'ai ensuite réagi contre _____ on attendait de moi, contre le milieu _____ je suis issue, cette *middle class* _____ voue un culte à l'effort et _____ tout va bien du moment qu'on fait preuve de bonne volonté. Les années 90 furent une période politiquement correcte: le débat devait dépasser les antagonismes de race, de sexe, de classe. Il fallait aller de l'avant, les clichés n'existaient plus. Moi, au contraire, j'éprouvais le besoin cathartique de faire un retour en arrière. _____ m'intéressait, c'étaient les stéréotypes, pas seulement raciaux, mais aussi ceux ___ on trouve dans les historiettes, les romans à l'eau de rose, les genres mineurs.

Sean James Rose, *Quotidien,* © *Libération*

6 Translate the following sentences into French.

   a The film we saw last night was fantastic.
   b The restaurant we went to last night was very expensive.
   c The email she sent me was unpleasant.
   d This is the magazine he was talking about.
   e The man who was waiting on the pavement has gone.
   f Do you realise what they have done?
   g He is a writer whose influence is still felt nowadays.
   h What amazes me is that they believed him.

12 | Nouns

Ces escrocs qui s'attaquent aux vieux

Ce veuf de 70 ans n'était vraiment pas du genre à se laisser arnaquer. Il se vantait d'avoir toujours **un couteau** sur la table de cuisine, au **cas** où . . .

5 Méfiant, il vivait donc seul, refusant toute **aide** à domicile – «toutes des voleuses», selon lui. Mais il ne s'est pas méfié de deux **policiers** venus le mettre en **garde** contre **une bande** qui

10 sévissait dans le quartier. Or c'étaient de faux policiers: ils sont partis avec ses **économies**. Le vieil **homme** ne s'en est pas remis.

Il y a mille et une **façons** de

15 dépouiller les **personnes** âgées. On peut les agresser, ou les abuser. On peut leur vendre – cher – un sourire, **une présence**, avant de disparaître avec les **bijoux** ou un gros **chèque**. En

20 janvier, le professeur Michel Debout, du Conseil économique et social, a rendu **un rapport** à **la secrétaire** d'**État** aux Personnes âgées. Son **objet**: évaluer **la violence** dont les personnes

25 âgées sont **victimes**. **Conclusion**: le premier **mobile**, c'est l'argent. Les **chiffres** montrent que le **vol** ou l'**extorsion** représentent **un quart** des **maltraitances**. Pis, **la cupidité** peut

30 provoquer en **cascade** toutes les autres **violences**.

«Ce n'est pas nouveau, commente François Carré, **notaire** dans le 7e **arrondissement** à Paris. Mais il est

35 vrai que ce genre d'affaires se multiplient. Elles sont souvent le fait d'individus issus de l'**entourage** proche.» L'**explication**? «Les **solidarités** familiales se sont délitées.

40 Mais **le droit** peine à se substituer à **la morale: le contrôle** que peut exercer **la justice** est insuffisant.» En clair, actuellement, **les vieux** sont laissés à peu près sans **défense**, car les **systèmes** de

45 **protection** sont en **faillite**: la **justice** des tutelles est débordée, l'abus de **faiblesse** est difficile à établir et reste trop souvent impuni. D'où l'**importance** croissante de ce **type** de **délit**.

50 Une **recrudescence** inévitable, en **raison** du **vieillissement** de **la population**: les personnes de plus de 85 ans étaient 1,2 million en 2000, elles seront presque 5 millions en 2050. En

55 **raison** aussi de leur **niveau** de vie: les **retraités** ont globalement davantage d'argent que **la génération** qui les a précédés. Il ont cotisé durant les Trente Glorieuses, acquis leur bien à l'ère du

60 **crédit** facile.

Marie-Sandrine Sgherri, *Le Point*

⌕ **Nouns in the text**

---

1 GENDER

a Sex and gender

Nouns referring to male/female have the same gender as the referent, e.g. *le (vieil) homme* (line 12), *la femme, le garçon, la fille*, etc.

Gender sometimes varies depending on referent, e.g. *la secrétaire* (line 22) would be *le secrétaire* if it were a man. *Les retraités* (lines 55–6) will include *retraités* (male) and *retraitées* (female).

Otherwise gender is mostly arbitrary in French and has to be learnt. Some rules can help to classify masculine and feminine nouns according to their endings.

b Words which are normally masculine

These include words ending in:

- *-eau*, e.g. *couteau* (line 3), *niveau* (line 55)
- *-ment*, e.g. *arrondissement* (line 34), *vieillissement* (line 51)
- *-age*, e.g. *l'entourage* (line 37)
- *-ème*, e.g. *les systèmes* (line 44). Also *le problème*.
- *-ou*, e.g. *les bijoux*, singular *bijou* (line 19)
- a consonant, e.g. *le vol* (line 27), *le cas* (line 4), *le rapport* (line 22), *l'État* (line 23), *objet* (line 23), *un quart* (line 28), *le droit* (line 40), *le délit* (line 49), *le crédit* (line 60)

c Words which are normally feminine

These include words ending in:

- *-tion*, e.g. *explication* (line 38), *protection* (line 45), *population* (line 52)
- *-sion*, e.g. *extorsion* (line 28), *conclusion* (line 25)
- *-aison*, e.g. *raison* (lines 51, 55)
- *-té*, e.g. *cupidité* (line 29), *solidarités* (line 39)
- *-ance*, e.g. *maltraitances* (line 29), *importance* (line 48)
- *-ence*, e.g. *présence* (line 18), *violence* (lines 24, 31), *recrudescence* (line 50)
- *-ale*, e.g. *morale* (line 41)

d Words ending in *-e*
- A good many words ending in *-e* are **feminine,** e.g. *garde* (line 9), *bande* (line 9), *victime* (line 25), *cascade* (line 30), *morale* (41), *justice* (lines 42, 45), *défense* (line 44), *faillite* (line 45), *faiblesse* (line 46), *importance* (line 48).
- However, an *-e* ending is often found on **masculine** words, e.g. *mobile* (line 26), *chiffre* (line 27), *notaire* (line 33), *entourage* (line 37) *contrôle* (line 41), *type* (line 49). Note also *le manque*.

e Some nouns have a defined gender whether the referent is male or female, e.g. *personnes âgées* (line 15). *Une personne âgée* will remain feminine even though it may refer to a man. The same applies to *victimes* (line 25), which can refer to men or women. Also *une connaissance*, which can be male or female.

f Some words have two genders and two meanings depending on the gender chosen, e.g. *aide* (line 6). In this case it is a feminine noun meaning help or a female helper. In the masculine it refers to a male helper.

Other common nouns whose meaning varies depending on their gender:

masculine	*feminine*
le critique critic	*la critique* criticism
le livre book	*la livre* pound sterling
le manche handle	*la manche* sleeve, Channel
le mémoire dissertation	*la mémoire* memory
le mode way, method	*la mode* fashion
le moule mould	*la moule* mussel
le poêle stove	*la poêle* frying pan
le poste job, set (radio or TV)	*la poste* post office
le somme nap	*la somme* sum
le tour turn	*la tour* tower
le vase vase	*la vase* mud
le voile veil	*la voile* sail

2 PLURAL

a Regular plural

The plural of most nouns is formed by adding -*s* to the singular form, whether masculine or feminine, e.g. *policiers* (line 8), *économies* (line 12), *façons* (line 14) etc.

b Nouns ending in -*s* or -*x*

These do not change in the plural:

e.g. *le cas/les cas* (line 4), *le vieux/les vieux* (line 43)

c Nouns ending in -*ou*

Seven of these form their plural by adding -*x*, e.g. *les bijoux* (line 19). The others are *le caillou, le chou, le genou, le hibou, le joujou, le pou.*

All other nouns ending in -*ou* form their plural by adding an -*s*, e.g. *le trou/les trous.*

Other points to note in the text

- Articles and quantifiers: *toute aide* (line 6), *toutes des voleuses* (lines 6–7), *de faux policiers* (line 11), *les bijoux ou un gros chèque* (line 99), *notaire* (line 33), *les vieux* (line 43), *toutes les autres violences* (lines 30–1) (see Chapter 13).
- Comparatives: *Pis* (line 29), *davantage d'argent que* (lines 56–7) (see Chapter 18).
- Tenses: *passé composé* and imperfect in paragraph 1 (see Chapters 2 and 3).
- Pronominal verbs: *il se vantait* (lines 2–3), *il ne s'est pas méfié* (lines 7–8), *ne s'en est pas remis* (lines 12–13), *se multiplient* (lines 35–6), *se sont délitées* (line 39), *se substituer* (line 40) (see Chapter 20).
- Infinitives: there are numerous examples of infinitives throughout the text (see Chapter 22).

Discover more about nouns

1 GENDER

a Words ending in *-isme*, *-asme* and *-acle* are masculine, e.g. *le capitalisme, le sarcasme, le spectacle.*

b Words ending in *-ude, -ure, -ée* are normally feminine, e.g. *la solitude, la culture, la journée.* Note, however, *le lycée, le musée.*

c Gender of countries, regions, *départements* and rivers

• Gender of countries
These are usually masculine unless they end in *-e*, when they are feminine:

le Canada	*la Bulgarie*
le Danemark	*la Chine*
le Japon	*la Norvège*
le Luxembourg	*la Thaïlande*
le Portugal	*la Tunisie, etc.*

Note some exceptions: *le Cambodge, le Mexique, le Zimbabwe.*

• Gender of regions, *départements* and rivers
They are feminine if they end in *-e*:

le Languedoc	*la Provence*
le Morbihan	*la Corrèze*
le Rhin	*la Loire*

d Seasons, months, days of the week are masculine.
le printemps
janvier est un mois froid
le dimanche

e Languages are masculine.
le français, le russe, le japonais

f Cars are feminine, following from the gender of *la voiture*:
une Peugeot, une Vauxhall, une Jaguar (as opposed to *un jaguar* of the four-legged variety)

g Professions
A number of professions used to be the province of men and this is reflected in the language, e.g. *un médecin, un professeur, un ministre, un député.* The correct female forms of these can be long-winded, formal or awkward such as *une femme médecin* or *Madame le Ministre.* Social changes are gradually creeping into the language. *La prof* is not uncommon, although familiar. Canadian French has moved further down the road of feminization of language and you will commonly find such nouns as *la professeure, l'auteure, la ministre.*

2 PLURAL

a Nouns ending in *-au, -eau, -eu, -œu*
The plural of these is formed by adding *-x*:

le bateau	*les bateaux*
le feu	*les feux*
le vœu	*les vœux*

Note the exception: *le pneu/les pneus*

b Nouns ending in *-al*
The majority of nouns ending in *-al* change to *-aux* for the plural:

l'animal	*les animaux*
le journal	*les journaux*

Note, however, a few exceptions:

le bal	*les bals*
le carnaval	*les carnavals*
le festival	*les festivals*

c Nouns ending in *-ail* add an *-s* to form the plural:

le détail	*les détails*

There are a few exceptions, notably *le travail/les travaux*

d Family names
The singular form is used both for singular and plural:
les Fabre (NOT *les Fabres*)

e Some irregular plurals

le ciel	*les cieux*
l'œil	*les yeux*
monsieur	*messieurs*
madame	*mesdames*
mademoiselle	*mesdemoiselles*

f Nouns commonly used in the plural in French. The English corresponding noun is sometimes singular:

les alentours (m)	*les environs* (m)	*les mœurs* (f)
les cheveux (m)	*les frais* (m)	*les pourparlers* (m)
les ciseaux (m)	*les gens* (m)	*les spaghettis* (m)
les déchets (m)	*les graffitis* (m)	*les ténèbres* (f)
les échecs (m)	*les matériaux* (m)	*les vivres* (m)

3 COMPOUND NOUNS

Compound nouns are nouns made up of two elements linked with a hyphen.

a Gender
- **Verb** + **noun** are masculine, e.g. *le tire-bouchon, le gratte-ciel.*

- **Noun** + **noun** take the gender of the principal noun, which is usually the first, e.g. *le mot-clé, la pause-café.*

- **Noun** + **adjective** (or vice versa) take the gender of the noun, e.g. *un rond-point, un grand-parent.*

b Plural

The rules for the plural of compound nouns are complex, but they can be reduced to a few guiding principles:

- **Verb** + **noun**
  The verb part remains invariable. Never add *-s* to a verb! Some nouns remain invariable, others take a plural, e.g. *les gratte-ciel, les tire-bouchons.*

- **Noun** + **noun in apposition or noun** + **adjective**
  Both parts are put in the plural, e.g. *les mots-clés, les pauses-cafés, les grands-parents, les ronds-points.*

- **Noun** + **prepositional phrase**
  The first word takes a plural, the second remains invariable, e.g.
  l'arc-en-ciel/les arcs-en-ciel, le chef-d'œuvre/les chefs-d'œuvre.

4 TROUBLE SPOTS

a Singular and plural nouns in French and English
In a number of cases the French use a plural noun where the English use a singular, and vice versa. Here are the more common examples:

French plural	**English singular**
les vacances	holiday
les cheveux	hair
des informations	information
des progrès	progress
des recherches	research

English plural	**French singular**
economics	*l'économie*
linguistics	*la linguistique*
physics	*la physique*
French windows	*la porte-fenêtre*
pyjamas	*le pyjama*
shorts	*le short*
trousers	*le pantalon*

b *Chose, personne*

- The noun *chose* is feminine, but compounds including *chose* are all masculine. Note in particular *quelque chose*, e.g. *j'ai lu quelque chose de passionnant*.
- The noun *personne* is feminine. When it is used as a negative particle, however, it is masculine, e.g. *personne n'est sorti* = no one left.

c Collective nouns

These are nouns that refer to groups of people such as:

comité (m)	committee
équipe (f)	team
foule (f)	crowd
gouvernement (m)	government
peuple (m)	people
police (f)	police

French usage dictates that these nouns take verbs in the singular whereas the English equivalent can take either a singular or plural verb.

Le comité s'est réuni (NOT *se sont réunis*); *La police est arrivée* (NOT *sont arrivées*)

See for further information:
Coffman Crocker, pp. 1–9
Ferrar, pp. 138–54
Hawkins and Towell, pp. 1–25
Judge and Healey, pp. 3–23
L'Huillier, pp. 387–409
Price, pp. 38–102
Turk and Vandaele, pp. 6–12

✎ EXERCISES

1 Add *le/la* as appropriate.

a ___ renseignement	**f** ___ charité	**k** ___ noix
b ___ civilisation	**g** ___ problème	**l** ___ manque
c ___ personne	**h** ___ baisse	**m** ___ musée
d ___ bras	**i** ___ tourisme	**n** ___ français
e ___ rapport	**j** ___ raison	**o** ___ patience

2 Give the plural forms of the following.

a le trou	**f** le festival	**k** l'écrivain
b le genou	**g** la voie	**l** le championnat
c le général	**h** la voix	**m** le château
d le pneu	**i** l'œil	**n** le vœu
e madame	**j** le numéro	**o** monsieur

3 Rewrite the following sentences, putting the nouns in the plural and making any other necessary changes.

   a Une peau fragile nécessite un soin particulier.

   b Il a utilisé un clou pour fixer cette étagère.

   c J'ai avalé un noyau d'abricot.

   d L'hôpital est près de l'université.

   e Il lui a donné un nouveau travail à faire.

   f On pouvait entendre un hibou dans le bois.

4 Rewrite the following sentences, putting the nouns in the singular, where possible, and making any other necessary changes.

   a Ces vieux sont très vulnérables.

   b Ouvrez les yeux!

   c Les repas seront préparés à l'avance.

   d J'aime jouer aux échecs avec mes copains.

   e «Mesdames, Mesdemoiselles, Messieurs»

   f Les alexandrins sont des vers à douze pieds.

5 Complete the following sentences translating the nouns in brackets together with their appropriate articles. Make any other necessary changes.

   a _____ (Morocco) est un pays qui m'intrigue.

   b _____ (Brittany) est une région très prisée par les Britanniques.

   c J'ai traversé les Rocheuses de _____ (Canada) en train.

   d _____ (Normandy) a subi de lourdes pertes à la Libération.

   e _____ (Mexico) sera ma prochaine destination.

6 Choose the appropriate gender for the nouns in this text and make the necessary changes.

Depuis des mois, le/la fonction public/-que hospitalier/-lière vit sous tension. Pour s'en convaincre, il suffit d'avoir séjourné dans un /une hôpital: rares sont les malades qui ne se sont pas aperçus, un jour, du/de la pénurie des personnels soignants à leur chevet. Mais en ce/cette période d'été, le/la déficit est plus criant/-e encore: aux sous-effectifs chroniques est venu/-e s'ajouter le/la casse-tête des 35 heures. Certains/-nes services sont au bord du/de la rupture, complètement désorganisés. Les fermetures de lits se multiplient pendant les vacances. Des interventions chirurgicaux/-cales importants/-tes sont retardés/-ées. Les couloirs des urgences sont plus que jamais encombrés/-ées de brancards. Mieux vaudra ne pas tomber malade en plein mois d'août.

   Le/la santé est un/une domaine sacré/-ée pour le/la citoyen. C'est aussi un/une terrain très sensible sur le/la plan social/-e. La France, qui se targuait d'avoir mis au point l'un/une des meilleurs/-res systèmes du/de la monde, se retrouve aujourd'hui empêtrée dans d'inextricables problèmes d'organisation et de durée du/de la travail à l'hôpital. Cela lui coûtera très cher. Et des conflits sont à craindre.

Julien Redon, *Ouest-France*

7 Indicate the gender of the following compound nouns (*un/une*) and write their plural forms.

    a _____ coffre-fort   des _____

    b _____ gratte-ciel   des _____

    c _____ chef-d'œuvre   des _____

    d _____ arc-en-ciel   des _____

    e _____ porte-fenêtre   des _____

    f _____ chou-fleur   des _____

    g _____ faire-part   des _____

    h _____ grand-mère   des _____

8 Translate into French:

    a Would you like pasta for dinner? How about spaghetti?

    b Avignon is well known for its drama festivals.

    c His response showed a complete lack of understanding.

    d I shall call on the Prestons after work.

    e This is not a problem!

    f The committee failed to reach a decision.

    g I'll go on holiday at the end of August.

    h You will need a T-shirt and shorts or trousers.

    i You have certainly made progress.

    j The government must act swiftly.

13 | Articles and quantifiers

TOUR DU MONDE

Mon cher Guillaume,

*Tu me demandes, à moi qui ai bourlingué dans **tous les** pays, ce que j'ai retenu de mes expériences et qui pourrait te servir à toi, dans ta petite affaire désireuse de sortir de sa province. Souviens-toi, cependant, qu'il n'y a pas **de** «trucs» dans **la***
5 *gestion **des** entreprises. **La plupart des** méthodes qui réussissent n'y parviennent que parce qu'elles correspondent à **la** culture **du** pays. Déracinées, elles peuvent se révéler stériles ou dangereuses. Te voilà prévenu.*

*ÉTATS-UNIS. Aucun pays ne marie, comme celui-là, **le** professionnalisme dans l'action et **la** capacité de remise en cause radicale. En général, **les** gens que nous*
10 *connaissons chez nous pour prendre brusquement **des** virages à 90 degrés, sont **des** instables, **des** touche-à-tout, en résumé **des** amateurs. Eh bien, **aux** États-Unis, ce sont **des** pros! **La** vie **des** affaires n'a pas **d'**a priori. Surveiller l'évolution de **la** technique, **les** variations **du** marché, **la** sophistication **des** moyens financiers, est l'obsession de l'entrepreneur américain. Il est prêt à tout – se déplacer, s'endetter, se*
15 *vendre, racheter, licencier, embaucher . . . – pour s'adapter, et vite, à **des** réalités nouvelles.*

*JAPON. Que n'a-t-on dit et écrit sur **les** recettes **du** miracle japonais! L'obsession de **la** qualité. **La** continuité dans **des** projets à long terme. **La** discipline dans **le** travail. L'essentiel est ailleurs: **la** subordination naturelle de l'individu à **toute***
20 *collectivité, qu'il s'agisse de **la** famille, de **la** nation ou de l'entreprise. **Le tout** vaut toujours infiniment plus que **les** parties qui le composent. Et ces parties ne se sentent valorisées que par leur appartenance à **un** tout. **Le** reste découle de cela. Ce n'est évidemment pas facile à transposer chez nous. Si l'Amérique organise **le** règne **du** plus fort, **le** Japon, lui, se soumet **au** règne **des** ensembles sur **les** individus.*

25 *ALLEMAGNE. Il y a aussi un certain patriotisme d'entreprise dans ce pays, mais **la** racine de **la** réussite me paraît être ailleurs: dans **le** sens **du** métier. **Un** Allemand, à quelque degré de **la** hiérarchie qu'il se situe, a **le** sentiment d'exercer **un** métier, dont il a appris **les** règles et qu'il accomplit scrupuleusement. Cela explique **les** efforts déployés par **toutes les** entreprises pour **la** formation de leur personnel. Il ne*
30 *viendrait pas à l'idée du syndicaliste que cette formation va aliéner **le** salarié. Ni à l'idée **du** patron qu'elle va pousser **le** salarié à **la** revendication.*

*ITALIE. Voilà **une** nation **sans État**. C'est-à-dire **sans règles** stables dont l'application serait rigoureusement contrôlée. Chacun est donc encouragé, en permanence, à s'adapter **aux** réalités **les** plus changeantes, en particulier **aux** goûts*

35 *des* clients. À partir de là, on se débrouille pour les satisfaire. C'est évidemment plus
    facile à mettre en œuvre dans *les* PME que dans *les* grandes affaires.
       GRANDE-BRETAGNE. Je ne connais pas *de* pays plus étrange que celui-là. Il est à
    nos portes et il me paraît toujours plus éloigné que *le* Japon. Je n'entends rien *aux*
    Anglais. *Tout le* monde parle leur langue et personne ne les comprend. Je ne sais pas
40 comment ils travaillent et si même ils travaillent. Mais ils ont *une* façon de digérer *le*
    temps et l'espace qui n'appartient qu'à eux. Ils ont inventé l'industrie. Ils ont géré *le*
    commerce mondial. Ils savent tout et ne disent rien. Ce doit être leur force.
       J'ai conscience, mon cher Guillaume, de ne guère t'aider en te disant tout cela.
    Mais cela ne m'inquiète pas car, toi, tu es français. C'est-à-dire convaincu de tout
45 comprendre et bien décidé à n'en faire qu'à ta tête! Je te quitte, l'avion pour Séoul
    va s'envoler.

Jean Boissonnat, *L'Entreprise*

⚲ Articles and quantifiers in the text

1 THE DEFINITE ARTICLE

a There are two main uses of the definite article in French:

- the 'real' definite article, equivalent of 'the' in English, and introducing a noun as being a definite, known thing, e.g. *la plupart* (line 5), *les gens* (line 9)
- the 'generalizing' definite article, with no English equivalent, e.g. *la gestion* (lines 4–5).

This generalizing sense is especially common with abstract nouns, since they are usually used in a general sense, e.g. *la qualité, la continuité, la discipline* (line 18).

b The definite article is normally used with the name of countries, e.g. *l'Amérique, le Japon* (lines 23–4), where in English there would be no article.

c The forms of the definite article are:

- masculine singular: *le* used before a consonant, e.g. *le professionnalisme* (line 8)
- feminine singular: *la* used before a consonant, e.g. *la plupart* (line 5)
- masculine or feminine singular: *l'* used before a vowel, e.g. *l'action* (line 9)
- plural: *les*, e.g. *les gens* (line 9)

The articles *le* and *les* combine with *à* to give *au* and *aux* (e.g. *au règne*, line 24; *aux États-Unis*, line 11) and with *de* to give *du* (e.g. *du pays*, line 6) and *des* (e.g. *des méthodes*, line 5). They must not be confused with the identical forms of the object pronoun (meaning 'him, it', 'them') which do **not** combine with *à* or *de*. See Chapter 10.

2 THE INDEFINITE ARTICLE

a *Un* and *une* correspond to English 'a/an', e.g. *un métier* (line 27). They introduce a singular noun as being a particular (not a general) unknown, indefinite, new thing.

An English speaker may find the idea of a plural indefinite article odd, since there is no plural of 'a/an' in English, but in French the plural *des* is used to introduce a plural noun as being particular and unknown, e.g. *des virages, des instables, des touche-à-tout* (lines 10–11), where there would be no article in English.

b The forms of the indefinite article are:

- masculine singular: *un*
- feminine singular: *une*
- plural: *des*

3 THE PARTITIVE ARTICLE

a The partitive article is used to express an indefinite quantity of something. There are no examples in the text, but contrast *un agneau* ('a lamb') with *de l'agneau* ('some lamb') and *un café* ('a pub') with *du café* ('some coffee'). It sometimes corresponds to English 'some', or (in questions) 'any', but often English has no equivalent.

b None of the singular forms of the partitive article (*du, de la, de l'*) occurs in the text. The singular forms of the partitive article must not be confused with the identical forms of the preposition *de* plus the definite article, meaning 'of the', 'from the', which are found in the text, e.g. *du pays* (line 6).

- For the plural form *des* in the text, see **The Indefinite Article**, above.

c *De* is normally substituted for the partitive or the indefinite article with the direct object of a verb in the negative, e.g. *il n'y a pas de «trucs»* (line 4). The equivalent positive sentence would have read *il y a **des** trucs*. There are exceptions to this rule, however. See ***Discover more about articles and quantifiers***, below.

4 ABSENCE OF ARTICLE

a In the construction *sans* + noun, no indefinite or partitive article is used, e.g. *sans État, sans règles* (line 32). However, in the construction *sans* + verb + noun, an article is used, e.g. *sans laisser la moindre trace* (without leaving the slightest trace), *sans faire de bruit* (without making any noise).

b A common construction in French is a noun + *de*, followed immediately by another noun (with no article before this second noun). In this construction, *de* + noun functions like an adjective, describing the first noun.

e.g. *patriotisme d'entreprise* (line 25)

5 QUANTIFIERS

a *Tous/toutes* + *les* + noun translates not only 'all the . . .' but also 'every . . ., e.g. *tous les pays* (line 2). *Tout(e)* + noun (with no article) translates 'any', e.g. *toute collectivité* (lines 19–20).

b *La plupart* ('The majority/most') is always followed by *de* + definite article.

e.g. *La plupart des méthodes* (line 5)

Other points to note in the text

- Subjunctive: *qu'il s'agisse de la famille* (line 20); *à quelque degré de la hiérarchie qu'il se situe* (lines 26–7) (see Chapter 26)
- Demonstrative pronouns: *celui-là* (lines 8, 37); *cela* (lines 22, 28, 43); adjective: *ces* (line 21) (see Chapter 14)
- Relative pronouns: *ce que* (line 2); *qui* (lines 5, 41); *que* (line 9), *qu'* (line 28); *dont* (lines 28, 32) (see Chapter 11)

Discover more about articles and quantifiers

1 THE DEFINITE ARTICLE

a French uses the definite article in its generalizing sense after verbs which express like or dislike, e.g. *J'aime le thé; Je déteste le vin.* There would of course be no article in English in such cases.

b The elided form of the singular definite article *l'* occurs before a word beginning with an inaspirate or 'mute' 'h', e.g. *l'homme, l'huile*, but before a word beginning with a so-called aspirate 'h' no elision occurs, e.g. *le héros; la hiérarchie* (line 27).

There are only a few dozen words which begin with a so-called aspirate 'h'. These have to be learnt. The most common include: *la haine, le hameau, le hareng, le haricot, la harpe, la hâte, la hausse, la hauteur, le hérisson, le héros* (but not *l'héroïne*), *le hibou, la hiérarchie, le homard, la honte, le huit.*

2 THE INDEFINITE ARTICLE

a Thinking of *des* as the plural of *un(e)* may help you to decide whether to use *des* or *les* in French. For example, *La mouche est un insecte* becomes in the plural *Les mouches sont des insectes* (Flies are insects).

b *Des* may sometimes correspond to 'some' or 'any' in English, e.g. *j'ai des livres* (I have some books); *as-tu des vidéocassettes?* (Have you any video cassettes?). However, most commonly English has no equivalent (see **Articles and quantifiers in the text, 2a,** above).

3 THE PARTITIVE ARTICLE

a The partitive article (and the plural indefinite article *des*) are always omitted after the preposition *de*, e.g. *j'ai du café*, but *j'ai besoin de café*; *j'ai des amis*, but *j'ai besoin d'amis*.

b In careful written French, *des* becomes *de* when the adjective precedes its noun, e.g. *de grandes découvertes*. However, this rule does not apply to fixed groups like *des jeunes hommes; des petits pois*.

c It is not always the case that *de* is substituted for the indefinite or partitive article after a negative (see **3c** above). For example, you may find the emphatic *Il n'y a pas un seul arbre* instead of the more usual *Il n'y a pas d'arbre*. There are also cases where the negation applies not to the verb but to the direct object, e.g. *Je n'habite pas une maison, mais un appartement.* This is notably the case after the verb *être*, e.g. *Ce ne sont pas des étudiants.* It should also be noted that after *ne . . . que*, which is not negative in sense, the rule does not apply either, e.g. *Il n'y a que des jeunes filles.*

4 ABSENCE OF ARTICLE

As a general rule, French nouns must usually be preceded by an article or other determiner, e.g. a possessive or demonstrative adjective, a numeral, etc. However, the following exceptions should be noted.

- With expressions of quantity, e.g. *beaucoup de*, the partitive articles and plural indefinite article (*des*) are not used, e.g. *beaucoup de thé* (a lot of tea). However, the definite article is used where appropriate, e.g. *beaucoup du thé qu'on a acheté* (a lot of the tea which we bought).
- Normally, nouns denoting professions and nationalities used with *être* (also *devenir, rester,* etc.) behave rather like adjectives so that there is no indefinite article with them, e.g. *il est professeur; elle va devenir infirmière.* However, where these nouns are qualified by an adjective, they do require an article, e.g. *C'est un excellent professeur.*
- Where a noun occurs in a descriptive phrase, as a so-called 'noun in apposition', explaining or qualifying a preceding noun or clause, French does not use an article, e.g. *M. Chirac, Président de la République; Madame Dupont, proviseur du lycée Balzac.*
- In written French, articles may be omitted from lists (normally three or more words), e.g. *Hommes, femmes, enfants, tous criaient.* Also after *ne . . . ni . . . ni* (see Chapter 8), e.g. *il n'avait ni papiers ni argent.*

5 QUANTIFIERS

The quantifier *bien* is followed by *des* + plural noun, e.g. *j'ai bien des ennuis.*

See for further information:
Coffman Crocker, pp. 1–13
Ferrar, pp. 123–37, 241, 245, 247–8
Hawkins and Towell, pp. 26–42, 154–7
Judge and Healey, pp. 23–36, 41–5

L'Huillier, pp. 303–35

Price, pp. 23–38, 201, 234–48

Turk and Vandaele, pp. 13–20

✎ EXERCISES

1 Class discussion

Translate into English the paragraphs about the United States and about Great Britain (2 and 6). Then note down all the occasions when French usage requires an article which you have been able to omit in your English version.

2 Fill in the gaps in the following sentences with articles or with *de,* or leave a blank where necessary.

a Beaucoup ___ étudiants trouvent la plupart ___ exercices ____ grammaire extrêmement ennuyeux.

b Dans ___ article en forme ____ lettre, Jean Boissonnat, ___ journaliste à *L'Entreprise*, passe en revue ___ différentes méthodes ___ travail dans ___ principaux pays industrialisés. Bien sûr, il ne fait pas ___ critiques de ____ France.

c Manger ___ nouilles sans ___ beurre et sans ___ sel – quelle horreur!

d ___ chats siamois montrent beaucoup plus ___ affection que ___ chats ___ gouttière.

e Beaucoup ___ hommes ___ affaires de nos jours ont ___ grands problèmes car ___ crise économique entraîne ___ dettes, ___ licenciements, et même ___ échec total de bien ___ entreprises.

f Notre gouvernement s'attend à ce que ___ étudiants fassent ___ études sans ___ moyens financiers nécessaires pour subsister.

3 Fill in the gaps in the following sentences with **either** a generalizing definite article **or** a plural indefinite article as appropriate. If in doubt as to which is appropriate, try the sentence out in the singular first, e.g. a: *La loutre est un animal très timide.*

a ___ loutres sont ___ animaux très timides.

b Nos étudiants sont tous ___ Écossais.

c ___ bibliophiles sont ___ gens qui aiment ___ livres.

d ___ muscatels sont ___ raisins secs de Malaga.

4 Rewrite the following sentences, putting the italicized nouns into the plural and remembering that the plural indefinite article *des* is always omitted after the preposition *de.*

a La cuisine était pleine d'*une odeur délicieuse*.

b Elle a reçu de l'argent pour la vente d'*un article*.

c Nous avons besoin d'*un ami*.

d Elle a vécu pendant deux jours d'*un yaourt* et d'*une pomme*.

5 Fill in the gaps in the following text (written perhaps by a Belgian journalist) with articles or with *de* where necessary.

___FRANCE. Quelle idée de critiquer ___ méthodes ___ travail chez ___ autres sans songer qu'il y aurait peut-être ___ critiques à faire sur ___ France. Cette France, qui prend Paris pour ___ centre du monde, et qui voudrait faire ___ loi à __ Europe. Que ___ Français se souviennent que s'ils ont ___ Parlement européen à Strasbourg, c'est nous ___ Belges (qu'ils traitent souvent ___ pauvres idiots) qui avons ___ Commission Européenne. C'est Bruxelles qui est ___ deuxième centre mondial du point ___ vue du nombre ___ ambassades, ___ corps ___ presse etc. C'est à Bruxelles qu'il y a ___ bureaux européens des grands agents économiques, tels ___ syndicats et ___ patronats. Alors, que ___ Français agissent plutôt que de passer leur temps à critiquer ___ autres pays. Trop ___ paroles et trop peu ___ actions – voilà un problème bien propre à ___ France!

6 Complete the following text with articles, with *de* or *d'*, or with *de* + article (*d'un(e), du*).

C'est ____ type, genre cadre supérieur, qui rentre ____ Midi à Paris au volant ___ sa puissante berline (allemande bien sûr). Il traverse ____ causses qui bordent ____ Massif central. Soudain, au détour ____ virage, il freine en catastrophe. ____ troupeau ____ moutons a envahi ____ route. ____ homme a ____ mal à patienter. ____ flot ____ brebis n'en finit pas de s'écouler. Il jaillit de sa voiture, se dirige vers ____ berger et l'apostrophe.

– Dites donc, y en a pour longtemps?

– Bof, encore ____ quart ____ heure environ, répond ____ homme avec ____ accent rocailleux ____ coin.

– Faisons ___ pari, propose alors ___ citadin toujours en quête ___ bonne affaire, je vous dis ___ nombre exact ___ moutons dans votre troupeau et, en échange, vous me donnez ___ agneau.

– Eh beh . . . d'accord, répond ___ paysan.

___ Parisien se rue alors sur son ordinateur portable, pianote frénétiquement pour consulter ses banques ___ données et lance, victorieux:

– Vous avez 694 moutons.

– Ah ben ça . . . C'est juste, confirme ___ berger, éberlué.

Et ___ cadre sup s'empare ___ animal qu'il jette dans son coffre sans plus ___ façon. Mais ___ gardien ___ troupeau n'entend pas en rester là. À son tour il fait ___ proposition.

– Si je vous dis quel métier vous faites, vous me rendez mon agneau.

– Soit, concède ___ Parisien.

– Vous faites ___ consultant, affirme aussitôt ___ berger sûr de lui.

– Mais . . . comment . . . , balbutie ___ autre.

– C'est simple, lâche alors ___ paysan, vous êtes venu sans que je vous demande rien, vous m'avez donné ___ information que je connais déjà, et ___ agneau que vous m'avez pris . . . c'est mon chien!

Marianne

7 Fill in the gaps in the following text with articles, or with *de* + article, or with *de* alone where necessary. In the case of any gap which you decide not to fill, explain why an article is not necessary.

Chaque année depuis 1970, au cœur _____ hiver,_____ principaux responsables de la planète – _____ chefs d'État, _____ banquiers, _____ financiers, _____ patrons des grandes entreprises transnationales – se retrouvent à Davos, _____ petite ville suisse, pour faire le point sur les avancées de l'économie _____ marché, du libre échange et _____ dérégulation. Rendez-vous _____ nouveaux maîtres du monde, le Forum économique _____ Davos est devenu, sans conteste, le centre _____ hyperlibéralisme, _____ capitale _____ mondialisation et _____ foyer principal _____ pensée unique.

Le Monde Diplomatique

8 A Scottish friend asks you to translate the following letter which he wants to send to *L'Entreprise* in reply to J. Boissonnat's letter. You will find some useful expressions in the original text.

Sir,

    I see from a recent article in your journal ('Tour du monde', *L'Entreprise*, October, 1989) that once again you Europeans are carelessly confusing Great Britain with England. In a paragraph which purports to discuss business life in Great Britain, Jean Boissonnat talks only of the English. It would seem that, as is so often the case, the Scots and the Welsh have been forgotten. Yet we do have businesses, large and small, in Scotland and Wales, and we are both hard-working nations, which, according to your journalist, cannot be said of the English (I make no comment on that point). Obsession with quality is not a characteristic peculiar to the Japanese – we Scots share it, and this obsession, together with perseverance, energy, and good business management, have led us to produce the best whiskies and the finest woollen goods in the world. Perhaps the next time Jean Boissonnat goes on a world tour he could broaden his experience by stopping off in Scotland; we're always ready to meet the needs of a new client!

        Yours faithfully,
        Hamish Cameron,
        Edinburgh,
        Scotland

14 | Demonstratives

Text

Après le patron

«Après le patron, ceux qui gagnent le plus ce sont les représentants et les vendeurs»

*Préparez-vous en quelques mois à une
carrière très rémunératrice*
Vous pouvez gagner beaucoup d'argent
dans les carrières de la vente.
5 Aujourd'hui, pour les entreprises, le
problème le plus important n'est pas de
produire, c'est de vendre. La plupart des
sociétés peuvent produire davantage.
Mais pour **cela**, il faut qu'elles vendent.
10 Dès lors, il n'est pas surprenant qu'elles
soient prêtes à payer beaucoup **ceux** qui
apportent les commandes.
*Une opportunité unique pour ceux qui
n'ont pas de diplômes*
15 Ce qui est merveilleux dans la vente,
c'est que vous pouvez devenir un
professionnel de haut niveau (donc aux
revenus élevés) sans diplômes. C'est
une chance inespérée pour **ceux** qui
20 doivent se reconvertir ou pour **ceux** qui
n'ont pas de formation spécialisée.
Voilà des situations brillantes, très bien
rémunérées, et pour lesquelles on
n'exige pas de diplômes.
25   En revanche, on vous demande de
connaître la vente et ses techniques. Par
chance, **ces** techniques vous pouvez les
apprendre tranquillement chez vous, à
votre rythme (20 minutes par jour
30 pendant quelques mois suffisent).

*Vous apprendrez tout ce qu'il faut pour
réussir*
Ensuite, vous serez prêt à débuter dans
une nouvelle carrière où le chômage est
35 ignoré, car les entreprises recherchent
avidement les bons vendeurs.
    Même si vous n'avez jamais rien
vendu, vous apprendrez tout ce qu'il
faut pour réussir dans la vente. Vous
40 découvrirez le moyen de décrocher un
rendez-vous et **celui** de vous rendre
immédiatement sympathique. Vous
apprendrez à développer vos
arguments, à répondre à toutes les
45 objections, à analyser vos résultats
pour augmenter votre chiffre
d'affaires.
Saisissez votre chance
Une chance se trouve à votre portée,
50 **celle** de commencer une nouvelle
carrière qui est parmi les mieux payées.
Vos gains ne dépendront que de vous.
    Une vie plus agréable, un intérieur
plus confortable, une voiture luxueuse,
55 des vacances de rêve, tout **cela** est à
votre portée aujourd'hui. La première
chose à faire est de demander le livret
de documentation offert ci-dessous: il
est passionnant. Il est bourré
60 d'informations qui vous intéresseront.

Demandez-le tout de suite. C'est le
premier geste vers le succès.
   Découpez tout de suite **ce** coupon et

65 renvoyez-le aujourd'hui même à I.F.M.
58, rue Perronet, 92200 Neuilly-sur-Seine.

Institut de Formation au Marketing

Demonstratives in the text

1 DEMONSTRATIVE ADJECTIVES

Usage

a The meaning of the demonstrative adjective is 'this' or 'that' (singular), 'these' or 'those' (plural).

b The demonstrative adjective occurs only before a noun, or before an adjective which is itself qualifying a noun, e.g. *ce coupon* (line 63). It is never found separate from a noun. (But see **Discover more about demonstratives**, **2f**, below, for literary use of the pronoun *ce*.)

Formation

a The forms of the demonstrative adjective are:

	singular	**plural**
masc.	*ce, cet*	*ces*
fem.	*cette*	*ces*

b The masculine singular form which occurs before a word beginning with a consonant or aspirate 'h' is *ce*, e.g. *ce coupon* (line 63). For the use of *cet*, see **Discover more about demonstratives**, **1a**, below.

c The plural form *ces* is used before both masculine words and feminine words, e.g. before the feminine *ces techniques* (line 27). The form *cettes* does **not** exist.

2 DEMONSTRATIVE PRONOUNS

Usage

a The demonstrative pronouns *celui, celle(s)* and *ceux* frequently refer to a specific noun with which they must agree in number and gender, e.g. *celui de* (line 41), referring back to *le moyen* and *celle de* (line 50), referring back to *une chance*. In such cases, they mean 'this/that (one)'. They are often found followed by *de*, as in these examples.

b These same pronouns are also frequently found introducing relative clauses (see Chapter 11), e.g. *ceux qui gagnent* (heading). In such cases they mean 'those (people)'/'the one(s) who'.

c The neutral pronouns *ceci, cela* and *ça* may **not** be used to refer to a specific noun or, indeed, to people. They can only refer to things which do not have a gender, e.g. facts, statements, states of affairs and events, e.g. *pour cela* (line 9), which stands for *pour qu'elles puissent produire advantage.*

Formation

The forms of the demonstrative pronoun are:

	singular	plural
masc.	*celui*	*ceux*
fem.	*celle*	*celles*
neutral	*ceci, cela, ça, ce*	____

Other points to note in the text

- Relative pronouns: *qui* (line 11, etc.); *ce qui* (line 15); *lesquelles* (line 23); *où* (line 34); *ce qu'* (line 38) (see Chapter 11)
- Positive imperatives + pronouns: *Préparez-vous* (lines 1); *Demandez-le* (lines 61); *renvoyez-le* (line 64) (see Chapter 19)
- Emphasis: *Ce qui . . ., c'est que* (lines 15–16); *ces techniques, vous pouvez les apprendre* (lines 27–8); *une vie plus agréable, . . . tout cela* (lines 53–5) (see Chapter 31)
- Use of *de* (instead of indefinite article) after a negative: *pas de formation* (line 21); *pas de diplômes* (line 24) (see Chapter 13)
- Comparatives and superlatives: *ceux qui gagnent le plus* (heading); *le problème le plus important* (lines 5–6); *une vie plus agréable, un intérieur plus confortable* (lines 53–4) (see Chapter 18)
- Future tense: *serez* (line 33); *apprendrez* (lines 38, 43); *découvrirez* (line 40); *dépendront* (line 52) (see Chapter 6)

Discover more about demonstratives

1 DEMONSTRATIVE ADJECTIVES

a The form *cet* is used before masculine singular words which begin with a vowel or a mute 'h', e.g. *cet appartement, cet ancien bâtiment, cet homme*. Note that there is only **one** feminine singular form: *cette*, e.g. *cette fleur, cette île, cette huile*. Do not be tempted to use the **masculine** form *cet* before feminine words which begin with a vowel or mute 'h'.

b The form *-ci* can be added to the noun which is accompanied by a demonstrative adjective if you wish to stress the idea of closeness in either space or time, e.g. *cette année-ci* (= this year); *ce livre-ci* (= this book). Similarly the form *-là* can be added to the noun if you wish to stress the idea of distance, e.g. *cette année-là* (= that year); *ce livre-là* (= that book). It is necessary to use these forms if a comparison is being made, e.g. *Préférez-vous ce modèle-ci ou ce modèle-là?* (= Do you prefer this style or that style?)

2 DEMONSTRATIVE PRONOUNS

a A demonstrative pronoun followed by *de* is used in French in examples like the following: *mon chien et celui de mon frère*, where English would have 'my dog and my brother's' (= the one of my brother).

b The forms *celui-ci/ceux-ci/celle(s)-ci* and *celui-là/ceux-là/celle(s)-là* are used to distinguish between 'this one/these ones' and 'that one/those ones', respectively. Such a distinction is mainly restricted to formal French.

e.g. *Quel modèle préférez-vous – celui-ci ou celui-là?*

c The pronoun forms with -*ci* may also be used to mean 'the latter' and the forms with -*là* to mean 'the former', e.g. *J'ai parlé à Marie et à sa mère; celle-ci m'a invité à dîner demain soir.* Here *celle-ci* refers to the **nearest** feminine noun, *sa mère*, and hence translates into English as 'the latter'.

d The neutral pronouns *ceci* and *cela/ça* do not mean 'this' and 'that', respectively. *Cela* and *ça* may be translated as **either** 'this' **or** 'that', and are far more common than *ceci*, which is only used to refer **forward** to something not yet mentioned.

e.g. *Je vais vous dire ceci: ne faites pas attention à lui*

e The distinction between *cela* and *ça* is one of **register**, not of meaning. *Cela* is the norm in careful written French. The contracted form *ça* is characteristic of the spoken language and of informal written French.

f The neutral pronoun *ce* (eliding to *c'* before a vowel) is used with the verb *être*. It is also found in literary usage in the phrases *ce disant* and *ce faisant* instead of *disant cela, faisant cela*.

See for further information:	Coffman Crocker, pp. 58–9, 270–2
	Ferrar, pp. 211–15
	Hawkins and Towell, pp. 43–4, 83–4
	Judge and Healey, pp. 36–8, 76–82
	L'Huillier, pp. 350–3, 538–49
	Price, pp. 163–70
	Turk and Vandaele, pp. 48–52

✎ EXERCISES

1 Fill in the gaps in the following sentences with the appropriate demonstrative pronoun or adjective.

    a Cette chambre-ci ne me plaît pas. Je préfère _____.

    b Ne lui posez pas de questions. Elle n'aime pas _____.

    c J'ai demandé à tous _____ qui habitent dans ____ immeuble, mais personne ne l'a vu.

    d Tout _____ est vraiment très impressionnant.

e _____ fleurs-ci sont très belles, mais _____ sont vraiment ravissantes.

f Je préfère votre proposition à _____ de Jeanne.

g _____ plat-ci n'a pas l'air très bon. Choisissez plutôt _____.

h J'ai vu beaucoup de tableaux, mais je ne n'ai pas trouvé _____ dont tu m'avais parlé.

i Je vais vous dire ____: surtout ne lui en soufflez pas mot.

j Les enfants de Marie et _____ de son frère sont tous partis chez leur grand-mère.

2 Fill in the gaps in the following text with the appropriate demonstrative pronoun.

Giono, dans sa belle préface de 1952 pour «la Pléiade», parle, à propos de Machiavel, de sa _«franchise d'acier»_. C'est le moins que l'on puisse dire. Exemple: «_On peut dire des hommes généralement _____: qu'ils sont ingrats, changeants, simulateurs et dissimulateurs, lâches devant les dangers, avides de profit._» L'homme (femme comprise) est méchant, il n'attend que le moment de donner libre cours à sa méchanceté, et si ____ ne se voit pas tout de suite, c'est qu'il se cache. Mais le temps, _«père de la vérité»_, vous démontrera l'évidence. L'homme est méchant, et il n'y a aucun sauveur pour y remédier? Non. Le méchant sera donc ____ qui a osé dire ____, à la barbe de tous les tartuffes.

Le Monde des Livres

3 Fill in the gaps in the following texts with the appropriate demonstrative pronoun or adjective.

a Le Noir qui entre en France change parce que pour lui la Métropole représente le tabernacle; il change non seulement parce que c'est de là que lui sont venus Montesquieu, Rousseau et Voltaire, mais parce que c'est de là que lui viennent les médecins, les chefs de service, les innombrables petits potentats – depuis le sergent-chef «quinze ans de service» jusqu'au gendarme originaire de Panissières. Il y a une sorte d'envoûtement à distance, et _____ qui part dans une semaine à destination de la Métropole crée autour de lui un cercle magique où les mots Paris, Marseille, la Sorbonne, Pigalle représentent les clés de voûte. Il part et l'amputation de son être disparaît à mesure que le profil du paquebot se précise. Il lit sa puissance, sa mutation, dans les yeux de _____ qui l'ont accompagné. «Adieu madras, adieu foulard . . .»

Maintenant que nous l'avons conduit au port, laissons-le voguer, nous le retrouverons. Pour l'instant, allons à la rencontre de l'un d'entre eux qui revient. Le «débarqué», dès son premier contact, s'affirme; il ne répond qu'en français et souvent ne comprend plus le créole. À ____ propos, le folklore nous fournit une illustration. Après quelques mois passés en France, un paysan retourne près des siens. Apercevant un instrument aratoire, il interroge son père, vieux campagnard à-qui-on-ne-la-fait-pas: «Comment s'appelle ____ engin?» Pour toute réponse, son père le lui lâche sur les pieds, et l'amnésie disparaît. Singulière thérapeutique.

F. Fanon, _Peau noire, masques blancs_

b Ne lisez surtout pas «l'Oiseau crocodile» avant de vous endormir. Les cauchemars ne seront pas tendres. Pas les habituels, _____ où l'on rate son bac ou son avion, _____ où l'on n'a pas rendu à temps son papier à son rédacteur en chef, non, pas les noirs, les tristes, les terribles. Mais les cauchemars de petit enfant, _____ où les forêts sont sombres et terrifiantes, _____ où le loup vous attend peut-être derrière un arbre.

Le Nouvel Observateur

4 Likewise in the following text, fill in the gaps with the appropriate demonstrative pronoun or adjective.

L'avion d'Air Inter vient de décoller d'Orly-ouest pour Madrid. À son bord, une centaine de passagers, qui, dans la salle d'embarquement, parlaient français ou espagnol. Le commandant et le chef de cabine procèdent aux annonces rituelles: conditions et durée du vol, consignes de sécurité, etc. Dans quelles langues? Exclusivement en français et en anglais.

Au passager interloqué par l'inadéquation entre la seconde langue des annonces et _____ d'une bonne partie des passagers – qui est aussi _____ de l'aéroport de destination –, une hôtesse répond que telles sont les instructions de la direction pour tous les vols nationaux et, depuis peu, européens de la compagnie. Aux Espagnols, Néerlandais et Portugais qui regagnent leur pays, on veut bien faire la faveur de les accepter comme clients, mais certainement pas _____ de les informer dans leur langue.

Aucun des personnels de bord consultés ne semble d'ailleurs trouver incongrue, voire anti-commerciale, _____ négation des langues autres que l'anglais pour les usagers non francophones des lignes européennes d'Air Inter. On sent que le fait même de poser la question provoque une certaine commisération à l'égard de _____ qui n'a rien compris à la démocratisation du transport aérien: n'est-ce pas, finalement, un progrès que, sur le plan linguistique tout au moins, chaque passager soit traité comme un membre de la *jet set*?

Le Monde Diplomatique

15 | Possessives

Text

MA MORTE VIVANTE

1 Dans **mon** chagrin rien n'est en mouvement
   J'attends personne ne viendra
   Ni de jour ni de nuit
   Ni jamais plus de ce qui fut moi-même

5 **Mes** yeux se sont séparés de **tes** yeux
   Ils perdent **leur** confiance ils perdent **leur** lumière
   Ma bouche s'est séparée de **ta** bouche
   Ma bouche s'est séparée du plaisir
   Et du sens de l'amour et du sens de la vie
10 **Mes** mains se sont séparées de **tes** mains
   Mes mains laissent tout échapper
   Mes pieds se sont séparés de **tes** pieds
   Ils n'avanceront plus il n'y a plus de routes
   Ils ne connaîtront plus **mon** poids ni le repos

15 Il m'est donné de voir **ma** vie finir
   Avec **la tienne**
   Ma vie en **ton** pouvoir
   Que j'ai crue infinie

   Et l'avenir **mon** seul espoir c'est **mon** tombeau
20 Pareil **au tien** cerné d'un monde indifférent

   J'étais si près de toi que j'ai froid près des autres.

Paul Éluard

🔎 Possessives in the text

1 POSSESSIVE ADJECTIVES

a Possessive adjectives, as their name indicates, are used to indicate possession. They agree in gender (masculine/feminine) and number (singular/plural) with the noun which they precede.

e.g. *ma bouche* (fem. sing.) (line 7); *mes yeux* (masc. pl.) (line 5)

b The possessive adjective normally occurs before each noun to which it applies, e.g. *Ils perdent leur confiance ils perdent leur lumière* (line 6). It would have been necessary to use *leur* before *lumière* even if there had been no second occurrence of *perdent*, thus: *Ils perdent leur confiance et leur lumière.*

c The forms of the possessive adjectives are:

1st person	masc.	*mon* (= my)	*notre* (= our)
	fem.	*ma*	*notre*
	plural	*mes*	*nos*
2nd person	masc.	*ton* (= your)	*votre* (= your)
	fem.	*ta*	*votre*
	plural	*tes*	*vos*
3rd person	masc.	*son* (= his, her, its)	*leur* (= their)
	fem.	*sa*	*leur*
	plural	*ses*	*leurs*

2 POSSESSIVE PRONOUNS

a The possessive pronoun stands in the place of a noun and agrees with the noun to which it refers, e.g. *la tienne* (line 16) referring to *vie* (line 15).

b The forms of the possessive pronouns are:

1st person	masc. sing.	*le mien*	*le nôtre*
	fem. sing.	*la mienne*	*la nôtre*
	masc. pl.	*les miens*	*les nôtres*
	fem. pl.	*les miennes*	*les nôtres*
2nd person	masc. sing.	*le tien*	*le vôtre*
	fem. sing.	*la tienne*	*la vôtre*
	masc. pl.	*les tiens*	*les vôtres*
	fem. pl.	*les tiennes*	*les vôtres*
3rd person	masc. sing.	*le sien*	*le leur*
	fem. sing.	*la sienne*	*la leur*
	masc. pl.	*les siens*	*les leurs*
	fem. pl.	*les siennes*	*les leurs*

c The definite article forms part of the possessive pronoun and must always be present. The normal contracted form of the article will be used with the prepositions *à* or *de*.

e.g. *au tien* (line 20)

Other points to note in the text

- Negatives: *rien n'est* (line 1); *personne ne viendra* (line 2); *Ni . . . ni* (line 3); *ni jamais plus* (line 4); *ne . . . plus* (line 13); *de* instead of *des* after a negative: *il n'y a plus de routes* (line 13); *ni* (line 14) (see Chapter 8)
- *Passé composé* of pronominal verbs and past participle agreement: *se sont séparés* (lines 5, 12); *s'est séparée* (lines 7, 8); *se sont séparées* (line 10) (see Chapter 2)
- Future tense: *viendra* (line 2); *avanceront* (line 13); *connaîtront* (line 14) (see Chapter 6)
- Past historic: *fut* (line 4) in contrast to imperfect: *J'étais* (line 21) (see Chapters 3 and 5)

Discover more about possessives

1 POSSESSIVE ADJECTIVES

a It should be noted that possessive adjectives in French take the gender of the thing possessed, not the gender of the possessor. This goes against the grain for English speakers, who are accustomed to make the distinction between, e.g., 'his mother' and 'her mother'. In French, *sa mère* may mean either. If it is essential to distinguish between the two, you may do so by using *sa mère à lui* and *sa mère à elle*, respectively.

b When referring to parts of the body, French frequently uses a definite article where an English speaker may expect a possessive adjective.

e.g. *Elle a hoché la tête*   She shook her head
    Elle s'est cassé la jambe   She broke her leg
    Il lui a serré la main   He shook his/her hand

However, when body parts are the subject of a sentence, they are usually accompanied by a possessive adjective, as in English.

e.g. *Ses mains reposaient sur la couverture*   His/her hands rested on the blanket
    Ses jambes fléchirent   His/her legs gave way

c The second-person forms *votre*, *vos* can be used to refer (politely) to a singular possessor or to more than one possessor.

e.g. *Voici votre billet, Madame*; *N'oubliez pas de ranger vos affaires, les enfants*

d In conjunction with indefinites such as *on*, *chacun*, *personne*, the third-person singular possessive adjectives *son*, *sa*, *ses* are normally used.

e.g. *Chacun avait apporté ses propres provisions*

e The feminine singular forms *ma*, *ta*, *sa* become *mon*, *ton*, *son* when they are immediately followed by a noun or adjective beginning with a vowel or mute 'h'.

e.g. *mon école*; *ton autre voiture*; *son hésitation*

2 POSSESSIVE PRONOUNS

a In conjunction with indefinites such as *on, chacun, personne*, the possessive pronouns *le/la sien(ne), les sien(ne)s* are used, and not the forms *le/la/les leur(s)*.

e.g. *Chacun avait apporté les siennes*

b *Les siens* may have the special meaning of 'one's family', whilst *des nôtres* may mean 'with us'.

e.g. *Il n'était pas des nôtres* 'He wasn't with us'.

c Note that the pronouns *le/la nôtre* and *le/la vôtre* are written with a circumflex accent. This distinguishes them from the possessive adjectives, *notre, votre*. Note also the plural form of the pronouns, *les nôtres, les vôtres* as compared to the plural form of the adjectives, *nos, vos*.

See for further information: Coffman Crocker, pp. 54–8, 268–70

Ferrar, pp. 219–23

Hawkins and Towell, pp. 44, 84

Judge and Healey, pp. 38–41, 82–4

L'Huillier, pp. 336–49, 533–7

Price, pp. 157–63

Turk and Vandaele, pp. 53–9

✎ EXERCISES

1 Fill in the gaps with the appropriate possessive adjective.

a Je t'expliquerai _____ idée, et après tu me diras ce que tu en penses.

b Ils nous ont offert _____ condoléances.

c Nous n'avons jamais vu _____ voisins d'en face.

d Maintenant elle habite une jolie petite maison. _____ ancienne maison était plus grande, mais beaucoup moins jolie.

e Nous avons fait de _____ mieux.

f Ils ne rendent jamais visite à _____ parents.

g Vous n'avez rien dit de _____ vacances. Quels sont _____ projets?

2 Find the correct first person singular possessive adjective for the following nouns:

Example: père > mon père

a soeur; **b** photo; **c** passeport; **d** idée; **e** bureau; **f** clé; **g** dictionnaire; **h** chambre; **i** ordinateur; **j** opinion.

3 Replace the words in italics with the appropriate possessive pronoun.

a J'ai oublié mon parapluie. Est-ce que je peux emprunter *ton parapluie*?

b J'ai fini ma dissertation hier soir. Quand est-ce que tu auras terminé *ta dissertation*?

c Il en a déjà parlé à ses parents. Je vais en parler *à mes parents* ce soir.

d Leurs enfants s'entendent bien avec *nos enfants*.

e Mes parents me laissent prendre mes propres décisions, mais *ses parents* sont beaucoup plus autoritaires.

f Nous avons laissé notre chatte chez une voisine. Qu'allez-vous faire de *votre chatte*?

g Notre jardin est beaucoup plus petit que *leur jardin*.

h Elle est partie avec un foulard qui n'est pas *son foulard*.

i Mes enfants sont sortis avec deux *de ses enfants*.

j Nous avons déjà vu ses photos. Est-ce que nous pouvons regarder *vos photos*?

4 Fill in the gaps in the first two stanzas of the following poem with the appropriate possessive adjectives.

L'INVITATION AU VOYAGE

____ enfant, ____ sœur,
Songe à la douceur
D'aller là-bas vivre ensemble!
Aimer à loisir,
Aimer et mourir
Au pays qui te ressemble!
Les soleils mouillés
De ces ciels brouillés
Pour ____ esprit ont les charmes
Si mystérieux
De ____ traîtres yeux,
Brillant à travers ____ larmes.

Là, tout n'est qu'ordre et beauté,
Luxe, calme et volupté.

Des meubles luisants,
Polis par les ans,
Décoreraient ____ chambre;
Les plus rares fleurs
Mêlant ____ odeurs
Aux vagues senteurs de l'ambre,
Les riches plafonds,
Les miroirs profonds,
La splendeur orientale,
Tout y parlerait
À l'âme en secret
____ douce langue natale.

Là, tout n'est qu'ordre et beauté,
Luxe, calme et volupté.

Baudelaire, *Les Fleurs du Mal*

5 Translate the following sentences into French using the appropriate possessive adjective or pronoun.

    a She has left her umbrella on the bus.

    b Our flag is blue, white and red.

    c He borrowed her bicycle and her helmet.

    d These are our rucksacks. Yours are over there.

    e I hope your lunch was better than ours.

6 Translate the following sentences into French, using possessive adjectives or pronouns where appropriate.

    a She liked her primary school very much.

    b Don't forget your tickets.

    c She slipped and sprained her ankle.

    d This signature is not his.

    e There will be no provisions. Everyone must bring their own.

    f We met one of his friends at the station.

    g Have you heard from her?

    h The quality of an essay does not depend on its length.

    i It's his father who is going to organize the wedding.

    j Everyone in turn!

    k Everyone to his/her own taste.

16 | Adjectives

Text

PORTRAITS DE VILLES
INDE
VARANASI, FATALITÉ GALOPANTE

Mes **premiers** pas en Inde seront donc ici, à Varanasi, ville **sainte** (appelée aussi Bénarès), centre du monde **hindouiste** où l'on vient pour mourir et
5 mettre fin au cycle des réincarnations. À peine le pied posé hors de l'aéroport, **dernier** bastion **aseptisé** et **climatisé** de notre périple, la chaleur s'abat sur nous, **écrasante**, presque **liquide**.
10 Lors du trajet vers la **vieille** ville, le nez collé à la vitre de la voiture, nous absorbons, l'air un peu **hagard**, le choc de notre **première** rencontre avec l'Inde. Au cœur d'une circulation
15 **chaotique**, dans un vacarme de klaxons où les vaches **sacrées**, les voitures, les scooters et les cyclo-pousses se disputent la priorité, nous entrapercevons les échoppes
20 **déglinguées** du bord de route, les gamins en uniforme **scolaire** qui rentrent sagement, se tenant par la main, les vendeurs de fruits poussant de **lourdes** charrettes de bois emplies à
25 ras-bord ... Arrivés près de la **vieille** ville, nous devons continuer à pied dans les ruelles **sombres** et **étroites**. La

nuit tombe sur Varanasi, lourdement, et des tintements **métalliques** mêlés aux
30 chants **sourds** des prêtres s'élèvent déjà des ghâts, ces escaliers de pierre s'enfonçant dans le Gange, où ont lieu les pujas (cérémonies **religieuses**). Des centaines de **petites** bougies flottent,
35 **légères** et invitant à la rêverie, sur l'eau **boueuse** du fleuve, slalomant entre les détritus et les offrandes de fleurs déposées par les fidèles.
Ce matin, levés aux aurores, nous
40 louons une barque, comme tant d'**autres** touristes, pour contempler le lever du soleil sur le fleuve. Nous remontons le courant, à l'affût des activités **matinales** sur les **différents**
45 ghâts – ablutions **rituelles**, **banales** lessives, étirements **yogiques** – et une crémation. Deux femmes pleurent leur mort, discrètement, dans la lumière **dorée** du **petit** matin. Instant de
50 malaise qui traverse notre **petit** groupe comme un frisson. Nous demandons au batelier de nous éloigner.
Images de vie et de mort, **grouillantes** et **désordonnées**. Le

55 dépaysement est **total**, voire **brutal**,
mais n'est-ce pas justement ce que
nous espérions? Nous déambulons,
hélés fréquemment par les
innombrables vendeurs à la sauvette.

60 Je me sens en ces **premières** heures un
peu spectatrice, enfermée dans une
bulle. J'observe ces mille scénettes
parfois **absurdes**, avec une sensation
d'irréalité **grandissante**. Je me hasarde

65 à prendre **quelques** clichés, ici et là,
avec mon téléphone **portable**, un peu
timidement au début. Peut-être pour
essayer de mieux comprendre ce qui
s'offre à mes yeux. Nous suivons des

70 hommes qui portent des corps
enveloppés dans des saris **chatoyants**,
sur des civières ornées de fleurs. Sur le
ghât, une **jeune** femme et un **vieil**
homme viennent d'être immergés

75 dans le Gange, en attendant d'être
incinérés.

Fin d'après-midi, je flâne sur la
terrasse de la guest-house. D'ici on
peut voir le fleuve, **gris** et **tranquille**,

80 **indifférent**. Des bâtiments aux toits
plats, imbriqués les uns dans les autres,
en état d'érosion **avancée**. Des familles
de singes **turbulents** vivent à deux pas
de là, sur les toits **voisins**, en nous

85 jaugeant du coin de l'œil, bien au-
dessus des ruelles **labyrinthiques** de
Varanasi.

Le lendemain, nous nous aventurons
à nouveau dans le dédale des ruelles

90 **crasseuses** de la **vieille** ville. Direction
le Golden Temple, dont l'entrée est
indiquée par deux matons **patibulaires**
et un attroupement d'Indiens attendant
de pouvoir franchir le seuil de ce **haut**

95 lieu de recueillement. Ici la foi n'est
pas **silencieuse** ni **disciplinée**, et nous
pénétrons dans le temple, bousculés,
emportés en deux temps trois
mouvements* dans ce tourbillon

100 **intense**. Là, des marchands vous
fourrent dans les bras, d'office, le
nécessaire pour accomplir les rites,
guirlandes de fleurs et offrandes, que
nous nous empressons de déposer

105 devant une statue de Shiva. Un prêtre
vient nous bénir d'un trait d'argile
orange entre les yeux et nous indique
d'un geste la suite du circuit. Nous
sommes happés par ce mouvement

110 **frénétique**, guidés par nos condisciples
d'un jour. Je suis étonnée, perturbée de
la façon dont les rites sont partagés
avec les non-hindouistes, de cette
acceptation **nonchalante** qui tranche

115 avec l'excitation **ambiante**. Je ressens
un **bref** instant l'exaltation de ce que ce
doit être d'appartenir à une
communauté d'idées et de croyances
comme celle-ci. Sensation **grisante** et

120 **effrayante** à la fois.

Libération

* *en deux temps, trois mouvements*: very quickly, in two ticks

⌕ **Adjectives in the text**

1 AGREEMENT OF ADJECTIVES

a Most adjectives have distinctive masculine and feminine forms. All adjectives must agree in gender (masculine or feminine) and in number (singular or plural) with the noun (or pronoun) which they qualify.

e.g. *ville sainte* (fem.sing., line 2); *de lourdes charrettes* (fem. pl., line 24); *chants sourds* (masc. pl., line 30)

These agreements, particularly the plural forms, are not all audible in the spoken language, so particular care must be taken when writing.

b In most cases, the feminine form of the adjective is produced by adding an *−e* to the masculine form.

e.g. *sainte* (line 2)

This may result in a change in the spoken, as well as in the written, language; the final consonant in this example is pronounced in the feminine form, when followed by *-e*, but not in the masculine form. In most cases, the plural of an adjective is formed by adding an *−s* to the singular form.

e.g. *premiers* (masc. pl., line 1); *étroites* (fem. pl., line 27).

c In the feminine form of adjectives ending in *-el*, the final consonant is doubled before the addition of *−e*. This change is not audible in the spoken language.

e.g. *ablutions rituelles* (line 45)

Note that adjectives ending in *−al* do NOT double the final consonant.

e.g. *matinales, banales* (lines 44–5)

d With some adjectives, the addition of *-e* in the feminine form is accompanied by the addition of a grave accent to the final syllable, or by a change to the final consonant or to the whole of the final syllable. These changes are all audible in the spoken language. In the text the following examples occur:

-er/ère, e.g. *premier, léger*	*première* (line 13); *légères* (line 35)
-eux/-euse, e.g. *boueux, silencieux*	*boueuse* (line 36); *silencieuse* (line 96)
But note *vieux*	*vieille* (lines 10, 25)

e The adjective *vieux* has a particular masculine form, *vieil*, which is used when the following noun begins with a vowel or mute 'h'.

e.g. *un vieil homme* (lines 73–4).

Similarly, the adjectives *beau, fou, mou, nouveau* have the forms *bel, fol, mol, nouvel.*

f Adjectives whose masculine form ends in *−e* make no change in the feminine.

e.g. *la chaleur ... liquide* (lines 8–9*); jeune femme* (line 73)

Note also the masculine adjective, *tranquille* (line 79), which makes no change in the feminine, and contrast it with adjectives ending in *–il*, which double the *-l* in the feminine before adding *-e*,

e.g. *un fils gentil; une fille gentille*

g Adjectives and past participles used as adjectives which end in *-é* add a further *–e* in the feminine. This change is not audible in the spoken language.

e.g. *la lumière dorée* (lines 48–9); *érosion avancée* (line 82); *disciplinée* (line 96)

h Present participles which function as adjectives must agree like adjectives with the noun which they qualify. See Chapter 22, The present participle and gerund in the text, p. 141, Usage a.

e.g. *irréalité grandissante* (line 64); *sensation grisante et effrayante* (lines 119–20)

i Remember always to make an adjective agree with the noun which it qualifies, even when it appears at some distance from the noun.

e.g. *la chaleur s'abat sur nous, écrasante* (lines 8–9)

j When a noun is accompanied by an adjectival phrase (*de* + noun), followed by an adjective, the adjective agrees with the noun which it qualifies.

e.g. *en état d'érosion avancée* (line 82) (feminine agreement with *érosion*)

k *Orange* (line 107) is sometimes described as a noun functioning as an adjective. It is invariable and does not change even when accompanying a plural noun.

e.g. *des habits orange*

Other nouns of colour used as adjectives are similarly invariable, as too are compound expressions.

e.g. *des yeux marron; une chemise bleu ciel*

2 POSITION OF ADJECTIVES

a Most French adjectives follow the noun.

e.g. *une circulation chaotique* (lines 14–15); *les vaches sacrées* (line 16)

However, there is a small group of very common adjectives (*autre, beau, bon, bref, haut, jeune, petit, premier, vieux*, etc.) which normally precede the noun.

e.g. *mes premiers pas* (line 1); *la vieille ville* (line 10); *des centaines de petites bougies* (lines 33–4); *tant d'autres touristes* (lines 40–41); *une jeune femme* (line 73); *ce haut lieu* (lines 94–5); *un bref instant* (line 116)

b There is a group of adjectives which may appear either before or after the noun, but whose meaning differs according to position.

e.g. *les différents ghâts* (lines 44–5) (the various ghats)

Placed after the noun, this adjective has a more literal meaning, different (in kind), e.g. *Ils ont des attitudes différentes.*

Note also: *dernier bastion* (line 7), in contrast to expressions of time viewed in relation to the present: *la semaine dernière, l'année dernière.*

c Most adjectives which normally follow the noun may be placed before it instead for stylistic effect or balance.

e.g. *de lourdes charrettes de bois emplies à ras-bord* (lines 24–5)

This position is favoured when the adjective expresses a value judgment about the noun, or measures it.

e.g. *banales lessives* (lines 45–6); *les innombrables vendeurs* (lines 58–9)

See also Chapter 31, Highlighting and emphasis, p. 211, §2e

d Two adjectives which normally follow the noun are linked by *et* if each of them qualifies the noun independently.

e.g. *les ruelles sombres et étroites* (line 27); *sensation grisante et effrayante* (lines 119–20)

However, if one of them modifies not just the noun itself, but the noun + another adjective(s), then *et* is not used.

e.g. *la poésie française contemporaine* (contemporary French poetry)

The order of the adjectives following the noun is the reverse of the order in English.

Other points to note in the text

- Pronominal verbs: *s'abat sur nous* (lines 8–9); *se disputent la priorité* (lines 17–18); *s'élèvent* (line 30); *s'enfonçant dans le Gange* (line 32); *je me sens* (line 60); *je me hasarde à prendre* (lines 64–5); *ce qui s'offre à mes yeux* (lines 68–9); *nous nous aventurons* (line 88); *nous nous empressons* (line 104) (see Chapter 20)
- Relative pronouns: *où* (lines 4, 16,32) *qui* (lines 21, 50, 70, 114); *ce que* (line 56, 116); *ce qui* (line 68); *dont* (lines 91, 112); *que* (line 103) (see Chapter 11)
- Present participle and gerund: *se tenant par la main* (lines 22–3); *poussant* (line 23); *s'enfonçant* (line 32); *slalomant* (line 36); *en attendant* (line 75); *en nous jaugeant* (lines 84–5) (see Chapter 22)
- Passive: *hélés ... par les innombrables vendeurs* (lines 58–9); *viennent d'être immergés* (line 74); *l'entrée est indiquée* (lines 91–2); *bousculés, emportés* (line 97–8); *nous sommes happés* (lines 108–9); *je suis étonnée, perturbée* (line 111) (see Chapter 21)
- Present tense: many examples throughout the text. Note particularly the grave accent in the second syllable of: *s'élèvent* (line 30); idiomatic use of *viennent d'être immergés* (line 74) (see Chapter 1)
- Demonstrative pronoun: *celle-ci* (line 119) (see Chapter 14)

Discover more about adjectives

1 AGREEMENT OF ADJECTIVES

a Adjectives ending in *-n, -eil, -ien* and most adjectives ending in *–et* double the final consonant before adding *–e* in the feminine.

e.g. *un bon discours; une bonne chose*
dans un cas pareil; une chose pareille
un bar parisien; la vie parisienne
le prix net; immigration nette (but contrast *secret, secrète*)

The adjectives *bas, épais, gras* and *gros* double the *–s* before adding *–e* in the feminine.

b Adjectives ending in *–eau* form their feminine in *–elle*.

e.g. *nouveau, nouvelle*

Adjectives ending in *–c* form their feminine in *–che*.

e.g. *blanc, blanche*

Adjectives ending in *–f* form their feminine in *–ve*.

e.g. *vif, vive*

Most adjectives ending in *–oux* form their feminine in *–ouse*.

e.g. *jaloux, jalouse*

But note *doux, douce* and *roux, rousse*.

c Note the following irregular forms.

The feminine of *frais* is *fraîche*
The feminine of *long* is *longue*
The feminine of *public* is *publique*

d Adjectives derived from English, colloquial "abbreviated" adjectives, and *chic* do not change in the feminine.

e.g. *une vedette cool; une assistante sympa; une robe chic*

e Adjectives which end in *-s* or *-x* do not change in the masculine plural form.

e.g. *des gens heureux; des murs gris*

f Adjectives which end in *-al*, with a few exceptions e.g. *banal/banals*, form their masculine plural in *-aux*. However, it should be noted that the feminine plural is regular.

e.g. *les costumes nationaux,* but *les routes nationales*

g Adjectives which end in *-eau* form their masculine plural in *–eaux*.

e.g. *les nouveaux villages*

h The masculine plural of the adjective *tout* is *tous*.

i Indefinite expressions like *quelque chose, quelqu'un, quoi?*, and negative expressions like *rien* are followed by *de* + adjective. The adjective is always masculine singular.

e.g. *quelque chose de nouveau; quoi de neuf?; rien d'intéressant*

See Chapter 8, Discover more about the negative, p. 45, §1e.

2 POSITION OF ADJECTIVES

a Note the word order of the following, which is different from English:

les quatre premières pages; les trois derniers jours.

As a general rule, the cardinal number (1, 2, 3, etc.) comes first in such combinations.

See for further information:

Coffman Crocker, pp. 24–41

Ferrar, pp. 155–62

Hawkins and Towell, pp. 85–103

Judge and Healey, pp. 263–85

L'Huillier, pp. 410–35

Price, pp. 103–17

Turk and Vandaele, pp. 21–31

✎ EXERCISES

1 In the following texts, make the adjectives in brackets agree as appropriate.

Ne manquez pas de visiter cette grotte (tapissé) d'une multitude de concrétions (cristallin) et (orné) de dessins datant de plus de 20 000 ans. Découverte le 16 octobre 1920 et classée Monument Historique le 16 mai 1925, La Grotte des Merveilles s'ouvre sur le Causse de Rocamadour, (vaste) plateau (calcaire) rongé par l'écoulement des eaux (souterrain). C'est l'action (continuel) de cette eau depuis plusieurs milliers d'années qui a tapissé la grotte de (joli) concrétions où se mirent des myriades de stalactites qui, au gré des éclairages, deviennent des statues, des montagnes ou des presqu'îles. Mais le point (fort) de votre visite sera votre rencontre avec l'art du paléolithique (supérieur). Il y a plus de 20 000 ans, à la lueur des lampes en pierre où brûlait de la graisse (animal), des hommes ont fait de cette caverne un sanctuaire remarquablement (orné): mains (négatif), chevaux, cerfs sont autant de témoignages (émouvant) d'une vie (spirituel) où les limites de l'art, de la magie et de la religion sont (difficile) à discerner.

La visite du château de Biron permet de découvrir cet (exceptionnel) ensemble (architectural), et notamment la Cour (bas), la salle des États, les appartements (Renaissance), la chapelle et les (splendide) cuisines (voûté). Celles-ci sont certainement les plus (impressionnant) de France.

2 Rewrite the following sentences, placing the adjectives in brackets in the appropriate position and making them agree with the noun which they accompany.

a Il vient d'acheter une voiture (nouveau, américain). Il a vendu son voiture (ancien) à sa fille (aîné).

b Que pensez-vous de sa pièce (dernier) de théâtre? Elle me paraît (sensationnel).

c Elle va visiter sa tante (vieux) et lui apporter ces gâteaux (délicieux).

d Encore de ces histoires (banal)! Racontez-moi quelque chose de plus (intéressant).

e Les routes (national) sont toujours (encombré) au mois d'août.

f Elle porte une jupe (bleu foncé) et une chemise (bleu clair). (Tout) les deux sont (neuf).

g C'est un espoir (fou), mais auriez-vous un peu de crème (frais)?

h Nous avons passé une soirée (bon) chez nos amies (grec).

i Les trois pages (premier) du roman sont vraiment (passionnant).

j Je cherche un exemple (nouveau) pour illustrer ce argument (vieux).

3 Translate the following sentences into French, paying particular attention to both the position and the agreement of the adjectives.

a The site consisted of an untidy mass of old dilapidated buildings, the ruins of a former farmstead.

b These beautiful old pictures pose a very difficult conservation problem.

c It is very difficult to see contemporary French films if you live in a small provincial town in Britain.

d French foreign policy shows a certain variability.

e The high, white cliffs make a striking landmark.

f He did it on his own initiative. The first two pages are very impressive, aren't they?

g Have you read his latest book on European monetary policy?

h The large new halls of residence offer modern, practical accommodation.

4 In the following text, make the adjectives in brackets agree as appropriate.

(Cher) bois! Je les connais tous; je les ai battus si souvent. Il y a les bois taillis, des arbustes qui vous agrippent méchamment la figure au passage, ceux-là sont (plein) de soleil, de fraises, de muguet, et aussi de serpents. J'y ai tressailli de frayeurs (suffocant) à voir glisser devant mes pieds ces (atroce) (petit) corps (lisse) et (froid); vingt fois je me suis arrêtée, (haletant), en trouvant sous ma main, près de la «passerose», une couleuvre bien (sage), roulée en colimaçon régulièrement, sa tête en dessus, ses (petit) yeux (doré) me regardant; ce n'était pas (dangereux), mais (quel) terreurs! Tant pis, je finis toujours par y retourner (seul) ou avec des camarades; plutôt (seul), parce que ces (petit grand) filles m'agacent, ça a peur de se déchirer aux ronces, ça a peur des (petit) bêtes, des chenilles (velu) et des araignées des bruyères, si (joli), (rond) et (rose) comme des perles, ça crie, c'est fatigué, – (insupportable) enfin.

Et puis il y a mes préférés, les (grand) bois qui ont seize et vingt ans, ça saigne le cœur d'en voir couper un; pas (broussailleux), ceux-là, des arbres comme des colonnes, des sentiers (étroit), où il fait presque nuit à midi, où la voix et les pas sonnent d'une façon (inquiétant). Dieu, que je les aime! Je m'y sens tellement (seul), les yeux (perdu) loin entre les arbres, dans le jour (vert) et (mystérieux), à la fois délicieusement (tranquille) et un peu (anxieux), à cause de la solitude et de l'obscurité (vague). . .

Willy et Colette, *Claudine à l'école*

17 | Adverbs and adverbial phrases

Votre diplôme n'est pas valable

Polyglotte, de père allemand, de mère romaine, Alessandro Matthias Strauss est à 40 ans un prototype de l'avocat européen. De Bavière où il exerce sa
5 profession après avoir obtenu son habilitation en 1992, il se rend **régulièrement** dans la capitale italienne où il a **également** ouvert un cabinet. **Au préalable** l'avocat Strauss
10 a **toutefois** été contraint de repasser trois examens écrits (codes civil et pénal puis code de procédure) et diverses matières orales allant des normes tributaires au code
15 administratif ou ecclésiastique avant de pouvoir s'inscrire à l'ordre des avocats transalpin. *«Le problème de la libre circulation en Europe se pose dans des termes différents selon les professions»,*
20 constate l'intéressé. *«De Palerme à Malmöe, un médecin s'occupe **pratiquement** de la même matière c'est-à-dire d'un patient et ce dans les mêmes conditions. Mais l'avocat,*
25 *comme le notaire ou le conseiller fiscal, doivent prendre en compte les spécificités des règlements nationaux»,* détaille-t-il **avec fatalité**.
Le manque d'harmonisation
30 européenne en matière juridique n'est pas le seul frein à l'installation d'avocats étrangers dans la péninsule. *«L'UE a ouvert une procédure contre l'Italie estimant que les examens écrits*
35 *auxquels sont soumis tous les candidats*

représentaient un obstacle pour les étrangers, précise Alessandro Matthias Strauss; *les examens sont **extrêmement** difficiles, alors à plus forte raison pour*
40 *les étrangers.»* La protection instituée par l'ordre des avocats pénaliserait **en particulier** les non-Italiens.
Plus largement, *«l'Italie est le pays où il existe le plus d'ordres*
45 *professionnels»*, fait remarquer Carlo Finochietti, directeur du centre d'information chargé des équivalences académiques (Cimea). Depuis quelques années, la situation a **néanmoins**
50 commencé à évoluer. *«Dans le passé, la situation était dramatique,* se souvient Carlo Finochietti, *les professions réglementées n'étaient ouvertes qu'aux citoyens italiens.»*
55 Avec l'adoption d'une norme européenne, en 1989, la reconnaissance partielle des diplômes a été entérinée. Une nouvelle disposition, approuvée **récemment**, devrait permettre aux
60 avocats étrangers ayant effectué trois ans de stage chez un collègue italien d'éviter les examens et d'accéder **directement** à l'ordre professionnel. **Ainsi**, *«à partir de 2004, il devrait y*
65 *avoir un afflux d'avocats étrangers en Italie»*, prédit Alessandro Matthias Strauss, qui espère *«qu'un jour, on pourra **enfin** parvenir à définir une figure d'avoué européen».*

Éric Jozsef, *Libération*

♀ **Adverbs and adverbial phrases in the text**

1 USAGE

a Adverbs are most commonly thought of as modifying verbs:

e.g. *il se rend régulièrement* (lines 6–7)

but they also modify adjectives:

e.g. *extrêmement difficiles* (lines 38–9)

They may also modify a whole phrase or sentence, creating a link between what has been said previously and what is being said now:

e.g. *l'avocat Strauss a toutefois été contraint de repasser . . .* (lines 9–10)
la situation a néanmoins commencé à évoluer . . . (lines 49–50)
Ainsi, «à partir de 2004, il devrait y avoir . . .» (lines 64–5)

b Adverbs are classified according to how they modify the sense of the word, phrase or sentence. In the text there are adverbs of manner, e.g. *directement* (line 63), adverbs of time, e.g. *enfin* (line 68), and the concessive sentence-modifying adverbs, *toutefois* (line 10) and *néanmoins* (line 49). For adverbs of place and adverbs of quantity/degree, see ***Discover more about adverbs and adverbial phrases***, below.

c Adverbs do not always consist of single words. There are many invariable phrases used as adverbs. These are frequently translated into English by a single word:

e.g. *au préalable* – first (line 9), *en particulier* – particularly (lines 41–2)

d The preposition *avec* + noun produces many useful adverbial phrases:

e.g. *avec fatalité* – fatalistically (line 28)

Such a phrase is often preferable to a lengthy adverb in *-ment*, and in this case is essential, since there is no adverb in *-ment* corresponding to the adjective *fataliste*.

2 FORMATION

Many adverbs are formed by adding *-ment* to the adjective.

a If the adjective ends in a mute *-e* in both the masculine and feminine form, simply add *-ment* to it:

e.g. *pratiquement* (line 22); *largement* (line 43)

b If the adjective ends in a consonant, take the feminine form and add *-ment*:
e.g. *régulièrement* (line 7); *également* (line 8); *directement* (line 63)
Distinguish carefully between adjectives ending in *-el* and adjectives ending in *-al* (see Chapter 16). The former double the 'l' in the feminine; the latter do not:
e.g. *partiellement; partialement*

c There is one exceptional consonant ending to note. If the adjective ends in *-ent* or *-ant*, change the *-nt* of the masculine form to *m* before adding *-ment*. Note that this results in a double *m*:
e.g. *récemment* (line 59)

d Adverbs themselves are invariable and never agree in gender or in number.

e The comparative of an adverb is formed by putting *plus* in front of it:
e.g. *plus largement* (line 43)
See Chapter 18 for more information on comparatives and superlatives.

3 WORD ORDER

a An adverb is placed before the adjective which it modifies:
e.g. *extrêmement difficiles* (lines 38–9)

b An adverb follows immediately after a verb in a simple tense:
e.g. *il se rend régulièrement* (lines 6–7), *s'occupe pratiquement* (lines 21–2)

c In English an adverb may be placed between subject and verb, but in French the adverb may NOT be placed in this position:
e.g. He regularly goes *Il se rend régulièrement*

d When the verb is in a compound tense, some common adverbs may be placed between the auxiliary verb and the past participle:
e.g. *il a également ouvert* (line 8)
la situation a néanmoins commencé (lines 49–50)
For exceptions, see ***Discover more about adverbs and adverbial phrases***, below.

e Short, common adverbs usually precede an infinitive:
e.g. *pourra enfin parvenir* (line 68)
For exceptions, see ***Discover more about adverbs and adverbial phrases*** below.
Longer adverbs follow an infinitive:
e.g. *accéder directement à l'ordre professionnel* (lines 62–3)

f Adverbial phrases of time are often placed at the beginning of a phrase or sentence:
e.g. *Au préalable l'avocat Strauss . . .* (line 9)
Sentence-linking adverbs, e.g. *ainsi* (line 64), begin a phrase or sentence.

g Adverbial phrases of manner follow the verb:
e.g. *détaille-t-il avec fatalité* (line 28)

Other points to note in the text

- *Devoir, pouvoir*: *avant de pouvoir s'inscrire* (lines 15–16); *doivent prendre en compte* (line 26); *devrait permettre aux avocats* (lines 59–60); *on pourra enfin parvenir* (lines 67–8) (see Chapter 24)
- Passive: *a été contraint* (line 10); *sont soumis* (line 35); *a été entérinée* (line 57) (see Chapter 21)
- Pronominal verbs: *se rend* (line 6); *s'inscrire* (line 16); *se pose* (line 18); *s'occupe* (line 21) (see Chapter 20)
- Perfect infinitive: *après avoir obtenu* (line 5); perfect participle: *ayant effectué* (line 60) (see Chapter 22)
- Word order: *constate l'intéressé* (line 20); *détaille-t-il avec fatalité* (line 28); *auxquels sont soumis tous les candidats* (line 35); *précise A.M. Strauss* (lines 37–8); *fait remarquer Carlo Finochietti* (lines 45–6); *se souvient C.F.* (lines 51–2); *prédit A.M. Strauss* (lines 66–7) (see Chapter 30)

- Comparatives and superlatives: *plus largement; le plus d'ordres professionnels* (lines 43–5) (see Chapter 18)

Discover more about adverbs and adverbial phrases

1 USAGE

a An adverb may precede and qualify another adverb or adverbial phrase:
   e.g. *Vous lisez très vite; il s'est trop mal exprimé.*
   Nous l'avons découvert tout à fait par hasard.

b There are two major categories of adverbs which do not appear in the text:
   adverbs of place:
   e.g. *ailleurs* elsewhere; *partout* everywhere
   and adverbs of quantity/degree:
   e.g. *assez* enough; *autant* as much; *davantage* more; *trop* too much

c The preposition *sans* + noun produces many useful adverbial phrases:
   e.g. *sans cesse* continuously; *sans interruption* uninterruptedly
   It is also possible to use *sans* + infinitive:
   e.g. *sans hésiter* unhesitatingly; *sans pouvoir rien faire* helplessly

d Many adverbial phrases of manner are formed on the following models:
   e.g. *d'un air fâché* angrily
   d'une façon/manière charmante charmingly
   d'un ton sec drily
   par hasard accidentally

e There are many idiomatic adverbial phrases which are used to translate English adverbs in -ly:
   e.g. *à peu près* nearly; *au juste* exactly; *d'habitude* usually; *de plus en plus* increasingly; *en général* generally; *en particulier* particularly; *peu à peu* gradually; *tout à fait* completely; *tout de suite* immediately

Note All these phrases are invariable; *en général* and *en particulier* do not have a feminine form.

f There are a few adjectives which can be used as adverbs in certain set expressions with certain verbs. They always remain in the masculine singular:
   e.g. *parler bas* to speak quietly; *voir clair* to see clearly; *crier fort* to shout loudly

g Impersonal expressions are sometimes a useful alternative to an adverb:
   e.g. *il est évident que* obviously; *il est possible que* possibly

2 FORMATION

Note the following exceptions to the rules given under ***Adverbs and adverbial phrases in the text***.

a A few adjectives ending in mute -*e* take an acute accent before -*ment*:
   e.g. *aveuglément; conformément; énormément*

b **i** Adjectives which end in a vowel other than mute -*e* need particular care. Add -*ment* to the MASCULINE, not the feminine form:

e.g. *absolument; poliment; résolument*

Note particularly the very common *vraiment*, and avoid the error of writing *vraiement.

    ii A few adjectives ending in -*u* take a circumflex accent before -*ment*,

     e.g. *assidûment; continûment*

c A few adjectives ending in a consonant take an acute accent on the feminine form before -*ment* is added:

e.g. *confusément; précisément; profondément*

d There is one notable exception to the rule that adjectives ending in -*ant*, -*ent* form their adverbs in -*amment*, -*emment*. It is *lentement*.

e Note the following irregular adverbs, listed with the corresponding adjective in brackets: *bien* (*bon*); *mal* (*mauvais*); *brièvement* (*bref*); *gentiment* (*gentil*).

f Note particularly that *vite* (quickly; soon) is an adverb; it does not have a corresponding adjective and there is no such form as *vitement.

g There are a few adjectives for which no corresponding adverb in -*ment* exists. Examples include *content*, *fâché*, *possible*. Adverbial phrases (see **Usage**, **1d**, above) and impersonal expressions (see **Usage**, **1g**, above) are used in these cases.

3 WORD ORDER

a Adverbs of place follow the past participle when the verb is in a compound tense:

e.g. *Ils ont fouillé partout. Elle est allée ailleurs*

The adverbs of time *tôt, tard, aussitôt, aujourd'hui, demain* and *hier* behave likewise:

e.g. *Ils sont arrivés hier. Elle est partie tôt*

b These same adverbs also follow an infinitive:

e.g. *J'ai dû chercher partout. Ils ont dû rentrer tard*

c Other short adverbs usually precede the past participle or infinitive:

e.g. *Il a trop bu. Ils se sont déjà endormis*

J'ai lu l'article pour mieux comprendre ses théories

Vous risquez de mal juger son caractère

d Be careful with dictionary items listed in the infinitive, e.g. *mal comprendre* (to misunderstand). Remember that when this is conjugated, the adverb will follow the verb in a simple tense:

e.g. *L'enfant comprend mal le jeu*

and come between the auxiliary and past participle in a compound tense:

e.g. *L'enfant a mal compris le jeu*

e Adverbs of time and place may be positioned at the beginning of the clause or sentence for extra emphasis, and/or to link with what has gone before.

e.g. *Aujourd'hui nous faisons face à un véritable dilemme*

Enfin il a osé parler
Dedans vous trouverez tout ce qu'il vous faudra

f In careful, formal speech and writing, if a clause or sentence begins with one of the following adverbs – *aussi* (so, therefore), *à peine*, *du moins*, *peut-être*, *sans doute*, *toujours* (nevertheless) – the subject and verb are inverted:
e.g. *À peine était-il arrivé qu'on l'accablait de travail*
Sans doute arrivera-t-il tout à l'heure

g Considerations of balance and emphasis affect the positioning of adverbs and adverbial phrases. See Chapters 30 and 31 for further information on word order and highlighting and emphasis.

See for further information: Coffman Crocker, pp. 41–7
Ferrar, pp. 163–73
Hawkins and Towell, pp. 108–35
Judge and Healey, pp. 261–2, 286–304, 310–16
L'Huillier, pp. 436–60
Price, pp. 477–501
Turk and Vandaele, pp. 32–43

See Chapter 8 for negative expressions.

✎ EXERCISES

1 Give the adverbs ending in *-ment* which correspond to the following adjectives.

a récent

b énorme

c absolu

d discret

e lent

f extrême

g ponctuel

h normal

i précis

j vrai

k assidu

l profond

m vif

n gentil

2 Give the opposites of the following adverbs.

a mal

b impatiemment

c heureusement

   d rapidement

   e impartialement

   f régulièrement

   g honnêtement

   h discrètement

3 Complete the sentences below with the appropriate adverb. The corresponding adjective is given in brackets.

   a Je vais vous parler _____ (franc).

   b Elle pleure très _____ (facile).

   c _____ (actuel) ils habitent à Paris.

   d _____ (évident) ils ont tout oublié.

   e La vendeuse parle très _____ (poli).

   f Nous avons tout fait _____ (conforme) aux instructions reçues.

4 Read through the following sentences and rewrite any in which you think the adverb is incorrectly placed.

   a Vous avez mal compris le texte.

   b Les étudiants mal comprennent cette théorie.

   c Il faut simplement suivre les consignes.

   d On va partout chercher.

   e On va bientôt savoir les résultats.

   f Ils ont déjà acheté les billets.

   g Nous avons ailleurs mis les papiers.

   h Cet hôtel vraiment est le meilleur que je connaisse.

   i Il lit sans vraiment comprendre.

   j Elle souvent oublie d'acheter du lait.

5 Translate the following sentences into French, paying particular attention to word order.

   a We often meet up at the weekend.

   b I really enjoyed the show. (Use *plaire à*.)

   c That's a completely impossible question.

   d Perhaps we will see him tomorrow.

   e He sometimes catches the seven o'clock train.

   f They have always tried to keep in touch.

   g If the keys aren't here, you'll have to look elsewhere.

   h This work quickly becomes tedious.

6 Insert the adverbial expressions given in brackets in an appropriate position in the following sentences. There may sometimes be more than one possible position.

   a J'ai changé de place pour voir. (mieux)

   b Il faudra lui parler. (tôt ou tard)

   c Ils sont rentrés. (déjà)

    d Ils sont rentrés. (tard)

    e Avez-vous mangé? (assez)

    f Après un retard d'une heure, il est arrivé. (enfin)

    g Nous nous sommes amusés. (beaucoup)

    h Vous allez réussir à vos examens. (brillamment)

    i Elle a travaillé. (consciencieusement)

7 Complete the following sentences using an adverbial phrase introduced by *avec/sans, par, d'un air, d'une manière* to translate the English adverb given in brackets.

    a Les enfants ont écouté (attentively).

    b Il a parlé (uninterruptedly) pendant plus d'une heure.

    c Ils ont réagi (disconcertingly).

    d Il a avancé (cautiously).

    e Nous avons trouvé son adresse tout à fait (accidentally).

    f J'ai regardé tomber l'alpiniste (helplessly).

    g On leur a octroyé le contrat (unhesitatingly).

    h Elle se leva et sortit (angrily), en claquant la porte.

8 Rewrite the following sentences, replacing the adverb in *-ment* with an idiomatic adverbial phrase and changing the word order if necessary.

    a Qu'est-ce que vous recherchez exactement?

    b C'est une idée complètement ridicule.

    c Il faut partir immédiatement.

    d Il a fait très chaud cet été, particulièrement au mois d'août.

    e C'est pratiquement terminé maintenant.

    f Elle se lève tôt généralement.

9 Translate the following sentences into French, avoiding the use of adverbs in *-ment* .

    a They are talking quietly so as not to disturb the children.

    b Obviously they have no idea that we are here.

    c I usually leave home soon after 8 a.m.

    d It's becoming increasingly difficult to make allowances for him.

    e He may possibly have taken a wrong turning.

18 | Comparatives and superlatives

Text

Championnat d'échecs: un grand maître de 14 ans

Le visage poupon s'est affiné, les rondeurs de l'enfance ont laissé la place au duvet naissant de l'adolescence. Les 7 ans d'Étienne
5 Bacrot sont loin. Loin, aussi, ce jour de 1990 où il enchaîna, vingt-quatre heures durant, 106 parties au cours d'un marathon de 'blitz' (parties rapides). Ce jour-là, les parents
10 d'Étienne ont découvert sa gourmandise pour le jeu. Depuis, ils ont appris à vivre avec son talent.

La semaine passée, à Enghien-les-Bains (Val d'Oise), Étienne Bacrot est
15 devenu **le plus jeune** grand maître international de tous les temps. À 14 ans et 2 mois, il bat tous les records d'une discipline déjà riche en champions précoces. Sa progression,
20 pourtant, n'est pas inattendue. Depuis **plus de** trois ans, Étienne mène une vie de sportif de haut niveau. Champion du monde des **moins de** 10 ans, puis des **moins de** 12 ans – à deux reprises –, il
25 est habitué à sillonner le monde. Et à s'entraîner plusieurs heures par jour, sous la direction de Iossif Dorfman, grand maître international d'origine russe. Depuis décembre 1995, il était
30 déjà maître international, **le plus jeune** de tous les temps, là encore. Et il lui aura suffi de trois tournois consécutifs depuis septembre dernier pour enchaîner les trois 'normes' qui lui

35 permettent d'entrer dans le cercle des grands maîtres. Ils sont environ quatre cents dans le monde, dont **plus de** la moitié dans l'ancien bloc de l'Est.

'Cela fait déjà quelques années
40 *qu'Étienne a un carnet de rendez-vous d'homme d'affaires'*, explique son père, Stéphane Bacrot. Quand il n'est pas à Cannes, où réside son entraîneur, ou en tournoi quelque part dans le
45 monde, le jeune prodige trouve quelque temps à consacrer au collège de Bray-sur-Somme, où il est élève de troisième, avec un an d'avance. *'Au premier trimestre*, dit son père, *il a*
50 *manqué les deux premiers mois. Et en décembre, il était premier de sa classe.'* Bref, l'école ne l'encombre pas. Et il en rajoute: pour accéder aux **meilleurs** livres d'échecs, il a appris le russe!

55 Pourtant, le jeune champion est à mille lieues de l'image de bien des surdoués des échecs, introvertis et obsédés par les 64 cases. *'C'est un adolescent très équilibré, qui aime lire,*
60 *jouer, qui s'intéresse aux filles'*, explique Bertrand Guyard, producteur délégué de l'émission 'Étienne et mat', diffusée sur la Cinquième, dont Étienne Bacrot est la vedette. *'Un ado comme*
65 *les autres'*, qui doit simplement réserver sur son planning les sorties avec ses copains, entre deux 'rondes' et une émission de télé!

Un adolescent, aussi, dont son
70 entraîneur dit qu'il est *'plus fort que
Kasparov au même âge'*. Et Iossif
Dorfman s'y connaît: il fut lui-même
l'un des secondants du champion du
monde dans ses matchs contre Karpov.
75 Le jugement fait donc autorité, mais il
n'impressionne pas outre mesure
Étienne Bacrot. Avec une tranquillité
étonnante, l'adolescent assume la gloire
promise et annonce son objectif:
80 *'Maintenant, j'espère arriver dans les*

*dix ou quinze premiers mondiaux d'ici à
deux ans.'* Pour cela, *'il va falloir monter
une équipe de grands maîtres autour de
moi, pour rechercher les innovations,*
85 *explique-t-il. Et travailler encore **plus**.'*
Étienne n'en est qu'au début. La
précocité, aux échecs, n'est pas
toujours garantie de succès. Au début
de cette année, un autre grand précoce,
90 Gata Kamsky, qui fut champion
d'URSS à 12 ans, a annoncé sa retraite.
Il a 22 ans. . . .

E. Saint-Martin, *Le Point*

♀ Comparatives and superlatives in the text

1 COMPARATIVES

a The comparative of superiority of an adjective is formed by placing *plus* before and *que* after the adjective, e.g. *il est plus fort que Kasparov* (lines 70–1). *Que* introduces the point of comparison being made.

b Before a numeral or a fraction, *plus* is followed by *de* rather than *que*, e.g. *plus de trois ans* (line 21), *plus de la moitié* (lines 37–8). The same applies to *moins* (comparative of inferiority) e.g. *les moins de 10 ans* (line 23).

c *Plus* (line 85) is the irregular comparative of the adverb *beaucoup*. In this sentence the element of comparison is implied: 'work harder than before'.

2 SUPERLATIVES

a The superlative of an adjective is formed by adding the definite articles *le/la/les* to the comparative, e.g. *le plus jeune* (lines 15, 30). It expresses the notion of 'most . . .' ('the youngest of all Masters').

b Some superlatives have irregular forms. This is the case with *meilleurs* (line 53), which means 'best' here. See **Discover more about comparatives and superlatives, 3a,** below.

Other points to note in the text

- Relatives: *où* (lines 6, 43, 47); *dont* (lines 37, 63, 69) (see Chapter 11)
- Future perfect: *il lui aura suffi* (lines 31–2) (see Chapter 6)

- Inversion after direct speech: *explique son père* (lines 41–2); *explique Bertrand Guyard* (line 61); *explique-t-il* (line 85) (see Chapter 30)
- Word order with numerals: *les dix ou quinze premiers* (lines 80–1), as opposed to the English 'the first ten or fifteen'.
- Past tenses (*passé composé* and past historic): *Gata Kamsky qui fut champion à douze ans a annoncé* (lines 90–1) (see Chapters 2 and 5)

Discover more about comparatives and superlatives

1 COMPARATIVES

a *Plus . . . que* as seen in the text expresses a comparison of superiority. Comparisons indicating equality or inferiority are expressed by *aussi . . . que* and *moins . . . que*.

e.g. *Il fait aussi chaud qu'hier*

e.g. *Ce dictionnaire est moins complet que le tien*

b The comparatives observed in the text are comparatives formed with adjectives. Similar constructions can be used with adverbs.

e.g. *Il s'exprime plus clairement que les autres*
Je le fais aussi rarement que possible
Ce bateau va moins vite que celui-ci

c In cases where the comparative is followed by a subordinate clause, *ne* is added before the verb in careful writing.

e.g. *C'est plus sinistre que vous ne le croyez*

d In negative sentences, *plus* and *moins* do not change but *aussi* can occasionally become *si*.

e.g. *Il n'est pas aussi riche que tu l'imagines/Il n'est pas si riche que tu l'imagines*

e The comparative can be followed by a noun. In such cases *de* must be added after *plus/autant/moins*.

e.g. *Elle a eu moins de chance que Céline*

2 SUPERLATIVES

a As is the case with comparatives, superlatives can be formed with adjectives or adverbs.

e.g. *Elle lui rend visite le plus souvent possible.*
Note that with an adverb *le plus* is invariable.

b When an adjective precedes a noun, the same word order is kept in the superlative form of the adjective, e.g. *le jeune grand maître > le plus jeune grand maître*. However, most French adjectives follow the noun and their superlatives follow the same pattern.

e.g. *un acteur connu > l'acteur le plus connu*

c In cases where English uses 'in', e.g. 'The most famous person in town', French will use *de*.

e.g. *La personne la plus célèbre de la ville*

d Verbs following the superlative expressing a subjective judgement (as opposed to an objective fact) are normally in the subjunctive.

e.g. *C'est le meilleur film que j'aie jamais vu*

3 IRREGULAR FORMS OF COMPARATIVES AND SUPERLATIVES

a *Bon* (adjective) and *bien* (adverb) have irregular forms in the comparative of superiority and the superlative.

	comparatives	superlatives
adjective bon(s)/bonne(s)	meilleur(s)/meilleure(s)	le(s) meilleur(s)/la(les) meilleure(s)
adverb bien	mieux	le mieux

These comparatives can be placed before or after the noun.

e.g. *Les meilleurs danseurs de la compagnie/les danseurs les meilleurs de la compagnie*

b *Mauvais* (adjective) and *mal* (adverb) have regular as well as irregular forms in the comparative and superlative.

	comparatives	superlatives
adjective mauvais/mauvais(e)	plus mauvais/ plus mauvaise(s)	le(s) plus mauvais/la (les) plus mauvaise(s)
	pire(s)	le(s) pire(s)
adverb mal	plus mal	le plus mal
	pis	le pis

Note *plus mauvais* is more common than *pire* (which usually means 'morally worse')

Le pis is only used rarely and always as a noun, e.g. *Le pis est qu'il est parti avec l'argent*. Note the idiomatic phrase *tant pis* (never mind, too bad).

c The adjective *petit* has both regular and irregular comparatives and superlatives.

	comparatives	*superlatives*
petit(s)/petite(s)	plus petit(s)/plus petite(s)	le(s) plus petit(s)/la (les) plus petite(s)
	moindre(s)	le(s) moindre(s)/la (les) moindre(s)

Note that *plus petit* means smaller in size, whereas *moindre* indicates that something is of less importance.

d The comparative and superlative of *beaucoup* are *plus* and *le plus*. e.g. *C'est elle qui travaille le plus. Davantage* is also used as a comparative for *beaucoup*.

e.g. *Il vous faudra travailler davantage*

e The comparative of *peu* is *moins*.

  e.g. *Elle a peu de temps libre, j'en ai encore moins*

f *Inférieur à* and *supérieur à* have no comparative or superlative forms as their very meaning implies a comparison. They are often used as alternatives to *plus bas/plus haut* and are useful translations for under/over, below/above, e.g. *un salaire supérieur à la moyenne* (above-average wages).

4 'DOUBLE' COMPARATIVES

a *plus . . . plus*   *Plus je lis les journaux, plus je m'intéresse à la politique* (The more I read the papers, the more I get interested in politics)

  moins . . . moins   *Moins je l'écoute, moins je comprends* (The less I listen to him/her, the less I understand)

These can be mixed, e.g. *Moins je mange, plus je maigris.*
Note English uses the definite article ('the more', 'the less'): French does not.

b *de plus en plus*   *Il fait de plus en plus froid* (It is getting colder and colder)

  de moins en moins   *J'ai de moins en moins envie de travailler* (I feel less and less like working)

c *D'autant plus que, d'autant moins que*

  e.g. *Elle aura d'autant plus de temps qu'elle sera en vacances* (She'll have all the more time because she'll be on holiday)

See for further information: Coffman Crocker, pp. 47–54

  Ferrar, pp. 174–80

  Hawkins and Towell, pp. 103–7, 119–21

  Judge and Healey, pp. 301–4

  L'Huillier, pp. 461–87

  Price, pp. 117–28

  Turk and Vandaele, pp. 38–47

✎ EXERCISES

1 In the following sentences fill in the blanks with appropriate words (*plus; moins; meilleur; mieux*) in order to establish a comparison.

  a Les lessives biologiques lavent _____blanc que les lessives ordinaires; en revanche, _____ je lave mon linge, _____ les couleurs fanent.

  b On peut utiliser les produits de ce charcutier en toute confiance: il n'emploie que les viandes les _____ fraîches et les _____ grasses.

  c Il vaut _____ acheter les denrées agricoles dans leur région d'origine, les fruits et les légumes en saison étant _____ savoureux que les produits congelés, sans compter que _____ les produits voyagent, _____ ils sont.

2 In the following sentences put the adjective or adverb in brackets in the superlative. Some alterations may be necessary.

    a Je pense que le mille-feuilles est un gâteau (bon). De tous les gâteaux c'est certainement celui que j'aime (bien).

    b Le Val de Loire est une des régions de France (beau).

    c L'annonce de ce mariage nous semble être la nouvelle de l'année (sensationnel). Pour moi c'est un de mes soucis (petit).

    d L'examen a favorisé ceux qui ont lu cet ouvrage (sérieusement).

    e Elle a la peau fragile et doit veiller à employer les produits de beauté (peu irritant).

3 Translate the following sentences into French.

    e.g. *Plus on a de temps libre, plus on regarde la télévision*

    a The less work you do, the less you want to do.

    b The less time you have, the better you have to be organized.

    c The older people get, the more time they have on their hands.

    d The more people watch television, the less they go to the cinema.

    e He is as hard-working as she is lazy.

    f He likes the cinema as much as he hates television.

4 Complete the following text by translating the words in brackets and making any necessary alterations.

À la maternité, pour un profane, la principale différence entre une fille et un garçon se résume à la couleur du bracelet. Jeannette Haviland et Carol Malatesta, professeurs de psychologie à l'université d'État du New Jersey, se sont penchées avec _____ (more) attention sur les berceaux. En analysant le comportement des nouveau-nés, elles ont constaté que les filles établissaient en moyenne _____ (more) contacts visuels avec leur entourage que les garçons. Et ce dès la naissance! Une telle étude, quelques heures après l'accouchement, pourrait faire sourire si d'autres spécialistes, anthropologues et neurologues, n'étaient parvenus, par d'autres voies, à la même conclusion: oui, les bébés filles sont _____ (brighter/more alert than) les bébés garçons.

L'anthropologue Béatrice Whiting, de la Harvard Graduate School of Education, a montré que les filles de 12 mois répondent à _____ (more than) la moitié des interactions sociales – «fais un sourire à mamie», «fais-lui un bisou» – auxquelles les engagent leur mère. Les garçons? Un peu endormis ou bougons, ils ne réagissent que dans 1 cas sur 4! En outre, praticiens et chercheurs ont établi que les filles parlent en moyenne _____ (earlier) et s'expriment _____ (better) que les garçons, ces derniers souffrant beaucoup _____ (more frequently) de troubles de retard du langage et de bégaiement.

_____ (Less sensitive) aux sollicitations de leur entourage familial, les petits garçons semblent en revanche s'intéresser _____ (more) – et _____ (earlier) – que les filles aux objets évoluant dans l'espace, comme les mobiles suspendus au-dessus de leur lit. Autre capacité _____ (more developed): le goût de l'exploration. Si on les laisse faire, ces aventuriers se risquent à quatre pattes dans une zone _____ (larger). Cette curiosité est également _____ (sharper) en présence d'un objet inconnu. Sans surprise, filles et garçons l'approchent _____ (more readily) si leur mère les y encourage, ont noté les psychologues.

Ça m'intéresse

5 Complete the following text by translating the words in brackets and make the necessary alterations.

UN CIMETIÈRE MARIN AU LARGE DE TUNIS

Robert Ballard, qui découvrit les épaves du *Titanic* et du *Bismarck*, est _____ (the happiest) des archéologues. Avec une équipe anglo-américaine, il a localisé en Méditerranée _____ (one of the most important) cimetières de bateaux en eau profonde.

Par _____ (more than) 800m de profondeur gisaient huit épaves, dont cinq navires de commerce romains. _____ (the oldest), baptisé *Sherky Della* par les scientifiques, navigait entre la fin du deuxième siècle et le tout début du premier siècle avant Jésus-Christ. 'Il est doté de trois voiles, long de _____ (more than) 30m. Ce type de bâtiment transportait plusieurs milliers d'amphores et _____ (more than) une centaine de passagers sur son pont', explique Robert Ballard.

POUR ALLER VITE DE ROME À CARTHAGE

Ces cinq navires (dont _____ (the youngest/most recent) est daté du IVe siècle de notre ère) sont en excellent état. Ils ont probablement été engloutis par des tempêtes avant de se poser délicatement sur les sables. 'Les marins qui ont choisi cette route pour aller de Rome à Carthage ont pris un risque: ils ont fait le pari d'aller _____ (by the shortest route) plutôt que de naviguer le long des côtes.'

Les cargaisons n'ont jamais été livrées. Des amphores utilisées pour transporter du vin, de l'huile, des fruits; des ustensiles de cuisine et de la vaisselle en bronze: parmi ces milliers de pièces, _____ (more than) une centaine d'objets ont été remontés à la surface par les scientifiques.

Jamais encore on n'avait découvert de bateaux aussi anciens à une telle profondeur, affirment les membres de l'expédition. 'Jusqu'à présent, les travaux d'archéologie marine étaient limités à _____ (less than) 100m.'

L'équipe a bénéficié de nouvelles technologies révolutionnaires. Les épaves ont été repérées grâce à NR-1, un petit sous-marin à propulsion nucléaire de la Marine américaine équipé d'instruments de détection perfectionnés. Une partie des cargaisons a été prélevée par Jason, un engin télécommandé. Ces joujoux font rêver tous les explorateurs et les amateurs de _____ (the most beautiful) musée imaginaire du monde: le fond des mers et des océans.

Ouest-France

19 | The imperative

Tieb de daurade

Pour 6 personnes: 1 belle daurade ou 1
mérou, 1 bouquet de persil, 1 bouquet
de coriandre, 4 gousses d'ail, 1 citron
vert, 250 g de riz, 2 oignons, 2 tomates,
5 2 cuillerées à soupe d'huile, 2 cuillerées
à soupe de concentré de tomate, 1
piment antillais, 50 g de poisson fumé
africain, 3 carottes, 1 racine de manioc,
3 courgettes, 1 aubergine, 1 chou vert, 3
10 patates douces, 1 cuillerée à soupe de
farine, sel, poivre. Prévoir l'huile pour
la friture.

Farcissez la daurade avec un hachis de
persil, de coriandre et 2 gousses d'ail.
15 **Salez, poivrez** et **badigeonnez-la** avec
le citron vert. **Mettez-la** à mariner 30
min au moins. **Faites** précuire pendant
10 à 15 min le riz à la vapeur. **Réservez**.
Pendant ce temps, **préparez** le bouillon.
20 **Hachez** les oignons épluchés et les 2
autres gousses d'ail, **mondez** et
concassez les tomates. Dans un peu
d'huile, **faites** revenir tous ces
ingrédients, **ajoutez** le concentré de
25 tomate. Quand l'huile est devenue bien
rouge, **versez** 1 litre d'eau. À la reprise
de l'ébullition, **ajoutez** tous les légumes
lavés, épluchés, coupés en tronçons,
puis le piment antillais entier (non
30 abîmé, non coupé, car cela serait alors
immangeable) et, enfin, un morceau de
poisson fumé africain pour donner du
goût. **Laissez** mijoter ainsi 20 à 30 min
jusqu'à ce que les légumes soient cuits.
35 **Éteignez** le feu. **Retirez** les légumes et
gardez-les dans un plat à part. **Enlevez**
le poisson fumé et le piment, **jetez-les**.
Réservez le bouillon qui servira à la
cuisson du riz. **Farinez** la daurade et
40 **saisissez-la** dans une friteuse à l'huile
bouillante. Quand elle est bien dorée,
égouttez-la et **plongez-la** entre 5 et 10
min dans le bouillon chaud. **Réchauffez**
les légumes. **Versez** le riz précuit dans
45 une sauteuse à bord haut et **achevez-en**
la cuisson en versant louche par louche
le bouillon, jusqu'à parfaite consistance.
Disposez joliment les légumes, le
poisson et le riz dans un plat.

Sylvie Tardrow, *Elle*

Text 2

Que faire alors si le problème n'est pas traité? Automobiliste, **apprenez** la sagesse: **conduisez** sans à-coups; **faites** régler votre voiture; **utilisez** de l'essence
5 sans plomb; **fuyez** les embouteillages car l'habitacle de votre véhicule est aussi pollué que l'air extérieur, et **osez** le transport en commun. Piéton, **vivez**
avisé: **informez-vous** de la qualité de
10 l'air; **ne vous exposez pas** aux pointes de pollution; **faites** votre jogging le matin plutôt que l'après-midi, quand les niveaux d'ozone risquent d'être plus élevés. Et éventuellement, comme
15 Danièle Craignic, **portez** plainte contre les pouvoirs publics!

Caroline Brizard, *Le Nouvel Observateur*

The imperative in the texts

1 USAGE

Much as in English, the imperative is used to express orders and to give instructions (text 1), advice (text 2), encouragement, etc.

2 FORMATION

a Imperatives are formed from the second-person, singular and plural, and the first-person plural forms of the present indicative. The subject pronoun is deleted, as is also the final *-s* of any second-person singular verb which ends in *-es* or *-as*. All the examples in the texts are second-person plural, e.g. in text 1: *farcissez*, *salez*, *poivrez* (lines 13, 15), *mettez* (line 16), *éteignez* (line 35), and in text 2: *apprenez* (line 2), *fuyez* (line 5), *vivez* (line 8).

b Pronominal verbs, like *s'informer*, keep their object pronouns in the imperative, e.g. in text 2: *informez-vous* (line 9), and *ne vous exposez pas* (line 10).

3 TREATMENT OF OBJECT PRONOUNS

a With affirmative (positive) imperatives, any object pronouns, direct, indirect or reflexive, and the pronouns *y* and *en*, follow immediately after the verb and in written French are attached to the verb by a hyphen, e.g. in text 1, *badigeonnez-la* (line 15), *gardez-les* (line 36), *saisissez-la* (line 40), *achevez-en* (line 45), and in text 2, *informez-vous* (line 9).

b With negative imperatives, any such pronouns precede the verb, just as they would with a non-imperative verb, e.g. in text 2, *ne vous exposez pas* (line 10).

Other points to note in the texts

- Infinitive as imperative: *Prévoir l'huile* (text 1, line 11). See *Discover more about the imperative*, below
- Subjunctive: *jusqu'à ce que les légumes soient cuits* (text 1, line 34) (see Chapter 26)

- *Faire* + infinitive: *faites précuire* (text 1, line 17); *faites revenir* (text 1, line 23); *faites régler* (text 2, lines 3–4); *laisser* + infinitive: *laissez mijoter* (text 1, line 33)

Discover more about the imperative

1 USAGE: OTHER WAYS OF EXPRESSING THE IMPERATIVE

a An infinitive may be used to express a general instruction, e.g. *Servir frais; Ne pas se pencher au-dehors* (see Chapter 22).

b The future tense may be used to express a polite imperative, e.g. *Vous lui en parlerez, s'il vous plaît* (see Chapter 6).

c The imperative of *vouloir* may also be used to express a polite imperative, notably in closing formulae of formal letters, e.g. *Veuillez recevoir l'expression de mes sentiments distingués.*

d Third-person imperatives are formed by the use of *que* + a verb in the subjunctive, e.g. *Qu'elle s'explique* (Let her explain herself) (see Chapter 26).

2 FORMATION

a Four verbs have irregular imperative forms:

- *être* sois, soyons, soyez
- *avoir* aie, ayons, ayez
- *savoir* sache, sachons, sachez
- *vouloir* veuille, veuillez (meaning **please**)

b For reasons of euphony (pleasing sound), the second-person singular imperative of verbs whose present indicative ends in *-as* or *-es* retains the final *-s* when it is followed by the pronoun *y* or *en*.

e.g. *Vas-y; parles-en; manges-en*

Note The '*s*' must be pronounced, making a liaison with the following vowel.

3 TREATMENT OF OBJECT PRONOUNS

a If an affirmative imperative is followed by an infinitive, any pronouns which accompany the imperative remain unchanged.

e.g. *Viens me voir demain*

b With affirmative imperatives not followed by an infinitive, *moi* and *toi* are used instead of *me* and *te*, and are attached to the imperative by a hyphen in the normal way.

e.g. *Suivez-moi; Assieds-toi*, except when followed by *y* or *en*

e.g. *Donnez-m'en; Va-t'en*

c When the affirmative imperative is followed by more than one pronoun, the order is: verb + direct object + indirect object + *y/en.*

e.g. *Donnez-le-lui; Servez-vous-en*

A hyphen links each element to the next.

d With negative imperatives, the pronouns precede the verb and their order is the same as with non-imperative verbs (see Chapter 10).

See for further information:	Coffman Crocker, pp. 132–7
	Ferrar, pp. 49, 204–6
	Hawkins and Towell, pp. 163–4, 284–7
	Judge and Healey, pp. 177–81, 222
	L'Huillier, pp. 192–201
	Price, pp. 147, 257–8, 391–2
	Turk and Vandaele, pp. 106–10

✎ EXERCISES

1 Rewrite text 2 in the **nous** form of the imperative, beginning, '*Automobilistes, apprenons . . .*'.

2 Imagine that the writer of text 2 was addressing a friend and rewrite her text in the second-person SINGULAR imperative, substituting the words '*Si tu es au volant*' for the address to '*Automobiliste*', in line 1 and the words '*Si tu vas à pied*', for the address to '*Piéton*' in line 4.

3 Replace the infinitives in italics with the *vous* form of the imperative.

a *Se calmer. S'asseoir* là et *essayer* de respirer à fond.

b *Me donner* un moment. *Ne pas me tracasser.*

c *Être* gentil. *M'aider* à descendre la valise s'il vous plaît.

d *Avoir* patience. *Ne pas vous moquer* de lui.

e *Vouloir* répondre dans les plus brefs délais.

f *S'en aller. Me laisser* en paix.

g *Se souvenir* de son anniversaire. *Savoir* qu'il tient beaucoup à vous.

h *Se soigner. Faire* attention à votre régime et *ne pas oublier* de respecter les consignes du médecin.

i *Finir* votre dissertation. *La relire* demain.

j *Ne pas se préoccuper* de cela. *Sourire.* Il n'y a pas de problème.

k *Vendre* votre vélo. *S'acheter* une voiture.

4 Write a second version of the above sentences, using the familiar form as if you were addressing a friend, and remember to make all the necessary changes that this will entail. Omit **e** which is very formal in register.

5 Translate the following sentences into French.

    a Look for your shoes!

    b Don't eat from the dog's bowl!

    c Look at me when I speak to you!

    d Don't be so noisy!

    e Stop pulling the dog's tail!

    f Don't talk to strangers!

    g Don't pick your nose!

    h Go and enjoy yourself!

6 Rewrite the following sentences, replacing the words in italics with appropriate pronouns. Pay particular attention to word order.

    a Parle *de tes études à ton père*.

    b Occupez-vous *de ce travail* et faites attention *à la date limite*.

    c Donnez *de l'argent au mendiant*.

    d Offre *ces fleurs à ta mère*. Remercie *ta mère* de ma part.

    e N'oubliez pas *la date de son anniversaire*.

    f Ne venez pas demander *son adresse*. Ne cherchez pas à trouver *sa cachette*.

    g Va *à la réunion*. Donne *ces papiers aux délégués*.

    h Parle *de tes projets*. Explique *tes idées*.

7 Composition

A friend is going to look after your home, plants and cat whilst you are away for a week's holiday in the summer. Write him or her a short note, giving instructions in the familiar form of the imperative, as to e.g. when/how much to feed the cat, how often to water the plants, and encouraging him/her to help him/herself to coffee/tea/biscuits.

20 | Pronominal verbs

Toulouse, à mi-chemin entre l'Atlantique et la Méditerranée, proche des Pyrénées qu'on aperçoit depuis les hauteurs de la ville, est aujourd'hui une métropole régionale et la quatrième ville de France. Longtemps délaissée – à plus de 700 kilomètres de Paris et tenue à l'écart de la révolution industrielle – ce n'est que
5 lorsqu'elle est devenue le terrain d'envoi des pionniers de l'Aéropostale, il y a soixante-dix ans, qu'elle **s'est métamorphosée**. Les Toulousains, dès lors, ont repris confiance avec le même dynamisme qui, jusqu'au siècle d'or, avait fait d'eux des entrepreneurs exemplaires.

Certes, Toulouse était riche de son passé. Mais jusqu'au lendemain de la guerre
10 de 1914–18, elle négligea son avenir. Depuis, elle a retrouvé son âme. Et les années soixante-dix ont été celles de sa renaissance. La population de Toulouse **s'est accrue** et **rajeunie**. En effet, tolérants par tradition et toujours marqués de l'empreinte cathare, les Toulousains ont accueilli successivement des Espagnols par milliers, à la fin des années trente, puis de nombreux pieds-noirs en 1962. Ces
15 expatriés **se sont** parfaitement **intégrés**. Ce mélange de 400 000 habitants, dont les accents chantent au fil des rues aux mille facettes, est fait aussi bien d'indolence, de désinvolture et d'indocilité que de courage, d'abnégation et de volonté d'imposer un savoir-faire qui **se traduit** par la réussite d'industries de pointe . . . .

Ville du futur, qui **s'épanouit** dans un paysage économique où **s'inscrivent** tous
20 les progrès, Toulouse **se tourne** volontiers vers ce qu'elle fut au cours des siècles. Heurs et malheurs, dès le début du XIIIe siècle, alternèrent au fil des ans: crise cathare, Inquisition, famines, incendies, guerres de Religion mais aussi naissance de la première académie littéraire d'Europe, les jeux floraux des troubadours. Et puis ce fut l'essor, avec le premier chemin de fer au milieu du siècle dernier, le premier
25 envoi d'un appareil de l'Aéropostale en 1919 vers le Maroc, la première liaison aérienne Toulouse–Amérique du Sud dans les années trente, la première Caravelle en 1955 et le premier Concorde il y a vingt ans. Aujourd'hui les carnets de commande chez Dassault-Breguet, Latécoère et Airbus ne cessent de **se remplir**. Et on travaille au projet Hermès de la navette spatiale européenne.
30 Telle est l'histoire de Toulouse, la ville que l'on qualifie de rose à cause des briques qui servirent jadis et servent toujours à son édification. Au cœur de la cité **se situent** le Capitole et sa place, l'une des plus belles d'Europe. Derrière la façade imposante de l'édifice **s'active** toute l'administration communale. C'est aussi là que siège le premier magistrat de la ville.

Atlas Air France

⌕ **Pronominal verbs in the text**

1 USAGE

a Pronominal verbs are used to indicate an action where the subject and the object are the same. These are sometimes referred to as 'reflexive verbs'.

e.g. *Ces expatriés se sont parfaitement intégrés* (lines 14–15)

b Pronominal verbs are often used as substitutes for the passive form (see Chapter 21).

e.g. *Au cœur de la ville se situent le Capitole et sa place* (= sont situés) (lines 31–2)

2 FORMATION

a All pronominal verbs are constructed with an unstressed personal pronoun (*me, te, se, nous, vous*).

e.g.   ***infinitive***   **se** tourner

         present   je **me** tourne

                            tu **te** tournes

                            il/elle **se** tourne

                            nous **nous** tournons

                            vous **vous** tournez

                            ils/elles **se** tournent

It is important to remember to use the appropriate pronoun and to avoid the common error of using *se* regardless of subject.

b All pronominal verbs are conjugated with *être* in compound tenses.

c Agreement of past participle in pronominal verbs

Although pronominal verbs are all conjugated with *être*, their past participles follow the rules of agreement of past participles conjugated with *avoir*, i.e. they agree with the preceding direct object (see Chapter 2).

e.g. ***Elle s'est métamorphosée*** (line 6)

  Ils se sont intégrés (lines 14–15)

Other points to note in the text

- Present (lines 2, 16, 28, etc.) (see Chapter 1)
- *Passé composé* (lines 6, 10, etc.) and past historic (lines 10, 21) (see Chapters 2 and 5)
- Articles: *le, la, les, de, du, des* (see Chapter 13)
- Relatives: *qu'* (line 2); *qui* (lines 18, 19); *dont* (line 15) (see Chapter 11)
- Superlative (line 32) (see Chapter 18)

Discover more about pronominal verbs

1 USAGE

a Pronominal verbs may be used reciprocally **in the plural** to describe a situation where the subjects are doing things to each other.

e.g. *Nous nous écrivons souvent*

b A number of common pronominal verbs have no particular reflexive or reciprocal meaning. These are the most frequently used.

s'abstenir	to refrain	*s'imaginer*	to imagine
s'adresser à	to address, speak to	*se méfier de*	to mistrust
s'apercevoir de	to notice	*se moquer de*	to mock, laugh at
se dépêcher	to hurry	*se noyer*	to drown
se douter de	to suspect	*se plaindre*	to complain
s'écrier	to cry out	*se presser*	to hurry
s'en aller	to go away	*se promener*	to go for a walk
s'enfuir	to flee	*se rappeler*	to remember
s'enrhumer	to catch cold	*se réfugier*	to take refuge
s'évader	to escape	*se sentir*	to feel
s'évanouir	to faint	*se servir de*	to use
se fâcher	to get angry	*se rendre à*	to go to
se fier à	to trust	*se souvenir de*	to remember

In these cases the past participle agrees with the subject.

c When a part of the body is used with a pronominal verb (e.g. *se laver les cheveux*), the possessive adjective is not used as in English. It is replaced by a definite article.

e.g. *Je me lave les cheveux*

2 FORMATION

a All moods (indicative, subjunctive, imperative) and all tenses – active and passive – are possible, as with non-pronominal verbs.

b Negatives are split and placed before and after the reflexive pronoun + verb.
e.g. *Elle **ne** s'active **pas***
except in compound tenses where the negative comes before and after *être*.
e.g. *Elle ne **s'est pas** activée*

c Agreement of past participles

Following the rule of agreement of the past participle with *avoir* (see Chapter 2), the past participle of pronominal verbs does not agree with a preceding indirect object.

e.g. *Elle s'est coupée* (*s'* is a direct object)
Elle s'est coupé le doigt (*le doigt* is the direct object, *s'* is an indirect object = *à elle*)

With verbs like *se souvenir*, however, the past participle agrees with the subject (see Chapter 2). Note that in the case of compound tenses, if the reciprocal pronoun is an indirect object there is no agreement, e.g. *Ils se sont écrit*, but if it is a direct object it does agree, e.g. *Ils se sont vus*. See also Chapter 10 regarding the position of pronouns.

See for further information:	Coffman Crocker, pp. 137–40
	Ferrar, pp. 52–3, 110–14
	Hawkins and Towell, pp. 210–17
	Judge and Healey, pp. 200, 203–6
	L'Huillier, pp. 262–72
	Price, pp. 299–301
	Turk and Vandaele, pp. 153–9

EXERCISES

1 Complete the following sentences with an appropriate reflexive pronoun.

   a Tu _____ es servi?

   b Elles _____ sont assises à la même table.

   c Nous _____ sommes plaints des services du chemin de fer.

   d Je ne _____ sens pas bien.

   e Elle _____ débrouillera toute seule.

   f Ils _____ sont mariés la semaine dernière.

   g Vous _____ souvenez de cet incident?

   h Il _____ est encore trompé.

2 Rewrite the following sentences in the plural.

   a Cette aventure s'est passée il y a très longtemps.

   b Je me suis pressé le plus possible.

   c Tais-toi!

   d Tu te passeras de dessert ce soir.

   e Je m'entends bien avec son copain.

   f Le voisin s'est occupé des animaux en mon absence.

3 Complete the following text with the appropriate forms of the reflexive verbs.

LA FRANCE DANS LE MONDE

Petit pays par sa superficie et par sa population, la France a eu dans le passé un rôle de 'super-grand'. Première puissance en Europe sous Louis XIV, son influence _____ (s'étendre) à de grandes parties de la planète, jusqu'à la fin du XIXe siècle, grâce à son empire colonial et à son rayonnement culturel. Mais, depuis 1945, la France a su _____ (s'adapter) au nouveau contexte international. Avec la décolonisation entreprise par Pierre Mendès-France puis le général de Gaulle, son empire a disparu. Notre pays progressivement _____ (s'intégrer) dans l'Europe et son économie _____ (s'ouvrir) sur le monde.

Cette mutation _____ (s'accomplir) grâce à un vaste effort de modernisation. Il _____ (se réaliser) pendant les Trente Glorieuses, des années, entre 1945 et 1975, qui ont correspondu à une expansion exceptionnelle de notre économie: politique de grands travaux (autoroutes, installations portuaires, extension du réseau ferroviaire, centrales nucléaires, etc.), création de nouvelles entreprises, élévation du niveau de vie, avènement de la société de consommation. Aujourd'hui la France _____ (se situer) sur le plan économique derrière des mastodontes comme les États-Unis, le Japon et l'Allemagne.

4 Rewrite the following sentences in the negative form.

   a Elles s'en iront sans bruit.
   b Je m'intéresse aux problèmes de l'environnement.
   c Tu t'es mal débrouillée.
   d Il s'est rasé avant de sortir.
   e Nous nous étions couchés de bonne heure.
   f Vous vous ennuyez tout seul?

5 Complete the following sentences using the pronominal verbs indicated.

   a J'ai eu un accident parce que la voiture devant moi _____ (s'arrêter).
   b En général je _____ (se lever) à sept heures et demie.
   c Hier je _____ (s'adresser) à l'agent de police pour un renseignement.
   d Quand il sera grand il _____ (se souvenir).
   e Tu _____ (s'énerver) dès que je te critique.
   f Nous _____ (se reposer) quand nous serons fatigués.

6 Translate the following sentences into French, using one of the pronominal verbs listed.

   S'arrêter, se tromper, se brosser, s'acheter, se trouver, se vendre, se lever, se demander, se passer de, se réveiller, se rencontrer, se presser

   a I bought myself a CD.
   b Wake up and get up!
   c Unfortunately the train does not stop here.
   d These toys were selling very well before Christmas.
   e I wonder if this house will ever be finished.
   f Brush your teeth and hurry up!
   g If only we could meet.
   h She has never made a mistake.
   i The office is located in the new building.
   j You'll have to do without the car.

Tintin au pays des pixels

Aujourd'hui, sort l'édition de 1943 de «L'Île noire», aux planches restaurées grâce à l'informatique. Elle annonce une collection «de référence».

«L'Île noire» a connu trois versions: en noir et blanc (1937), en couleur (1943), puis en 1965, où des modifications profondes du dessin **ont été effectuées**,
5 comme l'indiquent ces deux vignettes de 43 et 65. La restauration concerne l'édition de 43.

Le 24 octobre, les premiers albums d'un Tintin très particulier sortaient des
10 rotatives de Casterman, à Tournai. Loin d'être un simple reprint de «L'Île noire», cette édition est le fruit d'un long travail de recherche qui vise à donner aux lecteurs un album
15 **débarrassé** des imperfections techniques gênantes qui le suivent depuis sa sortie, en 1943. **Publié** en noir et blanc en 1937, l'album **a été mis** en couleur par Hergé pour une
20 version **parue** en 1943. La technique de la BD **était** alors déjà bien **définie**. Le dessinateur met la couleur sur un fond, le «bleu de coloriage», qui lui sert de repère. Le noir fait l'objet d'un autre
25 film, **traité** à part. Les couleurs, elles, **sont décomposées** en photogravure sur trois films, jaune, rouge et bleu. Leur superposition, au moment de l'impression, donna la planche que l'on
30 connaît. C'est la technique trichromie + trait.

Mauvais repérages
C'est là que les ennuis commencent. Le photograveur de l'époque ne pouvait
35 pas fournir un travail parfait. Le papier **mis** en couleur par le dessinateur s'est dilaté de manière anarchique, obligeant le photograveur à un repérage manuel qui ne peut rattraper toutes les
40 imperfections. Sur la presse, de nouvelles erreurs dans le repérage interviennent, tandis que le contrôle de la densité de l'encrage est assez aléatoire. Les conditions de stockage du
45 papier (de mauvaise qualité: c'est la guerre) n'arrangent pas les choses. Malgré tous les efforts de l'éditeur, ces imperfections ont suivi les premiers albums couleurs. Éditeur et imprimeur
50 ont tout essayé, avant que les progrès de l'informatique ne rendent récemment possible une restauration en profondeur.

Sauvé par l'informatique
Casterman a choisi de repartir des films
55 originaux de 1943 (les bleus de coloriage étant incomplets). **Numérisés, détramés**, ils permettent de revenir aux couleurs d'Hergé. Intervient alors le travail de restauration proprement dit.
60 Les films **sont** exactement **repérés**, les griffes et dégradation des couleurs **supprimés** par clonage, les planches

corrigées pixel* par pixel s'il le faut
. . . **Fini** les couleurs baveuses, et les
65 erreurs qui gênaient la lecture.

Mais comme dans toutes les
restaurations, se pose le problème de ce
qu'on peut corriger et ce qu'on doit
laisser au nom du respect de l'œuvre.
70 Ici, l'éditeur a guidé le technicien.
Ainsi, la trace de doigt d'un
photograveur de 1943 **est supprimée**,
mais la case que Hergé a oublié de
refermer reste en l'état, comme les
75 chaussures rouges que Tintin porte

dans la planche 1 et qui deviennent
marron dans les autres . . . Toujours, le
souci de l'authenticité a prévalu,
conservant à l'album son côté vivant,
80 mais lui restituant des couleurs
superbes: une véritable redécouverte.

Cette expérience ayant très bien
fonctionné, les albums couleurs anciens
seront progressivement **restaurés**,
85 donnant lieu à une édition dite «de
référence», qui vivra à côté de celle qui
existe actuellement.

Denis Sénié, *La Voix du Nord*

* *pixel*: the smallest unit of the composition of an image on a computer screen

The passive in the text

1 USAGE

The use of the passive is far less widespread in French than it is in English. French, however, does use it, although with some restrictions. It also offers a number of alternatives.

a In the passive, emphasis can be changed from the performer of the action to the recipient.

e.g. *L'album a été mis en couleur par Hergé* (lines 18–19)

In this sentence the emphasis is on *l'album*. The same sentence expressed in the active voice would read: *Hergé a mis l'album en couleur*. The emphasis would then be on the subject, i.e. Hergé.

b Emphasis can be put simply on the action without mentioning who performs it.

e.g. *Les albums . . . seront . . . restaurés* (lines 83–4)

2 FORMATION

a The passive is formed by using the verb *être* in the appropriate tense and mood plus the past participle of the verb.

e.g. *des modifications profondes . . . ont été effectuées* (lines 3–4)

Forms of the passive to be found in the text are:

the present (lines 26, 60–3, 72)
the future (line 84)
the imperfect (line 21)

the *passé composé* (lines 18–19)

the past participle (lines 15, 17, 20, 25, 36, 56, 57, 64).

b The past participles agree in gender and in number with the subject of the sentence.

e.g. **La** *technique de la BD était alors bien définie* (lines 9–10)

Les *couleurs,* **elles,** *sont décomposées* (lines 11–12)

3 AN ALTERNATIVE TO THE PASSIVE

Reflexive verbs can be used as an alternative to the passive (see Chapter 20).

e.g. *Mais comme dans toutes les restaurations* **se pose** *le problème . . .(= est posé)* (lines 66–7)

Other points to note in the text

- *Pouvoir/devoir* + infinitive: *le problème de ce qu'on peut corriger et ce qu'on doit laisser* (lines 67–9) (see Chapter 24)
- The imperfect as a narrative tense: *sortaient* (line 9) (see Chapter 3)
- The present as a narrative tense: *met* (line 22) (see Chapter 1)
- Agreement of the past participle: there are numerous examples in the text. Note in particular *la case que Hergé a oublié de refermer* (lines 73–4) (see Chapter 2)
- *Marron* as an adjective is invariable (line 77) (see Chapter 16)

Discover more about the passive

1 OTHER TENSES AND VERB FORMS CAN BE USED IN THE PASSIVE

These include:

the infinitive	*être publié*
the present participle	*étant publié*
the present conditional	*il serait publié*
the past conditional	*il aurait été publié*
the pluperfect	*il avait été publié*
the present subjunctive	*qu'il soit publié*
the past subjunctive	*qu'il ait été publié*

2 CASES WHERE THE PASSIVE CANNOT BE USED

There are cases where the passive is commonly used in English but cannot be used in French. This depends on the verb construction.

In English an indirect object of an active sentence can become the subject of a passive. In the sentence 'They gave the child a present', 'the child' is the indirect object. It can become the subject of the passive sentence: 'The child was given a present'. In French this construction is unacceptable.

A number of French verbs take both a direct and an indirect object. Only the direct object can become the subject of a sentence in the passive voice.

e.g. *Donner quelque chose à quelqu'un*

> **active voice**   *On a donné un cadeau à l'enfant*
> **passive voice**   *Un cadeau a été donné à l'enfant* (✓)
>   *L'enfant a été donné un cadeau* (✗)

The most common of these verbs are:

apprendre quelque chose à quelqu'un		to teach sb. sth.
conseiller " "	to advise sb. (to do) sth.
défendre " "	to forbid sb. sth.
demander " "	to ask " "
donner " "	to give " "
enseigner " "	to teach " "
montrer " "	to show " "
offrir " "	to offer " "
pardonner " "	to forgive " "
permettre " "	to allow " "
prêter " "	to lend " "
promettre " "	to promise " "
refuser " "	to refuse " "
vendre " "	to sell " "

3 OTHER ALTERNATIVES TO THE PASSIVE: *SE FAIRE, SE LAISSER* + INFINITIVE

a *On* + an active verb

e.g. I was sent a threatening letter > *On m'a envoyé une lettre de menaces*

b i *se voir, s'entendre* + infinitive

e.g. *Il s'est vu refuser l'entrée du club*   He was refused entry to the club
Je me suis entendu dire que ce billet était faux   I was told this note was forged

ii *se faire, se laisser* + infinitive

e.g. *Il s'est fait attraper*   He was told off
Je me suis laissé dire qu'elle l'avait quitté   I was told she had left him

c An abstract noun is occasionally used in French where a passive construction is used in English.

e.g. *Nous avons vu la démolition du mur de Berlin*   We saw the Berlin Wall being pulled down

d Impersonal constructions

e.g. *Il est strictement interdit de . . .* It is strictly forbidden to . . .

e *Se* may be used with a verb as an alternative to an English passive.

    e.g. *Le champagne se consomme très frais*
         Le vieux Montpellier se visite à pied

See for further information:	Coffman Crocker, pp. 230–31
	Ferrar, pp. 51–2, 112–14
	Hawkins and Towell, pp. 206–10
	Judge and Healey, pp. 206–14, 225–6, 327
	L'Huillier, pp. 237–51
	Price, pp. 302–4
	Turk and Vandaele, pp. 204–10

✎ EXERCISES

1 Rewrite the following sentences in the active voice.

    e.g. *Le chat est nourri par le voisin > Le voisin nourrit le chat*

  a Le couscous a été préparé par son copain.

  b La gamine a été retrouvée dans la rue.

  c La soirée sera organisée par les assistants.

  d L'école aurait été entièrement détruite par un incendie.

  e Une nouvelle pièce a été bâtie pour agrandir la maison.

  f L'éditorial est écrit chaque semaine par un excellent journaliste.

2 Rewrite the following sentences, using the reflexive form as an alternative to the passive.

  a On écrit les noms propres avec des majuscules.

  b On mange le canard avec des petits pois.

  c On joue au rugby dans le sud-ouest de la France.

  d Récemment on a métamorphosé la ville de Toulouse.

  e On vendait les pommes de terre très cher l'hiver dernier.

  f On fera cela avec ou sans votre accord.

3 Complete the following text with verbs in the appropriate form of the passive (occasionally the past participle alone is used) and make any necessary changes to word order.

Randonnées accompagnées

Nous programmons quelques randonnées accompagnées, ces randonnées _____ (encadrer) par des professionnels. Nous ne pouvons maintenir un groupe inférieur à 5 ou 6 personnes (selon le cas); en cas de nombre insuffisant de participants une solution de remplacement pourra _____ (proposer) 3 semaines avant la date _____ (prévoir); si la solution de remplacement ne vous convient pas ou ne peut être possible, l'intégralité de vos versements vous _____ (rembourser). Dès que votre séjour a le nombre d'inscrits minimum, nous vous adressons la confirmation définitive. Choisissez bien votre randonnée en fonction de votre niveau sportif.

L'hébergement

Est en général dans des hôtels 1, 2 ou 3 étoiles; dans certaines petites localités ce sont des établissements _____ (classer) tourisme sans étoile mais _____ (sélectionner) pour leur accueil, nourriture et propreté. Nos chambres d'hôtes _____ (sélectionner) également pour leur confort et leur accueil.

Il se peut que durant votre randonnée un transfert ou deux _____ (organiser) quand certains hébergements sont complets (un éventuel supplément peut _____ (demander)).

Une taxe de séjour peut vous _____ (demander) sur place dans les hôtels et les chambres d'hôtes, elle ne pas _____ (comprendre) dans le prix, car irrégulière selon les hébergements.

La Pèlerine

4 Translate the following sentences into French, using the passive, if appropriate, or an alternative.

a The Eiffel Tower was built in 1889.
b This drink is advertised on the telly.
c She was asked by the director to leave the room.
d I was taught to play the clarinet at school.
e The ceasefire will be signed officially tomorrow.
f Before this incident he had been caught stealing a radio.
g These cosmetics are sold at the duty-free shop.
h He was asked to pay in advance.

5 Using the dates and facts outlined below, write a short account of the history of the Grand Louvre. Use the passive as much as possible.

1204	Commencement de la construction du Palais Royal du Louvre sous le roi Philippe-Auguste
	Construction continuée sous les successeurs de Philippe et terminée sous Napoléon III
1793	Ouverture des collections d'art du roi au public
XIXe siècle	Construction des extensions du Nouveau Louvre
1982	Décision d'engager le réaménagement global du Grand Louvre.
	Premier objet: la construction d'un nouveau ministère des finances dans le quartier du Bercy pour libérer l'aile nord du palais
1984	Construction d'un vaste complexe souterrain sous la cour Napoléon
1989	La Pyramide, idée de l'architecte américain Ieoh Ming Peï, domine et termine l'ensemble
1993	Fin des travaux pour célébrer le 200ème anniversaire du Louvre

6 Translate the following sentences into French using the passive or an appropriate alternative.

  a The mail has been delivered.

  b She was given the best mark.

  c They have been granted French citizenship.

  d This bill was sent a month ago.

  e French is spoken in some Caribbean islands.

  f The bridge was destroyed during the war.

  g The meal has been prepared by my boyfriend.

  h I was shown different models.

  i I was asked to show my ticket.

  j The luggage was brought down.

  k Duck is often served with orange sauce.

7 Write a brief article for a French newspaper using the following elements and any details or developments you wish to add. Use the passive whenever possible.

  École maternelle – incendie – appel aux pompiers à 2h du matin – feu maîtrisé vers 3h45 – importants dégâts – plus tard un autre appel aux pompiers – une autre école – centre ville – bâtiments ravagés par feu et fumée – rentrée des classes problématique – cause probable des sinistres: un pyromane – enquête policière

22 | The infinitive and present participle

Text

Comment mieux parler une langue étrangère?

Pour un enfant de moins de 6 ans, une langue est liée à une personne. Tous les enfants «naturellement» bilingues le prouvent. À telle personne de son
5 entourage familier, l'enfant parle de telle manière, spontanément et sans **savoir** que cette «façon de **parler**» est une langue, qu'il est bilingue. L'enfant de cet âge ne connaît pas ce que les
10 adultes appellent «la barrière linguistique». Nous avons tous pu **observer**, sur les plages par exemple, des enfants de nationalités différentes **jouer** ensemble, **discuter** et même
15 **revenir** vers les parents, **disant**: «La petite fille a dit que. . .» À l'école maternelle, la méthode directe est donc pleinement justifiée, à condition que la langue soit liée à une personne précise.
20 L'enfant entend **parler**, appréhende le sens, répète. Il accompagne ce qu'il dit de gestes, et son corps autant que son oreille l'aidera peu à peu à **mémoriser**. Et même s'il oublie les mots, il aura
25 sauvé au moins une partie de ce don qu'a tout enfant qui naît: le don de **percevoir** et de **prononcer** tous les sons de toutes les langues du monde.

Le don des langues, tout le monde l'a.
30 Ce n'est que lorsqu'il n'est pas utilisé que peu à peu il s'atrophie . . .

Mais que **dire** à un grand élève qui sait – on le lui a tant répété – qu'il lui manque les connaissances de base,
35 qu'il est trop tard pour tout **rattraper**? Lui **dire** de **ne pas baisser** les bras! Car c'est le moment d'**appréhender** une autre méthode encore, de **faire** une autre découverte: celle du rapport entre
40 une langue et une culture, celle de ce qu'une langue peut m'**apprendre** sur la mienne propre, et sur moi-même. Si je vois, en effet, que pour un Allemand *la mort* est du masculin et *le soleil* du
45 féminin, que, pour lui, un même mot désigne *la dette* et *la faute*, un autre *l'imagination* et *la vanité*, un autre encore *la fortune* et *le pouvoir*, est-ce que cela ne me dit pas déjà, pour ces
50 quelques notions prises au hasard, quelque chose sur sa manière de **regarder** le monde? Est-ce que je ne prends pas conscience, alors, et alors seulement, de ma manière à moi de
55 **regarder** ce même monde?

Waltraud Legros, *Le Nouvel Observateur*

♀ **The infinitive in the text**

1 USAGE

a Used independently
- after a question word, e.g. *Comment mieux parler?* (title); *que dire à un grand élève . . . ?* (line 32)
- as a polite command, with the sense of an imperative (see Chapter 19), e.g. *Lui dire* (line 36)
- after a preposition, e.g. *sans savoir* (lines 6–7); *pour . . . rattraper* (line 35)
- as complement to a noun, most usually preceded by *de*, e.g. *façon de parler* (line 7); *le don de percevoir et de prononcer* (lines 26–7); *manière de regarder* (lines 51–2 and 54–5),

Note that in the latter two cases English would use a verb form in '-ing', e.g. 'without knowing', 'way of speaking'. The infinitive is used in French in many such instances; the French present participle is relatively rarely used (see below).

b Used after another verb
Following the verb directly with no preposition
- after a modal verb (see Chapter 24), e.g. *Nous avons tous pu observer* (lines 11–12); *peut m'apprendre* (line 41)
- after a verb of perception, e.g. *observer . . . des enfants . . . jouer ensemble, discuter et même revenir* (lines 12–15); *L'enfant entend parler* (line 20). Here again French uses an infinitive where English would again use a verb form in '-ing', e.g. 'see children playing, talking . . .'

c Preceded by *à* and *de*
- after a verb of 'helping' or 'encouraging' and preceded by the preposition *à*, e.g. *l'aidera . . . à mémoriser* (line 23)
- after a verb of 'telling', 'ordering' or 'advising' and preceded by the preposition *de*, e.g. *Lui dire de ne pas baisser les bras* (line 36)

Note For more information on verbs which take *à* and *de* before an infinitive see Chapter 23.

2 FORM

The infinitive is the form in which a verb is listed in the dictionary. In English the infinitive is formed from 'to' + verb, e.g. 'to go'. In French, the infinitive is distinguished by its ending. There are **four** infinitive endings:
- *-er*, e.g. *parler* (line 7)
- *-ir*, e.g. *revenir* (line 15)
- *-re*, e.g. *dire* (line 32)
- *-oir(e)*, e.g. *percevoir* (line 27), *boire*

Other points to note in the text

- Demonstratives – pronouns: *celle* (line 39); *cela* (line 49); and adjectives: *ce* (line 25); *cette* (line 7); *cet* (line 9); *ces* (line 49) (see Chapter 14)
- Relative pronouns: *ce que* (lines 9, 21, 40–1) (see Chapter 11)
- Personal pronouns: *le prouvent* (lines 3–4); *on le lui a tant répété; il lui manque* (lines 33–4); *Lui dire* (line 36) (see Chapter 10)
- Impersonal verbs: *il lui manque* (lines 33–4); *il est trop tard* (line 35) (see Chapter 25)

Discover more about the infinitive

1 USAGE

In addition to the uses seen in the text, the infinitive may also be:

a Used independently

- as a verbal noun, functioning as the subject of a sentence, e.g. *Travailler tout le temps n'est pas bon pour la santé; Corriger leurs fautes sans les décourager, voilà le problème.* One may even find one infinitive acting as the *complement* of another, e.g. *Voir c'est croire* (Seeing is believing). See also Chapter 23 text, lines 15–19 and 20–2. Note that here again French uses an infinitive where English would use a verb form in '-ing'.
- after the preposition *à* often appears as an approximate alternative to a conditional clause, e.g. *À en juger d'après les apparences . . .* (To judge by/If we are to go by appearances . . .)
- following a noun, preceded by *à*, e.g. *une chambre à louer; un repas à emporter*
- following adjectives used in impersonal constructions, e.g. *Il est impossible de comprendre cela; C'est impossible à comprendre*
- following an adjective, preceded by *à/de*, e.g. *Je suis prêt à partir; Je suis content de vous voir.*

b Used after another verb
With no preposition

- after a verb expressing 'liking', 'wishing', 'hoping', e.g. *Je veux partir; J'adore danser; J'espère le voir*
- after a verb of motion, e.g. *Je viens vous voir; Je suis allé le chercher.* See also Chapter 6 for the use of *aller* + infinitive to refer to future events
- after *sembler*, *paraître*, etc., e.g. *Elle semble se contenter de très peu*
- after the verbs *laisser* and *faire* (sometimes called 'factitives' or 'causatives'), e.g. *Je les ai laissés jouer; Ils ont fait construire une maison* (They had a house built). It is to be noted that in this latter example English uses a past participle – 'built' – where French must always have an infinitive. For the use of object pronouns with this construction, see Chapter 10.

Preceded by *à/de*
For further details of verbs which take *à/de* before a following infinitive, see Chapter 23.

c Used after *après*
After the preposition *après*, French uses a past infinitive (see **2** below) where English would normally use a present participle, e.g. *Après avoir écrit sa dissertation* (After writing/having written . . .).

2 FORM

a The past (or perfect) infinitive is formed from the infinitive of *avoir* or *être* as appropriate, + past participle, e.g. *avoir surmonté* (see Chapter 23 text, line 23), *être sorti*. The past participle of *être* verbs agrees with the subject, e.g. *Après être partis, ils* . . . (After having left, they . . .).

b The passive infinitive is formed from the infinitive of *être* + past participle, e.g. *être félicité* (to be congratulated) (see Chapter 23 text, lines 29–30).

See for further information:	Coffman Crocker, pp. 221–7
	Ferrar, pp. 75–84
	Hawkins and Towell, pp. 288–316, 413–14
	Judge and Healey, pp. 191–7
	L'Huillier, pp. 202–20
	Price, pp. 331–41
	Turk and Vandaele, pp. 160–5

✎ EXERCISES

1 Complete the following sentences by using the correct form of the perfect infinitive (with *avoir/être* as appropriate) and making any necessary agreement of the past participle.

a Après (étudier) _____ ce texte de près, j'ai commencé à en être vraiment obsédé.

b Après (lire) _____ cet article, je comprends mieux le problème.

c Après (se laver) _____ elle est allée se coucher.

d Elle a pris la décision d'aller vivre en Amérique après y (aller) _____ une seule fois.

e Après (se plaindre) _____ au directeur, elle est retournée à son travail.

f Après (mettre) _____ le gâteau au four, je me suis rendu compte que j'avais oublié un ingrédient essentiel.

2 Translate the following sentences into French, using infinitives wherever possible.

a He heard her put her key in the lock.

b They hope to spend the summer in France.

c Do not lean out. (polite notice)

d Serve chilled. (seen on wine bottles)

e To see him sitting chatting, you'd think he had no work to do.

f She has gone to look for your file.

g Without wishing to offend you, I really must refuse.

h In order to finish his work he stayed in his office until 7 p.m.

i Following too strict a diet is not a good idea.

j What are we to do? How are we to find her?

k I don't understand your way of working.

l I am inclined to think that she is right.

m She had her hair cut yesterday.

n After I've done the washing up, I'm going to make the bed.

For a review exercise, combining work on the infinitive with work on the present participle and gerund, see the end of this chapter.

Text

PRÉSERVER L'AIR, C'EST PROTÉGER NOTRE SANTÉ

La pollution de l'air est devenue un véritable problème de santé publique dont Corinne Lepage, ministre de l'Environnement, a pris la mesure dès son arrivée au Gouvernement. Durant l'été et l'automne 1995, elle a animé un groupe de travail **rassemblant** tous les acteurs socio-économiques concernés. Résultat: un projet de
5 loi, élaboré dans la concertation, qui pose les jalons fondamentaux de la prévention et de la protection. Présenté le 3 avril 1996, il reconnaît le droit «à respirer un air sain». Pour la première fois dans la législation de l'environnement, la santé est au cœur d'une loi.

Un sondage du ministère de l'Environnement, paru le 2 avril dernier dans *Le*
10 *Parisien*, l'a montré: les Français très préoccupés par la qualité de l'air sont prêts à changer leur mode de déplacement: prendre moins la voiture au profit des transports en commun, la laisser au garage en cas de forte pollution, utiliser le vélo, pratiquer le co-voiturage, etc.

Prenant en compte les impératifs de santé publique comme les aspirations des
15 Français, le Gouvernement est passé aux actes: la nouvelle loi imposera des plans de déplacement urbains. Selon Corinne Lepage, c'est la disposition la plus importante pour réduire la pollution (grâce à la gestion de la circulation). Ces plans permettront aussi de résoudre d'autres problèmes de la ville comme le bruit ou le manque d'espace.
20 OBJECTIFS
- prévenir et réduire la pollution de l'air, **en choisissant** des véhicules peu **polluants,**
- surveiller l'ensemble du territoire et en informer les citoyens,
- protéger notre santé **en encadrant** la circulation, en cas de pics de pollution.

La Lettre du gouvernement

⌕ The present participle and the gerund in the text

1 USAGE

Present participle

a The verb form ending in -*ant* may be used as an adjective to qualify a noun, e.g *des véhicules peu polluants* (lines 21–2). When used in this way, it agrees with the noun, as can be seen in this masculine plural example. (It may also be used as a noun, with normal feminine and plural forms, e.g. *les polluants; une débutante.*)

b The form in -*ant* is also used as a present participle to form subordinate clauses. When used in this way, as a verb to describe an action, not as an adjective to describe a state, there is no agreement; the form is invariable, e.g. *rassemblant* (line 4); *prenant* (line 14). Both the present participles in the text are clearly functioning as verbs, since each is followed by a noun object, e.g. *Prenant en compte* **les impératifs** (line 14); *un groupe de travail rassemblant* **tous les acteurs socio-économiques** (lines 3–4). The fact that a form in -*ant* is functioning as a verb and not as an adjective may also be evident from the presence of a **following** adverb or adverbial phrase, e.g. *des enfants jouant patiemment.* If it were functioning as an adjective, the adverb would **precede**, e.g. *des jeux extrêmement amusants.*

c The present participle may function as an alternative to a relative clause, e.g. in lines 3–4, *un groupe de travail rassemblant* means *un groupe de travail qui rassemble.*

Gerund

d The gerund (present participle preceded by *en*) is often used where in English we would say 'by doing something', e.g. *en encadrant* (line 24). It should be noted that it is only possible to use *par* + infinitive in French after the verbs *commencer* and *finir*, e.g. *Il a commencé par se présenter.*

2 FORM

a Present participle
The present participle is formed from the stem of the first-person plural (*nous*) form of the present indicative by deleting -*ons* and adding -*ant*, e.g. *rassemblant* from *rassemblons* (line 4); *prenant* from *prenons* (line 14); *choisissant* from *choisissons* (line 21).

b Gerund
The gerund is formed by adding the preposition *en* in front of the present participle, e.g. *en encadrant* (line 24).

Other points to note in the text

- Infinitive: *Préserver, protéger* (title); *respirer* (line 6); *changer* (line 11); *prendre* (line 11); *laisser* (line 12); *utiliser* (line 12); *pratiquer* (line 13); *réduire* (line 17); *résoudre* (line 18); *prévenir, réduire* (line 21); *surveiller, informer* (line 23); *protéger* (line 24)
- *Passé composé*, including *est devenue* (line 1); *est passé* (line 15) (see Chapter 2)

- Past participles: *concernés* (line 4), *élaboré* (line 5); *présenté* (line 6); *paru* (line 9); *préoccupé* (line 10)
- Superlative: *la disposition la plus importante* (line 16) (see Chapter 18)

Discover more about the present participle and the gerund

1 USAGE

Present participle

a With some participles used as adjectives to describe position or state, French uses a **past** participle where an English speaker might expect a present participle, e.g. *Il était assis* = He was sitting. Similarly: *couché, étendu* (lying), *accroché, pendu, suspendu* (hanging), *agenouillé* (kneeling), *appuyé* (leaning).

b As a verb form, the present participle is used **much less frequently** in French than is the English form in '-ing'. It should be noted in particular that French prepositions are followed by the **infinitive** (see above), e.g. *Sans savoir l'heure* = Without knowing the time. The **only** preposition in French which is followed by the present participle is *en*.

c As a verb, the present participle may function as an alternative to a subordinate clause expressing cause, e.g. *Ayant beaucoup de travail en ce moment, je n'ai pas le temps de sortir* means much the same as *Comme j'ai beaucoup de travail . . . .*

d The existence of a few set verbal expressions with invariable present participles should be noted. They include: *argent comptant* = in cash; *ce disant* = in so saying; *chemin faisant* = on the way; *strictement parlant* = strictly speaking.

e The use of the perfect participle (see **2b** below) may be illustrated by the following: *Ayant fini ses examens, il partit en vacances* = Having finished his exams, he went off on holiday. Here the participle functions as an alternative to *Après avoir fini* or *Parce qu'il avait fini*.

Gerund

a The gerund – *en* + present participle – may only be used to refer to the subject of the sentence. So, for example, *Je l'ai vu en sortant de la bibliothèque* can only mean 'I saw him as I was leaving the library'. By contrast, the present participle may in theory refer to the subject or object, so that e.g. *Je l'ai vu, sortant de la bibliothèque* may mean EITHER 'I saw him as I was leaving the library', OR 'I saw him as he was leaving the library'. In practice, if it referred to the subject, the word order would most probably be *Sortant de la bibliothèque, je l'ai vu.*

b As well as being the equivalent of the English 'by + -ing', the gerund may also render the idea of 'in, upon, while + -ing'.

e.g. *En faisant la vaisselle, elle pensait à ce qu'elle allait faire le lendemain* = While doing . . . .

c Preceded by *tout*, the gerund is also used to express the fact that one event is taking place all the while that another is proceeding, e.g. *Tout en écoutant le conférencier, elle griffonnait discrètement sur un bout de papier* = All the while she was listening to the lecturer, she was quietly doodling on a piece of paper. In other contexts, *tout* + gerund may express the idea 'although . . .', e.g. *Tout en reconnaissant ses qualités, je suis porté à croire que . . .* = Although I recognize his qualities, I am inclined to think that . . . .

2 FORM

a There are just three irregular present participle forms to be noted:
- avoir > ayant
- être > étant
- savoir > sachant

b The existence of a compound form, a perfect participle, meaning e.g. 'having finished', 'having left', should also be noted. It is formed from the present participle of the auxiliary *avoir* or *être* as appropriate and the past participle of the verb.

e.g. *ayant fini; étant parti*

See for further information: Coffman Crocker, pp.140–2
Ferrar, pp. 85–8
Hawkins and Towell, pp. 415–18
Judge and Healey, pp. 182–6, 189–91
L'Huillier, pp. 221–33
Price, pp. 341–8
Turk and Vandaele, pp. 194–6

✎ EXERCISES

1 Give the present participle of the following verbs:

avoir; être; dormir; finir; faire; savoir; manger; devenir; fleurir; dire; rire; rougir; pouvoir; atteindre; offrir; voir; boire; peindre; connaître; éteindre.

2 Choose either the present participle or the gerund to make a correct sentence.

a _____ (écouter) son histoire j'ai compris son problème.

b _____ (se lever) très tôt tu y arriveras.

c _____ (être) si petite elle ne pouvait pas atteindre la boîte de chocolats.

d C'était une réunion _____ (rassembler) les divers partis.

e Il faut réduire la pollution _____ (utiliser) la voiture le moins possible.

f C'est _____ (forger) qu'on devient forgeron.

3 Rewrite the following sentences, using a present participle instead of the phrase in italics. A model is given for you to follow.

e.g. *Comme elle est* infirmière, elle sait faire des pansements. > Étant infirmière, elle sait faire des pansements.

a *Comme il est* étudiant, il doit passer des examens.

b *Comme elle a terminé* sa dissertation, elle va sortir ce soir.

c Je vois un groupe d'enfants *qui jouent* sur la plage.

d *Puisque j'ai* deux heures de libre cet après-midi, je vais visiter l'exposition.

e Devant nous, nous voyons une longue file de voitures *qui avancent* très lentement.

f *Comme je sais* que tu es très sérieux, je suis sûr que tu réussiras.

g *Comme je rougis* facilement, je me sens très mal à l'aise.

h Dans la salle commune, il y avait des étudiants *qui répétaient* une pièce de théâtre.

4 Fill in the blanks in the following text as appropriate with either the present participle or the gerund of the verb indicated.

Joachim du Bellay, le poète des *Regrets*, fut le premier écrivain à prendre vigoureusement fait et cause pour la langue française (publier) _____ en 1549 *Défense et illustration de la langue française*, à vanter ses vertus comme langue de culture mais aussi de littérature. Ainsi, avec son manifeste – dont nul n'aurait pu prédire à une époque dominée par le latin l'incroyable postérité – rompait-il avec la tradition médiévale (inaugurer) _____ le mouvement du classicisme promis à un bel avenir. (Ce faire) _____ , il établissait un principe fondamental toujours d'actualité: l'égalité de toutes les langues.

Le Monde de l'Éducation

5 Translate the following sentences into French, using a present participle or a gerund in each.

a Living on a remote island, they led a very peaceful life.

b Having decided to leave the next day, he felt a lot happier.

c On returning home she began to prepare her meal.

d Although I would like to help you, I don't really know how.

e While browsing among journals in the library, she had come across some very interesting articles.

f All she could see was a long queue stretching all along the street.

g He paid for his trip to Australia by working as a waiter.

✎ REVIEW EXERCISE

Fill in the gaps in the following text with either an infinitive, preceded where necessary by *à* or *de*, or by a present participle, or by a gerund. The verbs which you are to use are given in numbered sequence at the end of the text.

UN ENTRETIEN AVEC JEAN DUVERGER: VERS LE BILINGUISME

Le bilinguisme scolaire précoce, plaide Jean Duverger, est la meilleure manière

1 _____ vers le plurilinguisme.

   «*Dans un pays monolingue comme la France, à quel âge pensez-vous qu'il conviendrait*

2 _____ 3 _____ *un enseignement bilingue des enfants?* »

4 _____ d'enfants issus de familles elles aussi monolingues (français), je crois

utile 5 _____ que le langage soit, chez ces enfants, bien installé, ce qui demande à peu près quatre ans. Il ne faut pas **6** _____ le langage, qui est une fonction, avec la langue, outil de l'environnement à travers lequel cette fonction se met en place. Or **7** _____ un deuxième code avant que l'enfant ait acquis un comportement de parler, on prend le risque **8** _____ en état d'insécurité linguistique préjudiciable à l'apprentissage de sa langue maternelle et à son développement cognitif. La période la plus favorable me semble donc **9** _____ entre quatre et sept ans.

Quelles sont les conditions de réussite d'un enseignement bilingue?

Il est d'abord capital de ne surtout pas **10** _____ la première langue, sinon on ne fera pas des enfants bilingues mais des semi-lingues, des enfants qui ne joueront bien ni de l'un ni de l'autre code. Pour **11** _____ une deuxième langue, il faut également immédiatement lui **12** _____ du sens: on joue dans cette langue, on lit des histoires à l'enfant, on fait avec de la musique et des activités motrices, bref, on l'utilise d'emblée. On ne l'apprend surtout pas «à vide» pour ne **13** _____ qu'après. Il faut que l'enfant ait besoin de cette deuxième langue pour **14** _____ sa vie d'écolier comme il a eu besoin de la première pour **15** _____ **16** _____ avec son entourage. C'est **17** _____ qu'on apprend **18** _____, c'est aussi **19** _____ qu'on apprend **20** _____ et cette deuxième langue va **21** _____ un véhicule d'enseignement pendant la scolarité primaire, les deux langues **22** _____ équitablement les apprentissages de l'école. Dans des filières bilingues mises en place en Europe (de l'Ouest, centrale et orientale), au Proche et au Moyen-Orient et, plus récemment, en Asie du Sud-Est, on enseigne en français et non pas le français. C'est pourquoi on peut alors **23** _____ de français «langue seconde» et non pas «langue étrangère»: une langue avec laquelle on s'est construit des apprentissages et une identité ne nous est jamais vraiment étrangère.

Le Monde de l'Éducation

1. aller. 2. faire. 3. débuter. 4. s'agir. 5. attendre. 6. confondre. 7. introduire. 8. le mettre. 9. se situer. 10. évacuer. 11. introduire. 12. donner. 13. s'en servir. 14. vivre. 15. pouvoir. 16. communiquer. 17. marcher. 18. marcher. 19. parler. 20. parler. 21. devenir. 22. se partager. 23. parler.

23 | Verbs with *à* and *de*

Arrivé en 6ᵉ ou en 4ᵉ, l'enfant a appris l'essentiel du fonctionnement de sa propre langue. **Invité à réfléchir, à analyser, à déduire** dans toutes les

5 matières, **il a tout à fait raison de ne pas accepter** qu'en cours de langue **on lui demande de retomber** en enfance, **de simplement** répéter du par cœur et **de trouver** cela drôle. Il est à l'âge où **il**

10 **a envie de savoir** comment cela fonctionne, qu'il s'agisse d'une radio, d'une sauterelle ou d'une langue. Il aime démonter, jongler avec les éléments, inventer d'autres

15 combinaisons. Lui refuser des explications sous prétexte de sauver sa spontanéité ou de ne pas vouloir l'effaroucher avec la grammaire, réputée difficile, est ignorer que l'enfant aime

20 justement la difficulté. Vouloir l'appâter avec «l'Allemand facile» et «l'Anglais sans peine» est lui refuser d'avance toute satisfaction d'avoir surmonté la difficulté, d'avoir grandi un peu. Bien

25 sûr, pour vraiment apprendre de manière libre et créative, il doit avoir droit à l'erreur. **Il ne s'agit pas de donner** libre cours à l'à-peu-près ni au laxisme. Mais **s'il peut arriver à l'élève d'être**

30 **félicité** pour une «excellente erreur!», il ne se sentira pas réduit à la stratégie du moindre risque, et la note ne sera pas verdict redouté, mais récompense, encouragement, repère.

Waltraud Legros, *Le Nouvel Observateur*

Verbs + *à*/*de* in the text

1 WITH *À*

Many verbs in French cannot be directly followed by an infinitive. A substantial number take an infinitive preceded by *à*, e.g. *inviter quelqu'un à faire quelque chose*. So, in the text, *invité à réfléchir* (line 3).

2 WITH *DE*

a Another substantial group of verbs and verbal expressions take an infinitive preceded by *de*.

e.g. *il a envie de savoir* (lines 9–10)

b Of the verbs which take *de*, an important group takes the construction: verb + indirect object (*à quelqu'un*) + *de* + infinitive.

e.g. *on lui demande de retomber* (lines 6–7)

c The impersonal verb *il s'agit* takes *de* before an infinitive.

e.g. *il ne s'agit pas de donner* (line 27)

See also Chapter 25.

3 VERBS WITH TWO DIFFERENT USAGES

An example of a verb with two different usages is *arriver*. In its impersonal usage ('to happen'), it takes *de*

e.g. *il peut arriver à l'enfant d'être félicité* (lines 29–30),
but when it is used personally with the meaning 'to manage to do something', it takes *à*.

e.g. *je suis arrivé à résoudre le problème*

4 GENERAL NOTE

When a verb which takes a preposition is followed by two or more infinitives, the preposition must be repeated before each of the infinitives.

e.g. *invité à réfléchir, à analyser, à déduire* (lines 3–4)

Other points to note in the text

- Infinitive used in a noun phrase: *Lui refuser . . . est ignorer* (lines 15–19); *Vouloir . . . est lui refuser* (lines 20–2)
- Perfect infinitive: *avoir surmonté, avoir grandi* (lines 23, 24)
- Passive infinitive: *être félicité* (lines 29–30) (see Chapter 21)
- Impersonal verbs: *Il ne s'agit pas de donner* (line 27); *il peut arriver* (line 29); and subjunctive: *qu'il s'agisse d'* (line 11) (see Chapter 26)

Discover more about verbs + *à/de*

1 WITH *À*

a As an aid to memory (see also Exercise 1 below), it is helpful to try to group verbs which take *à* according to meaning. For example:

- verbs of beginning and continuing, e.g. *commencer à; se mettre à; continuer à*. But see also **3** below
- verbs of dedication, effort, e.g. *se dévouer à; se fatiguer à*
- verbs of intention or purpose, e.g. *chercher à; persister à*.

Note *passer/perdre son temps à faire quelque chose* where English would use a present participle, 'to spend/waste one's time doing something'

- verbs of success, e.g. *arriver à; réussir à*
- verbs of unwillingness, e.g. *hésiter à; renoncer à*
- verbs of forcing, e.g. *forcer à; obliger à* (but see also **3** below)
- verbs of accustoming, encouraging, e.g. *habituer quelqu'un à; encourager quelqu'un à.*

The reference grammars listed below give fuller details than can be provided here.

b There are just two verbs, *apprendre* and *enseigner,* which take the construction: verb + **indirect object** + *à* + infinitive.

e.g. *Il apprend à son fils à conduire*

c The use of *avoir* and *être* + infinitive is to be noted, e.g. *J'ai une lettre à écrire; C'est une occasion à ne pas manquer.* Also the impersonal verb *rester.*

e.g. *Il me reste à écrire deux lettres*

2 WITH *DE*

a Again as an aid to memory, it is helpful to try to group verbs which take *de* according to meaning. For example:

- verbs of advising for or against, e.g. *persuader quelqu'un de faire quelque chose; avertir quelqu'un de ne pas faire quelque chose.* Many of these verbs take an indirect object, e.g. *conseiller à quelqu'un de faire quelque chose*
- verbs of asking for and trying to, e.g. *prier/supplier quelqu'un de; essayer de; tâcher de*
- verbs of blaming, accusing, e.g. *accuser de; soupçonner de*
- verbs of 'self-congratulation', e.g. *se flatter de; se féliciter de*
- verbs of ordering and forbidding, most of which take an indirect object, e.g. *ordonner à quelqu'un de faire quelque chose; défendre à quelqu'un de faire quelque chose*
- verbs of fearing, e.g. *craindre de; avoir peur de*
- verbs of forgetting, omitting, e.g. *oublier de; omettre de*
- verbs of planning, e.g. *proposer de; projeter de*
- verbs of pretending, e.g. *faire semblant de; feindre de*
- verbs of finishing, stopping, e.g. *cesser de; finir de*
- verbs of hurrying, e.g. *se dépêcher de; se presser de*
- verbs of delight or regret, e.g. *se réjouir de; regretter de*
- verbs of allowing, admitting, e.g. *permettre (à quelqu'un) de; choisir de; convenir de; décider de*
- verbs of denial, e.g. *s'abstenir de; refuser de.*

b The idiomatic usage of *venir + de* + infinitive should also be noted. This occurs only in the present and imperfect tenses.

e.g. *Je viens de recevoir ta lettre* = I have just received your letter
Il venait d'arriver = He had just arrived

3 VERBS WITH TWO DIFFERENT USAGES

a The verb *continuer* is found with both *à* and *de*. The use of *de* avoids hiatus after a verb form ending in '-a', e.g. *il continue à le faire* but *il continua de le faire*. The same thing also occurs, but more rarely, with the verb *commencer*.

e.g. *Il commença de pleuvoir*

b Note the difference in meaning between:

- *il commence **à** apprendre* = he is beginning **to** . . . and *il a commencé **par** lui demander pardon* = he began **by** . . .
- *il a fini **de** préparer le repas* = he has finished preparing . . . and *il a fini **par** les remercier de leur attention* = he finished **by** . . . (and idiomatically 'at long last/finally he . . .'). Similarly, *achever* and *terminer*.

c Note also the difference in meaning between the following:

- *Il a décidé de partir* = He has decided to leave and *Il s'est décidé à partir* = He has made up his mind to leave. Similarly, *résoudre de/se résoudre à*.
- *Il a essayé de le comprendre* = He tried to understand it and *Il s'est essayé à faire de la peinture* = He tried his hand at painting.

d Note also the following:

- Active: *on m'a forcé/obligé **à** passer l'examen*
- Passive: *je suis forcé/obligé **de** passer l'examen*.

See for further information:	Coffman Crocker, pp. 227–9
	Ferrar, Appendix A, pp. 272–6
	Hawkins and Towell, pp. 292–304, 310–16
	Judge and Healey, pp. 326–7
	L'Huillier, pp. 205–6
	Price, pp. 402–26
	Turk and Vandaele, pp. 175–86

✎ EXERCISES

1 Fill in the gaps in the following sentences with the appropriate preposition *à* or *de*. In many of the sentences **a pair or a group of verbs** of similar meaning is given. Each verb in the pair/group takes the same preposition. As you work through the exercise, try to categorize each group for your own reference, e.g. verbs of 'fearing' + *de* + infinitive, etc. This should help you to remember them more easily and use them more confidently.

a Arrivé en 6e ou en 4e, l'enfant { a appris _____ manier sa propre langue.
a réussi
excelle

b Les professeurs ont tort ____ demander aux élèves ___ répéter du par cœur.

c On accuse/blâme les professeurs ____ dispenser un enseignement inutile.

On reproche aux professeurs ____ dispenser un enseignement inutile.

On en veut aux professeurs _____ dispenser un enseignement inutile.

d Les enfants tiennent/s'intéressent _____ savoir comment cela fonctionne.

e Les enfants s'amusent/se plaisent/prennent plaisir ____ jongler avec les éléments.

f Les professeurs dédaignent/évitent/négligent/omettent/refusent ____ donner des explications aux élèves.

g Les professeurs s'abstiennent/se gardent/se retiennent _____ donner des explications aux élèves.

h Ils affectent/prétextent/font semblant ____ ne pas vouloir effaroucher les enfants.

i Les enfants se flattent ___ tout comprendre.

Les enfants se félicitent/se vantent _____ avoir tout compris.

Les professeurs se font forts ____ bien expliquer la grammaire.

j Les enfants ont tendance/tendent ____ perdre tout intérêt si on leur défend/interdit ____ demander des explications.

k Il faut amener/encourager les enfants ____ demander des explications.

l Souvent les enfants hésitent/répugnent/tardent ____ parler, de peur de faire une erreur.

m Les professeurs passent/perdent leur temps ____ vouloir épargner les difficultés aux élèves.

Les professeurs se consacrent/persistent _____ vouloir épargner les difficultés aux élèves.

n Les enfants essaieront/tâcheront ____ surmonter les difficultés si on leur en donne l'occasion.

o On a commencé/s'est mis _____ étudier le problème de plus près.

p On se dépêche/s'empresse/se presse ____ y trouver une solution.

2 Fill in the gaps in the following short texts with the appropriate preposition. There is one case where **no** preposition is needed. Again, try to categorize verbs which take *à* and verbs which take *de* according to meaning.

Pour les ongles longs, qui craignent davantage les chocs, Brenda Abrial, manucure, conseille ___ passer une couche de vernis à l'intérieur de l'ongle: ça l'enrobe, ça le protège et, en plus, c'est aussi joli à l'envers qu'à l'endroit. Et pour améliorer la tenue du vernis et sa brillance, Brenda recommande ___ appliquer par-dessus, tous les deux jours, une fine couche de vernis transparent.

Vous cherchez ___ faire un cadeau original? Les parfumeries Marie-Jeanne Godard mettent à votre disposition leur service Interparfumeries, le même principe qu'Interflora. Vous choisissez votre cadeau et vous donnez l'adresse du destinataire. Un courrier l'invitera ____ venir ____ le chercher dans la parfumerie de la chaîne (il y en a soixante-huit) la plus proche de son domicile.

News Beauté, *Elle*

3 Make up a pair of sentences in each of the following cases to illustrate the difference in meaning between the two verbs listed.

   a décider de; se décider à

   b résoudre de; se résoudre à

   c finir de; finir par

   d essayer de; s'essayer à

   e obliger à; être obligé de

   f forcer à; être forcé de

   g arriver à; il arrive de

   h venir + no preposition; venir de

   i demander à; demander de

4 Translate the following sentences into French.

   a I succeeded in remembering it all.

   b I have finished packing my rucksack.

   c This film is about a man and a tiger.

   d He asked her to choose one.

   e You should think about it.

   f Have you tried to make pancakes?

   g Today you will learn to skate.

   h He hesitated to phone her as it was so late.

Text

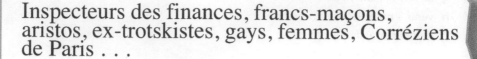

Inspecteurs des finances, francs-maçons, aristos, ex-trotskistes, gays, femmes, Corréziens de Paris . . .

Ces réseaux qui gouvernent la France

La France est hypercâblée, mais pas comme on le croit: elle est devenue un gigantesque entrelacs de réseaux d'hommes et d'intérêts. Un écheveau
5 clanique qui ne cesse de prendre de l'ampleur grâce à la crise, ou à cause d'elle. Certains groupes sont plus puissants ou plus occultes que d'autres, dans la réalité ou dans l'imaginaire.
10 Gare à la fantasmagorique vision lepéno-trotskiste qui **voudrait** nous faire croire que le pouvoir est manipulé. Par qui? par les capitalo-mondialistes de Davos, par les francs-
15 maçons ou par les juifs. L'histoire n'obéit pas à une théorie policière, ni le gouvernement de la France à d'obscurs comploteurs. Mais cela n'empêche pas une hiérarchie complexe à la tête de
20 laquelle règnent ces fameux énarques inspecteurs des Finances. Ces derniers **doivent** d'ailleurs compter avec d'autres sous-ensembles qui se serrent les coudes, passent des alliances, se
25 développent et meurent. Il en naît beaucoup plus qu'il n'en disparaît, et les réseaux archaïques parviennent à se revivifier. Il y a plus de clans dans ce pays que de fromages . . .

30 Il s'agit là d'une spécialité bien française: souvenons-nous de l'Ancien Régime, où les suzerains **devaient** aide et assistance à leurs vassaux. Les tribus politiques, les écuries présidentielles
35 fonctionnent aujourd'hui sur un modèle similaire. Dans certaines organisations patronales, un parrain planifie et suit la carrière de ses filleuls. Les structures en réseau ne sont pas forcément à
40 l'origine d'un monde stratifié. Les réseaux ont aussi une fonction démocratique: favoriser l'ascension sociale, tirer vers le haut ceux que l'ordre établi **voudrait** maintenir en
45 bas. Cet aspect positif est évidemment plus facile en période d'expansion, car les solidarités **peuvent** alors servir de tremplin. En période de crise, elles constituent *le* filet de sécurité,
50 l'organisation dont on attend assistance au sens plein. Ce n'est plus de l'ANPE que le chômeur espère un emploi, mais de ses réseaux constitués par affinités, expériences et intérêts. Car, des affiliés
55 au club de foot ou de pétanque aux collectionneurs de papillons en passant par les anciens du lycée, les homosexuels militants, les ex-

trotskistes, ou les anciens de Saint-
60 Gobain, chacun se raccroche aux toiles
d'araignée qu'il **peut** pour ne pas
sombrer . . . En commençant par la
famille, qui s'élargit: le petit-cousin
redécouvre son grand-oncle pour
65 obtenir un coup de main salvateur.

Si la France n'explose pas, elle le **doit**
en grande partie à ces cordes de rappel
qui empêchent tout un chacun de
dévisser et qui permettent à certains de
70 trouver une place où grimper. Solidarité
dans le malheur, à défaut d'espoir en un
progrès commun . . . Ce ne sont pas les
clans qui sont responsables de la panne
de l'ascenseur social. Ce ne sont pas les
75 lobbies qui sont coupables d'excès de
pouvoir: ce sont les politiques qui le
leur ont abandonné. Chirac l'avait très
bien dit en rappelant que les intérêts
individuels ne **devaient** pas faire passer
80 à la trappe l'intérêt de tous. Le radical
corrézien qu'il était, toujours attentif
aux clientèles, **savait** de quoi il parlait . . .
Récemment encore, le président a
reparlé, bien et fort, de ce sens du
85 collectif à retrouver qui dépasserait les
particularismes de ces technocrates en
particulier qui **devraient** être renvoyés à
leur technocratie.

Nicholas Domenach, *L'Événement du Jeudi*

♀ *Devoir, pouvoir* and *vouloir* in the text

These are often referred to as 'modal auxiliaries' or 'modals'. They normally express the attitude of a person (the subject) towards the action being discussed, i.e. whether the subject *must* do x, *can* do x, *wishes* to do x, etc.

These are the verbs used most commonly to translate the English 'would', 'could', 'should', 'may', 'might', 'ought to' and 'must'.

Devoir

1 USAGE

a *Devoir* can be followed by a direct object. In this case it means 'to owe'.

e.g. *Les suzerains devaient aide et assistance* (lines 32–3)
    Elle le doit (lines 66–7)

b In all other cases *devoir* is followed by a direct infinitive (i.e. an infinitive without *à* or *de*) and has one of the following meanings:

i   An obligation to do something (no choice).
e.g. *Ces derniers doivent . . . compter avec . . .* (lines 21–2)
(The latter have to reckon with/take account of . . .)

ii   A moral obligation (must do x).

e.g. *Les intérêts individuels ne devaient pas . . .* (lines 78–9)

(Personal interests must not . . .)

iii   Criticism or reproach

This is expressed in the conditional form

e.g. *Ces technocrates qui devraient être renvoyés à . . .* (lines 86–7)

(These technocrats who should be sent back to . . .)

2 FORMATION

present	future	past historic	present participle	past participle
je dois	je devrai	je dus	devant	dû
tu dois	tu devras	tu dus		
il doit	il devra	il dut		
nous devons	nous devrons	nous dûmes		
vous devez	vous devrez	vous dûtes		
ils doivent	ils devront	ils durent		

Pouvoir

1 USAGE

Pouvoir + the infinitive can express the ability someone has to do something.

e.g. *Car les solidarités peuvent alors servir de tremplin* (lines 46–8)

(The networks can be used as springboards)

Note   *le pouvoir* = power (lines 12, 76).

2 FORMATION

present	future	past historic	present participle	past participle
je peux	je pourrai	je pus	pouvant	pu
tu peux	tu pourras	tu pus		
il peut	il pourra	il put		
nous pouvons	nous pourrons	nous pûmes		
vous pouvez	vous pourrez	vous pûtes		
ils peuvent	ils pourront	ils purent		

Vouloir

1 USAGE

Vouloir + the infinitive expresses 'wanting' or 'wishing'.

> e.g. *La vision . . . qui voudrait nous faire croire* (lines 10–11)
> (The vision which would have us believe)
> *Tirer vers le haut ceux que l'ordre établi voudrait maintenir en bas* (lines 43–5)
> (would like to maintain . . .)

2 FORMATION

present	future	past historic	present participle	past participle
je veux	je voudrai	je voulus	voulant	voulu
tu veux	tu voudras	tu voulus		
il veut	il voudra	il voulut		
nous voulons	nous voudrons	nous voulûmes		
vous voulez	vous voudrez	vous voulûtes		
ils veulent	ils voudront	ils voulurent		

Other points to note in the text

- Relative pronouns: *qui* (lines 5, 11, etc.); *que* (line 43); *laquelle* (line 20); *où* (line 32); *dont* (line 50); *quoi* (line 82) (see Chapter 11)
- Demonstrative adjectives: *ce* (lines 28, 84); *cet* (line 45); *ces* (lines 20, 21, 86)
  Demonstrative pronoun: *ceux* (line 43) (see Chapter 14)
- Pronouns: *en* (line 25) (see Chapter 10)
- Word order: *le leur* (lines 76–7) (see Chapter 10)

Discover more about devoir, pouvoir, vouloir, savoir

1 *DEVOIR*

a *Devoir* can express a supposition or probability.

> e.g. *Il doit être au courant* (He must know)
> *Ils ont dû se perdre* (They must have got lost)

b *Devoir* can also express the idea that someone is supposed or scheduled to do something.

> e.g. *Je dois aller chez le médecin pour les inoculations* (I am supposed to go to the GP for the jabs)
> **Note** *le devoir* = duty.

c When expressing criticism/reproach, the English 'should have' is translated by the past conditional of *devoir* + infinitive, not by a compound tense of the main verb as in English.

> e.g. *Tu aurais dû me le dire* (= You should have told me)

2 POUVOIR

a *Pouvoir* can indicate permission to do something.

e.g. *Tu peux partir maintenant* (You may go now)

b *Pouvoir* can indicate a possibility or probability (frequently in the conditional).

e.g. *Il peut arriver d'un jour à l'autre* (He may arrive any day)
Il pourrait être là dès ce soir (He could be here by this evening)

You need to beware that in some circumstances the English 'may'/'might' are translated into French not by a tense of *pouvoir*, but by a subjunctive of the main verb, e.g. *De peur qu'il ne nous entende* (= for fear that he may/might hear us); *quoi que tu dises* (= whatever you may/might say) (see Chapter 26).

c *Pouvoir* is also used frequently for a polite request (often in the conditional).

e.g. *Pouvez-vous me passer le sel?* (May I have the salt?)
Pourriez-vous m'envoyer le paquet à domicile? (Could you/Would you send the parcel to my home address?)

d Translation of 'could' into French

This can present problems for an Anglophone. It is helpful to try to rephrase the verb as either 'was/were able' or 'would be able'.

e.g. She could reach it (= she was able to reach it) > *elle **pouvait** l'atteindre*
She could reach it (if she stood on a chair) > *elle **pourrait** l'atteindre*

3 VOULOIR

Vouloir is often used in the conditional to express a polite request.
e.g. *Je voudrais un verre d'eau, s'il vous plaît* (I'd like a glass of water, please)

4 SAVOIR

a Usage
Savoir + infinitive expresses the ability to do something, the know-how.
e.g. *Je sais jouer de la guitare* (I can play the guitar)

Savoir can be followed by an object. In this case it means 'to know'.
e.g. *savait de quoi il parlait* (line 82) (knew what he was talking about)

b Formation

present	future	past historic	present participle	past participle
je sais	je saurai	je sus	sachant	su
tu sais	tu sauras	tu sus		
il sait	il saura	il sut		
nous savons	nous saurons	nous sûmes		
vous savez	vous saurez	vous sûtes		
ils savent	ils sauront	ils surent		

See for further information: Coffman Crocker, pp. 289–91

Ferrar, pp. 117–22

Hawkins and Towell, pp. 274–82

Judge and Healey, (*devoir*) pp. 125, 161–2, 173; (*pouvoir*)
  pp. 125, 161–2, 174; (*vouloir*) pp. 125–6; (*savoir*) p. 229

L'Huillier, pp. 273–92

Price, pp. 387–91, 402–3

Turk and Vandaele, pp. 166–74

✎ EXERCISES

1 Complete the following text, using the verbs indicated in the appropriate tense.

On _____ (pouvoir) croire que chacun obtient son poste par pur mérite. Ce n'est pas
toujours le cas! Vous _____ (devoir) savoir qu'il existe toutes sortes de réseaux qui
facilitent la vie de ceux qui _____ (vouloir) trouver un emploi. Cela _____ (pouvoir)
être les francs-maçons, les femmes ou encore les Corréziens de Paris. S'il _____ (savoir) où
s'adresser, le chercheur d'emploi _____ (pouvoir) ouvrir des portes qui lui seraient fermées
autrement. Ceux qui _____ (vouloir) avancer _____ (devoir) se trouver des amis
quelque part!

2 Read the following text, then fill the gaps using *devoir, pouvoir, vouloir* or *savoir* in the
appropriate form. Make any necessary changes.

Hier je _____ aller à une réunion où je _____ faire la connaissance de mon homologue
dans la société rivale. Malheureusement je ne pas _____ m'y rendre car il y avait une
grève des autobus, ce que je ne _____ pas. Je _____ y aller à pied mais c'était trop
tard. Je _____ rencontrer cet homme pour essayer de _____ quelles sont ses stratégies
car elles ont beaucoup de succès dans cette entreprise. Je _____ trouver une autre
occasion.

3 Translate into French, using d*evoir, pouvoir, vouloir* or *savoir*.

a I was unable to arrive on time.
b He ought to be more careful.
c I would like to know the truth.
d He could have tried, at least!
e She owes him 200 euros.
f Can you help me?
g I will know by tomorrow.
h I should have revised the tenses.
i She must know this.
j I would like to leave in half an hour.

4 Translate into French.

    a I would like a drink.

    b They should wait a bit longer.

    c Could I leave a message?

    d They couldn't tell me.

    e That would be great!

    f She should be here by now.

5 Translate into French.

    a I should have remembered there was a film on tonight.

    b I couldn't have lost it!

    c It would have been near impossible.

    d You shouldn't have opened this letter.

    e No, they would have phoned.

    f It could have happened.

6 Write eight sentences using different tenses of *devoir/pouvoir/vouloir* on the following theme: 'Ce que le gouvernement peut/doit/veut faire'.

e.g. *Le gouvernement n'a pas pu empêcher la grève.*

25 | Impersonal verbs

Text

En décembre prochain, le coup d'envoi
sera donné à l'opération Biosphère II.
Il s'agit du projet écologique le plus
ambitieux qui ait jamais été entrepris.
5   Pendant deux ans, huit chercheurs
vivront sous un globe à l'intérieur
duquel sera reconstituée une mini-
planète.

　　C'est à l'American Institute of
10 Ecotechnics qu'a mûri, au début des
années quatre-vingts, l'idée de
construire Biosphère II.

　　Pour concrétiser ce projet, **il a fallu**
que 200 personnes, dont 30 savants
15 internationaux, s'adonnent pendant
cinq ans à un travail acharné.

　　Copic miniature de la Terre,
Biosphère II est aujourd'hui fin prête.
Plantée en plein désert de l'Arizona,
20 elle prend la forme d'une serre géante
de trois hectares (l'équivalent de trois
terrains de football) dans laquelle
vivent des milliers d'espèces animales

et végétales auxquelles viendront
25 s'adjoindre huit humains.

　　Sous cette structure de verre, les
savants ont tenu à installer un concentré
de planète où rien ne manque. Pas
étonnant, dès lors, que la réalisation de
30 Biosphère ait coûté plus de cent
millions de dollars. **Il faut** reconnaître
qu'on n'a pas lésiné sur les moyens.

　　La partie la plus élevée de la serre
renferme une forêt tropicale . . . À côté,
35 une savane tropicale a été importée
d'Afrique, d'Amérique latine et
d'Australie . . . L'élément aquatique n'a
pas été oublié . . . Bien entendu, **il y a**
aussi une plage de sable et, même, une
40 machine à vagues . . .

　　Les spécialistes ont veillé à ce qu'**il
règne**, dans la serre, un climat tropical,
car celui-ci est adapté aux conditions
ambiantes et il permet le
45 développement d'une importante
diversité d'espèces.

Actualquarto

Note: the experiment described in the text was completed in 1994, but Biosphère II remains and now
serves as a centre for research and teaching about Earth, its living systems, and its place in the Universe.

♀ Impersonal verbs in the text

1 USAGE

a *Falloir*, which expresses necessity, only exists in impersonal forms. It is found here followed by:

- an infinitive, e.g. *il faut reconnaître* (line 31) = We must/you have to admit

- a clause introduced by *que* and with the following verb in the subjunctive, e.g. *il a fallu que 200 personnes . . . s'adonnent* (lines 13–15) (see also Chapter 26).

b *Il y a*, meaning either 'there is' or 'there are', also exists only in the impersonal form. It is followed by a noun or a series of nouns, e.g. *il y a aussi une plage de sable et, même, une machine à vagues* (lines 38–40). The important thing to note is that, like other impersonal verbs, it is always in the singular, even though it may translate the English 'there are' and be followed by a plural noun, e.g. *il y a des verres sur la table* = there are some glasses on the table.

c *Il s'agit de* (line 3), again, is only ever used impersonally. It is difficult to give one single English translation of it which will fit all contexts, but in general terms it means 'it is a question/a matter of', or 'it is about'. English often uses a personal subject (i.e. one referring to a specific noun) instead. So, for example, we might translate '*Il s'agit du projet écologique . . .*' (lines 3–4) by 'This (i.e. Biosphère II) is the most ambitious environmental project . . . '. English speakers must take particular care to avoid using *s'agit de* with a specific subject in this way. See ***Discover more about impersonal verbs***, **1c**, below.

d Verbs which may and indeed which usually do take a specific personal subject can also sometimes be used impersonally, e.g. *il règne . . . un climat tropical* (lines 41–2). This usage corresponds here to the English 'There reigns . . . '.

2 FORM

a A number of verbs exist only in an impersonal form. They can only take as their subject the singular pronoun *il*, used impersonally and not referring to any specific person or thing.

e.g. *il s'agit* (+ *de*) (line 3); *il faut* (line 31); *il y a* (line 38)

b *Il y a* (line 38) is formed from the infinitive (*y*) *avoir*, though it translates the English 'there is/are' from the verb 'to be'.

c These verbs can be used not just in the present tense, but in the full range of tenses, indicative and subjunctive.

e.g. *il a fallu* (line 13)

Other points to note in the text

- Passive: *sera donné* (line 2); *ait été entrepris* (line 4); *sera reconstituée* (line 7); *n'a pas été oublié* (lines 37–8) (see Chapter 21)
- Subjunctive: *ait été entrepris* (line 4); *s'adonnent* (line 15); *ait coûté* (line 30); *il règne* (lines 41–2) (see Chapter 26)
- Relative pronouns: *qui* (line 4); *duquel* (line 7); *dont* (line 14); *dans laquelle* (line 22); *auxquelles* (line 24); *où* (line 28) (see Chapter 11)
- Pronominal verbs: *s'adonnent* (line 15); *s'adjoindre* (line 25) (see Chapter 20)

Discover more about impersonal verbs

1 USAGE

a In addition to the uses illustrated in the text, *falloir* may also occur followed by a noun, e.g. *Il faut de l'argent* = Money is needed. Used in this way, the verb may be preceded by an indirect object pronoun, e.g. *Il nous faut de l'argent*. This is to be contrasted to English usage, which would undoubtedly be personal here, i.e. 'We need money'.

b *Il y a* has a number of idiomatic uses:

- *il y a/avait deux ans* = two years ago/before
- *Combien y a-t-il d'ici à Londres?* = How far is it from here to London?
- *Qu'est-ce qu'il y a?* = What is the matter?
- followed by *à* + infinitive, or more commonly by *de quoi* + infinitive.

e.g. *Il y a à faire dans le garage* = There are things to do in the garage

Il y a de quoi manger dans le frigo = There is plenty to eat in the fridge

Note also the familiar expression *Il n'y a pas de quoi* = Don't mention it.

c English speakers must avoid the temptation to use *s'agit de* with a specific subject. To translate 'This film/book is about . . .' you must say *Dans ce livre/film* **il** *s'agit de* . . . . Such phrases as *Ce film s'agit de* are unacceptable. Although usually followed by a noun, it should be noted that *il s'agit de* may also be followed by an infinitive, e.g. the idiom *il s'agit de faire vite* = we must act quickly; the thing to do is to act quickly.

d The very well known group of verbs used to describe the weather, e.g. *Il pleut, Il neige*, are further examples of impersonal verbs. They, like the verbs discussed above, can also be conjugated in the full range of tenses.

e The weather is also frequently described with an impersonal use of the verb *faire* + an adjective or noun.

e.g. *Il fait beau, il fait du vent*

f Verbs which usually take a specific personal subject, but which are also sometimes used impersonally, include: *arriver, exister, se passer, convenir, manquer, rester*, e.g. *Il s'est passé quelque chose d'extraordinaire* = Something extraordinary has happened. Notice that in this usage the verb must, like all other impersonal verbs, remain in the singular, even when followed by a plural noun.

e.g. *Il manque deux fourchettes; il existe deux modèles*

g The verb *être* can be used impersonally, in set expressions, e.g. *Il est dommage que*. For further examples of such expressions, see Chapter 26.

h The verb *être* can also be used impersonally as an alternative, usually in formal written French, to *il y a*, e.g. *Il est des choses que l'on ne comprendra jamais*. Fairy stories may begin with *Il était une fois* as an alternative *to Il y avait une fois*.

2 FORM

a *Falloir* is an irregular verb, and the following forms should be noted.

indicative

il faut (present)   *il fallait* (imperfect)   *fallu* (past participle, used to
il faudra (future)   *il a fallu* (*passé composé*)   form all compound tenses)
il faudrait (conditional)   *il fallut* (past historic)

subjunctive

(*qu'*) *il faille* (present)
il ait fallu (perfect)
il fallût (imperfect)
il eût fallu (pluperfect)

b *S'agir de* conjugates as a regular *-ir* verb, thus.

indicative   **subjunctive**

il s'agit (present)   *il s'agisse* (present)
il s'agira (future)
il s'agirait (conditional)
il s'agissait (imperfect)

This verb, exceptionally among impersonal verbs, is also found in the present participle, *s'agissant*.

c As noted above, the verb *il y a* is formed from the infinitive (*y*) *avoir* and **not** from *être*. It is vital to remember this when conjugating the verb in its full range of tenses, thus:

indicative   **subjunctive**

il y a (present)   *il y ait* (present)
il y aura (future)   *il y ait eu* (perfect)
il y aurait (conditional)   *il y eût* (imperfect)
il y avait (imperfect)   *il y eût eu* (pluperfect, v. rare)
il y a eu (*passé composé*)
il y avait eu (pluperfect)
il y eut (past historic)

It is particularly important to note that in compound tenses, the auxiliary used is *avoir*, and that the past participle is *eu* (from *avoir*), **not** *été* (from *être*).

See for further information: Coffman Crocker, no references
                                        Ferrar, p. 218
                                        Hawkins and Towell, pp. 218–20
                                        Judge and Healey, pp. 202–3, 230
                                        L'Huillier, pp. 252–61
                                        Price, pp. 253–6
                                        Turk and Vandaele, pp. 211–15

EXERCISES

1 Complete the following sentences with the impersonal verbs indicated in the appropriate tense and mood. You will find it useful to consult Chapter 6 on the future, Chapter 7 on the conditional and past conditional, and Chapter 26 on the subjunctive.

  a Paul nous a dit qu'il ne (s'agir) _____ pas de lui reprocher ses difficultés. Il (falloir) _____ plutôt l'aider à s'en sortir. (**imperfect** in reported speech)

  b Si l'on y avait pensé plus tôt, il (y avoir) _____ moins de dégâts.

  c Je ne pense pas qu'il (falloir) _____ lui dire comment le faire. Selon son professeur il (s'agir) _____ plutôt de le laisser se débrouiller.

  d Si le patron ne se montre pas plus raisonnable, il (y avoir) _____ une grève.

  e Je ne savais pas qu'il (y avoir) _____ une manifestation hier.

  f Jeanne était en train de préparer le dîner, quand tout à coup il (y avoir) _____ une coupure de courant.

  g Il nous a expliqué les événements de la veille. Il (s'agir) (pluperfect) _____ d'une brouille avec son voisin.

  h Si vous ne pouvez terminer l'exercice ce soir, il (falloir)_____ le faire demain.

  i Si je savais ce dont il (s'agir) _____, il ne me (falloir) _____ pas vous le demander.

  j Craignant qu'il ne (s'agir) _____ d'un accident, j'ai couru à la fenêtre.

  k Nous sommes partis aussitôt que possible, mais il (falloir) _____ deux heures pour arriver chez lui. Il nous a expliqué qu'il (falloir) _____ prendre l'autoroute si nous avions voulu faire plus vite.

2 Translate the following into French, using impersonal verbs wherever possible.

  a It is twenty kilometres from here to the sea.

  b Something very odd has happened.

  c It is advisable to wait a few minutes. Three students are missing.

  d There are things to do at home. I need to get back as soon as possible.

  e They need more time to complete the work.

  f The government must deal with this problem.

  g Do you know what his book is about?

  h It was very windy and the climbers had to turn back before reaching the top of the mountain.

  i You'll find there is plenty to drink.

  j I have been waiting here for half an hour. (Use *il y a . . . que,* and see Chapter 1.)

3 Oral work (pair work)

  Working with a partner, and using the impersonal expression *il s'agit de* or *il s'agissait de*, take it in turns to tell one another about the subject matter of:

  a a film which you have seen recently

  b a book which you have read recently

  c an exhibition or a lecture/talk which you have been to recently.

4 Composition

Write a short note to a friend explaining why you were unable to meet him/her as arranged last night. Use *il faut; il faudra; il fallait; il a fallu; il aurait fallu* wherever possible and as appropriate. The following skeleton may give you some ideas: Mother ill. Had to stay at home and call the doctor. Then had to go to late night chemist's to pick up prescription. You should have thought to phone your friend, but you genuinely forgot. You'll have to arrange another meeting again soon.

26 | The subjunctive (present and perfect)

«Comment t'appelles-tu?

Je m'appelle Jean, monsieur.

Tu habites dans ce quartier?

Non, monsieur, j'habite dans le quatorzième.»

5 Nous nous trouvons pourtant à l'autre bout de Paris. Bien que de multiples raisons **puissent** exister pour expliquer la présence ici de cet enfant, je m'étonne qu'il **traîne** ainsi, dans la rue, si loin de son domicile. Sur le point de lui poser une question à ce sujet, j'ai peur soudain que mon indiscrétion ne lui **paraisse** étrange, qu'il ne s'en **alarme**, et même qu'elle ne le **fasse** fuir . . .

10 «Rue Vercingétorix», précise le gamin, de sa voix qui passe brusquement de l'aigu au grave, en plein milieu d'un mot aussi bien.

Le nom du chef gaulois me surprend: je crois qu'il y a justement une rue Vercingétorix qui donne sur cette avenue-ci, et je ne pense pas qu'il y en **ait** une autre ailleurs, dans Paris en tout cas. C'est impossible que le même nom **soit** utilisé pour

15 deux rues différentes de la même ville; à moins que deux Vercingétorix n'**existent** aussi dans l'histoire de France. Je fais part de mes doutes à mon compagnon.

«Non», répond-il sans hésiter, il n'y a qu'un seul Vercingétorix, et une seule rue à Paris. Elle se trouve dans le quatorzième arrondissement.»

Il faut donc que je **confonde** avec un autre nom de rue? . . . C'est assez fréquent

20 que nous **croyions** ainsi à des choses tout à fait fausses; il suffit qu'un fragment de souvenir venu d'ailleurs s'**introduise** à l'intérieur d'un ensemble cohérent resté ouvert, ou bien que nous **réunissions** inconsciemment deux moitiés disparates, ou encore que nous **inversions** l'ordre des éléments dans un système causal, pour que se **constituent** dans notre tête des objets chimériques, ayant pour nous toutes les

25 apparences de la réalité . . .

Mais je remets à plus tard la résolution de mon problème de topographie, de peur que le gamin ne **finisse** par se lasser de mes questions. Il m'a lâché la main, et je doute qu'il **veuille** me servir de guide encore longtemps. Ses parents l'attendent peut-être pour le déjeuner.

30 Comme il n'a plus rien dit depuis un temps assez long (assez long pour que j'en **prenne** conscience), je crains même un instant qu'il ne **soit** déjà **parti**, et qu'il ne **faille** désormais que je **poursuive** seul ma route, sans son providentiel soutien. Je dois avoir l'air désemparé, car j'entends alors sa voix, rassurante en dépit de ses sonorités étranges.

> «Il ne semble pas, dit-il, que vous **ayez** l'habitude de marcher seul. Voulez-vous
> 35 que nous **restions** ensemble encore un peu? Où allez-vous?»
>
> La question m'embarrasse. Mais je dois éviter que mon guide improvisé ne s'en
> **aperçoive**. Pour qu'il ne **sache** pas que je ne sais pas moi-même où je vais, je
> réponds avec assurance, sans réfléchir: «À la gare du Nord.»

A. Robbe-Grillet, *Djinn*

⌕ The present subjunctive in the text

1 USAGE

a The subjunctive is normally used only in subordinate clauses, and its use is triggered by a particular signal in the main clause. The trigger may fall into one of three grammatical categories. The two principal categories are:

- a verb, which may be either a personal verb, e.g. *je m'étonne* (line 6) or an impersonal verb, e.g. *il faut* (line 19)
- a conjunction, e.g. *à moins que* (line 15); *pour que* (line 23).

For details of the third category, a particular type of antecedent + relative pronoun, and for universal expressions, such as 'whoever he may be', see *Discover more about the present subjunctive*, **1b,** below.

b The verbs which trigger a subjunctive in the subordinate clause are most usefully categorized by meaning. All of them imply that the events of the subordinate clause are viewed with a significant measure of personal interpretation.

c Verbs expressing personal desire
The first group of verbs express personal desire, an intention that something should or should not happen, e.g. *Voulez-vous que nous restions* (lines 34–5). Note that in the latter instance, English would use an infinitive – Do you want us to stay? It is not possible to use an infinitive in French after *vouloir* and many other verbs of similar meaning unless the subject is the same in both halves of the sentence, e.g. *je veux rester* = I want to stay myself, but *je veux que nous restions* = I want us to stay. See also 2, **Avoidance of the subjunctive**, below.

d Impersonal expressions of necessity, e.g. *il faut donc que je confonde* (line 19); *il suffit qu'un fragment . . . s'introduise* (lines 20–1), may be usefully categorized alongside personal expressions of desire.

e Verbs expressing emotion
A second group of verbs express emotion, e.g. surprise: *je m'étonne qu'il traîne* (lines 6–7) and fear: *j'ai peur . . . que mon indiscrétion ne lui paraisse étrange . . .* (line 8); *je crains que* (line 31). It will be noted that after verbs of fearing, the verb in the subjunctive is preceded by *ne*, e.g. *je crains qu'il ne soit déjà parti* (line 31). This is a feature of careful written French. It is not to be understood as a negative. See also the note at the end of **i** below.

f Impersonal expressions of emotion/judgement, e.g. *il est dommage que; il est bon que*, also take the subjunctive.

g Verbs expressing doubt or disbelief

A third group of verbs express doubt or disbelief, e.g. *je doute qu'il veuille* (lines 27–8). This extends to verbs of thinking and saying when used negatively (and interrogatively), e.g. *je ne pense pas qu'il y en ait* (line 13). But it is important to note that verbs of thinking and saying only take the subjunctive when they are negative or interrogative. Furthermore, in spoken French they are frequently followed by the indicative even when they are interrogative.

h Impersonal expressions of impossibility, e.g. *c'est impossible que . . . soit* (line 14); *il ne semble pas . . . que vous ayez* (line 34) may be categorized alongside personal expressions of doubt or disbelief.

i Conjunctions

Various types of conjunction trigger the use of the subjunctive. These include:
- concessive, e.g. *bien que*
- expressions of purpose, e.g. *pour que*
- expressions of restriction, e.g. *à moins que*
- expressions of fear, e.g. *de peur que*

The following examples occur in the text:
bien que de multiples raisons puissent exister (lines 5–6)
pour que se constituent (lines 23–4; also 30–1; 37)
à moins que deux V. n'existent (line 15)
de peur que le gamin ne finisse (lines 26–7)

For further types of conjunction which trigger the subjunctive, see **Discover more about the present subjunctive, 1e**, below.

Note that in careful written French, *ne* usually follows both *à moins que* and *de peur que*. It does not make the verb negative. Contrast: *de peur que le gamin n'arrive* = for fear that the kid will arrive . . . with *de peur que le gamin n'arrive pas . . .* = for fear that the kid will not arrive . . . .

j Where a trigger (either verb or conjunction) is followed by a sequence of two or more verbs, *que/qu'* must be repeated before each verb, and each verb must be in the subjunctive, e.g. *j'ai peur que mon indiscrétion ne lui paraisse étrange, qu'il ne s'en alarme, et même qu'elle ne le fasse fuir . . .* (lines 8–9). See also *il suffit que . . .* (lines 20–3).

2 AVOIDANCE OF THE SUBJUNCTIVE

Where the subject of the verb is the same in both halves of the sentence, it is necessary to use an infinitive in French rather than a subjunctive, e.g. *je réponds . . . sans réfléchir* (lines 37–8). Here it is the same subject, *je*, who is both replying and not thinking. Contrast *je réponds sans qu'il ait le temps de réfléchir*, where there is a different subject in the second half of the sentence, so that the conjunction *sans que* + subjunctive must be used.

3 FORMATION

a For the *je, tu, il/elle* and *ils/elles* forms, take the third person plural form of the present indicative minus the *-ent* as the stem, and add the following endings:

je	*-e*
tu	*-es*
il	*-e*
ils	*-ent*

The *nous* and *vous* forms of the present subjunctive are identical to the imperfect indicative (see Chapter 3).

There are multiple examples of the present subjunctive in the text.

b A few verbs have an irregular stem throughout the present subjunctive. The endings, however, are the same for all French verbs except *avoir* and *être*.

- *faire: fasse, fasses, fasse* (line 9), *fassions, fassiez, fassent*
- *falloir: faille* (line 31)
- *pouvoir: puisse, puisses, puisse, puissions, puissiez, puissent* (line 6)
- *savoir: sache, saches, sache* (line 37), *sachions, sachiez, sachent*
- *avoir: aie, aies, ait* (line 13), *ayons, ayez* (line 34), *aient*
- *être: sois, sois, soit* (line 31), *soyons, soyez, soient*

c The verb *vouloir* has an irregular stem in the *je, tu, il* and *ils* forms, but not in the *nous* and *vous* forms. Thus: *veuille, veuilles, veuille* (line 28), *VOULIONS, VOULIEZ, veuillent*.

4 USE OF THE PRESENT TENSE

a The tenses of the subjunctive most commonly used in speech and writing are the present and the perfect. There is no such thing as a future subjunctive, so that the present subjunctive covers instances where if the verb were indicative a future might be expected, e.g. *j'ai peur . . . que mon indiscrétion ne lui paraisse étrange* (line 8) = I am afraid that my indiscretion will/may appear strange to him. Similarly, *de peur que le gamin ne finisse . . .* (lines 26–7) = for fear that the kid will/may end up . . . . Note that you should not translate the English 'may' in these circumstances with a tense of *pouvoir* (see Chapter 24).

b The perfect subjunctive (see below) is used in instances where reference is made to prior events and where a present subjunctive would not convey this reference to the past, e.g. *je crains même qu'il ne soit déjà parti* (line 31) = I am afraid that he may already have left. The present subjunctive *qu'il ne parte* would mean 'I fear that he may leave'.

Other points to note in the text

- Perfect subjunctive: *il ne soit déjà parti* (line 31) (see below for more information).
- Articles: *de multiples raisons* (line 5) (see Chapter 13).
- Negative: *il n'a plus rien dit* (line 30) (see Chapter 8).

- Pronouns: *lui poser une question* (line 7); *il s'en alarme* (line 9); *il y en ait* (line 13) (see Chapter 10).
- *faire* + infinitive: *le fasse fuir* (line 9).
- Present participle: *ayant* (line 24) (see Chapter 22).

Discover more about the present subjunctive

1 USAGE

a As stated above, the subjunctive is used almost exclusively in subordinate clauses. However, it is occasionally found in a main clause, functioning as a third person imperative (see also Chapter 19 on the imperative):

e.g. *Qu'il se débrouille tout seul* Let him manage on his own

Que Dieu nous protège May God help us!

In certain set expressions, the introductory *que* may be omitted:

e.g. *Vive le roi* Long live the King

Sauve qui peut Every man for himself

b We have seen above (***The present subjunctive in the text***) two of the three grammatical categories of trigger which occasion use of the subjunctive in a subordinate clause. The remaining category is a particular type of antecedent + relative pronoun *qui/que/où*. (The term 'antecedent' means simply the noun/pronoun occurring before the relative pronoun and to which the pronoun refers: see Chapter 11.) Within this third category there are three main subdivisions:

- a superlative expression (as subjective view, not as objective statement of fact): *le plus . . . qui/que; le moins . . . qui/que, le premier, le dernier, le seul, l'unique . . . qui/que*
  e.g. *C'est la plus jolie maison que l'on puisse souhaiter*
  Contrast the use of the indicative in: *C'est le dernier livre qu'il a écrit.*
- a negative, e.g. *il n'y a personne qui puisse vous aider*
- an indefinite: *quelqu'un qui/que . . .; un(e)* (e.g. *chambre*) *qui/que . . .*; but the subjunctive is only used when a desirable something or someone is being sought and does not necessarily exist:
  e.g. *Je cherche un étudiant qui puisse traduire cet article en allemand*
  However, if the something or someone is known to exist, the indicative is required:
  e.g. *Je connais quelqu'un qui pourra vous aider*

c Personal verbs + subjunctive

Note that verbs of saying and believing are normally followed by an indicative:

e.g. *Je pense/crois qu'ils sont déjà partis*

It is only when they are used negatively or interrogatively and thus express doubt/disbelief that they are followed by a subjunctive:

e.g. *Je ne pense pas qu'ils soient toujours là*

The verb *espérer* (to hope) behaves in the same way. A positive expression of hope takes the indicative; a negative or interrogative expression takes the subjunctive.

In contrast, *s'attendre à* (to expect) is always followed by the subjunctive:

e.g. *Je m'attends à ce qu'il arrive ce soir* = I am expecting him to arrive this evening

Note the use of *à ce que* + subjunctive where English has an infinitive.

d Impersonal verbs + subjunctive

Expressions of improbability/impossibility/possibility are followed by the subjunctive, but expressions of probability are usually followed by the indicative. Contrast the following:

Il est peu probable qu'elle arrive demain It is unlikely that she will arrive tomorrow

Il est probable qu'elle arrivera demain She probably will arrive tomorrow

Note also the contrast between:

Il semble qu'elle comprenne It seems that she may understand

Il me semble qu'elle comprend It seems to me that (= I think that) she understands

e Conjunctions

Most conjunctions of time, e.g. *depuis que; pendant que*, take the indicative, but three conjunctions, all referring to events which have not yet taken place, take the subjunctive: *avant que; en attendant que; jusqu'à ce que*.

Although foreign learners of French are usually recommended to use the indicative after *après que*, it is not uncommon to find a subjunctive, presumably because it is associated in people's minds with *avant que*. See also Chapter 29 on conjunctions.

Other types of conjunction which trigger the subjunctive are:

- concessive: *malgré que, quoique (bien que* in the text)
- conditional: *à condition que, pourvu que*
- expressions of purpose: *afin que, de façon que, de manière que, de sorte que (pour que* in the text)
- expressions of restriction, denial: *non que* (not that), *sans que (à moins que* in the text)
- expressions of fear: *de crainte que (de peur que* in the text)
- *soit que* (whether)

The conjunctions *de façon que, de manière que, de sorte que* only take the subjunctive when they express a deliberate intent/purpose:

e.g. *Elle a rangé les documents de sorte que les enfants ne puissent pas les abîmer*

When they express an accidental or incidental result or consequence, they take the indicative:

e.g. *Elle est partie de sorte que je ne peux pas lui demander son avis*

f The following 'universal' expressions take the subjunctive:

qui que: e.g. *qui que vous soyez* whoever you may be

quoi que: e.g. *quoi que vous fassiez* whatever (pronoun) you do

quel(le) que: e.g. *quel que soit son emploi du temps* whatever (adjective) his timetable may be

où que: e.g. *où que vous alliez* wherever you go

pour/si/aussi/quelque + adjective: e.g. *pour désagréable que ce soit* however unpleasant it may be

Note the distinction between:

quoique (one word) + subjunctive – e.g. *quoiqu'elle soit malade* although she may be ill

quoi que (two words) + subjunctive – e.g. *quoi qu'il fasse* whatever he does

g Note also the construction *que* + subjunctive . . . *ou* (whether . . . or)

Qu'il nous réponde ou non, cela m'est égal Whether he replies or not, it's all the same to me

Qu'ils viennent ou qu'ils ne viennent pas, je leur téléphonerai demain Whether they come or not, I'll phone them tomorrow

2 FORMATION

There are three more verbs with irregular stems to be noted.

aller: aille, ailles, aille, ALLIONS, ALLIEZ, aillent

pleuvoir: il pleuve

valoir: vaille, vailles, vaille, VALIONS, VALIEZ, vaillent

It should be noted that *aller* and *valoir* only have an irregular stem in the *je, tu, il* and *ils* forms. In this respect they behave like *vouloir* (see **The present subjunctive in the text,** 3c, above).

3 USE OF TENSES

It is only in very careful written French that you are likely to encounter or need to use the imperfect and pluperfect subjunctives. See Chapter 27 for more information on these. Elsewhere the present subjunctive (or perfect subjunctive to refer to prior events – see below) should be used.

Note

Most subordinate clauses introduced by *que* do not take the subjunctive. Do not be tempted to use the subjunctive after conjunctions of time such as *alors que, pendant que,* after causative conjunctions such as *parce que, puisque,* or after positive statements of fact such as *il est évident que, il dit/pense que.*

See for further information:	Coffman Crocker, pp. 195–213
	Ferrar, pp. 50, 92–9
	Hawkins and Towell, pp. 162, 257–74
	Judge and Healey, pp. 131–53, 221
	L'Huillier, pp. 153–9, 162–82
	Price, pp. 363–82
	Turk and Vandaele, pp. 216–19, 221–50

✎ EXERCISES

1 Complete the following sentences in six different ways, supplying in turn the present subjunctive form of each verb listed.

   a Il faut que tu _____ (réfléchir; partir; s'en aller; recommencer; boire; se lever).

   b Elle veut que nous _____ (sortir; finir; chanter; faire un effort; apprendre ce poème; s'en aller).

    c Il est nécessaire qu'il _____ (travailler; maigrir; boire; pouvoir se détendre; prendre une douche; en savoir les résultats).

    d Nous désirons que vous _____ (se charger de cette tâche; finir votre travail; prendre l'apéritif avec nous; avoir le temps d'y penser; être prêt(s) à 19 heures).

2 Fill in the gaps in the following text with the appropriate present subjunctive forms of the verbs given in brackets.

Pour que le football (redevenir) _____ un super rendez-vous sportif, il faut que tout le monde y (mettre) _____ du sien. Il faut que les responsables des clubs (faire) _____ retomber la pression. Il faut que les joueurs (respecter) _____ les règles, ou (être) _____ sanctionnés. Il faut que les supporters (savoir) _____ qu'il y a des limites à ne pas dépasser.

Okapi

3 Study the following sentences and decide whether the verb in italics is **indicative** or **subjunctive**. If you think it is subjunctive, identify the **trigger** which has occasioned use of the subjunctive.

    a Je m'étonne que vous *travailliez* encore.

    b Il est peu probable qu'il *arrive* ce soir.

    c Ils sont partis sans que nous *entendions* le moindre bruit.

    d Je veux qu'ils *voient* mon nouvel appartement.

    e Il fait trop chaud pour que je *travaille* dehors.

    f Pendant qu'il *regarde* la télévision, elle lit le journal.

    g Connaissez-vous un endroit où l'on *trouve* de ces fleurs?

    h Elle dit qu'il *travaille* trop.

    i Je ne pense pas qu'il *habite* très loin d'ici.

    j Il est évident que vous *chantiez* mieux que lui.

4 Complete the following sentences with the correct form (indicative or subjunctive as appropriate) of the verb in brackets.

    a Il semble que vous (avoir) _____ raison.

    b Il est juste qu'il (être) _____ puni.

    c Il est probable qu'elle (arriver) _____ demain.

    d Je ne crois pas qu'il (savoir) _____ nager.

    e Je resterai ici jusqu'à ce qu'il (partir) _____ .

    f J'espère que vous (avoir) _____ tout ce qu'il vous faut.

    g Je viendrai vous chercher à l'aéroport, pourvu qu'elle me (permettre) _____ de m'absenter du bureau.

    h Je croyais qu'il (être) _____ malade.

5 Translate the following sentences into French. If the subject of both verbs in the sentence is the same, use an infinitive; if the verbs have different subjects, use the **subjunctive**.

    a I want to change my job.

      I want him to change his job.

b Before you leave, may I ask you a favour?

Before leaving, I gave her a ring.

c She is frightened of travelling alone.

He is afraid of her having an accident.

d He left without saying goodbye.

She left without his seeing her.

6 Translate into French, using the subjunctive where appropriate.

a Whatever you do, you can never please him.

b Although we like the town, we are not sorry to be leaving.

c He wants you to give him a ring tonight.

d He is the most outstanding student I know.

e Whatever his reasons may be, there can really be no excuse.

f He has ordered that the prisoners be released.

g I am afraid that he may come back later.

h Are you saying that he is lying?

i We are going to have lunch on the terrace unless it rains.

j It is possible that they may know the result already.

k He hopes that she will be back tonight.

l Whether he knows it or not, he is going to be elected president of the organization.

7 Oral work (pair work)

a Working with a partner, discuss what the government should do to improve conditions in higher education. Try to use expressions such as: *il faut que, il faudrait que, il est essentiel que, il est grand temps que, il est important que* + subjunctive as much as possible.

b Discuss how possible/probable it is that the following will happen:

- you will go to France this year
- you will win the National Lottery
- you will become a teacher
- contact will be established with alien life on another planet.

Try to use expressions such as *il est possible que, il est peu probable que, je ne crois pas que* + subjunctive where appropriate. Remember, however, that such expressions as *il est probable que, je crois que* take the indicative.

c Imagine that you have received the following items of news. Discuss your emotional reaction to each item:

- your parents are moving to a new area
- a friend has won a large sum of money in the National Lottery
- you have won a holiday in the Caribbean
- a friend has been involved in a road accident.

Remember to use the subjunctive after, e.g., *craindre que, je suis content/désolé que, je regrette que*, etc., but to use the indicative after, e.g., *espérer que*.

Text

> «Mais non, se dit-il, ça ne peut pas être le rendez-vous de ce soir. Ce soir n'est pas
> encore venu et le rendez-vous a déjà eu lieu. C'était donc hier soir, probablement
> . . . . Quant à ces deux scènes où figure le même gamin, il faut que la seconde **ait**
> **été** antérieure, puisque, dans la première, l'enfant gît sur son lit de mort . . . .
> 5 Mais d'où viennent ces images?»

A. Robbe-Grillet, *Djinn*

The perfect subjunctive in the text

1 USAGE

The perfect subjunctive is used where reference is made to prior events, and where the present
subjunctive would not convey this reference to the past. For example, *il faut que la seconde ait été
antérieure* = the second (scene) must **have happened** first. By contrast, the present subjunctive, *il
faut que la seconde **soit antérieure***, would mean 'the second (scene) must happen first'.

2 FORMATION

The perfect subjunctive is formed from the present subjunctive of *avoir* or *être* as appropriate,
followed by the past participle.

e.g. *ait été* (lines 3–4)

Other points to note in the text

- *Passé composé*: *n'est pas encore venu, a déjà eu lieu* (lines 1–2)
- *gît* (line 4): third-person present tense of *gésir* (to lie). Rarely used, except in the inscription (on
  tombstones) *ci-gît* – here lies

See for further information:	Coffman Crocker, pp. 213–14
	Ferrar, pp. 51, 97–9
	Hawkins and Towell, pp. 262–3
	Judge and Healey, p. 224
	L'Huillier, pp. 159–60, 162
	Price, pp. 383–6
	Turk and Vandaele, p. 129

✎ EXERCISE

1 Fill in the gaps in the following sentences as appropriate with either the present subjunctive or the perfect subjunctive of the verbs in brackets.

a Je suis content qu'il (finir) _____ sa thèse.

b Il est possible qu'elle (arriver) _____ déjà.

c Je regrette que nous (ne pas pouvoir) _____ assister à la réunion hier.

d Voulez-vous que je vous (dire) _____ maintenant ce que j'en pense?

e C'est le plus beau jardin que je (voir) _____ jamais.

f À moins qu'ils ne (partir) _____ déjà, je crains que je ne (être) _____ obligé de les inviter ce soir.

2 Translate the following sentences using the indicative or the subjunctive (present or perfect) as appropriate.

a I hope you haven't finished the chocolate cake.

b It is possible she has already given it back.

c All right provided you are back at midnight.

d As he was the only candidate he won the prize.

e It is the most interesting exhibition I have ever seen.

f There is no cure which is more effective than sport.

g I think you were right in the first instance.

h I'll wait until you've finished brushing your teeth.

27 | The subjunctive (imperfect and pluperfect)

Text

> Tout cela paraissait absurde à Simon Lecœur; pourtant il redoutait, obscurément,
> qu'il **existât** une signification précise à ces simulacres, bien que celle-ci lui
> **échappât** . . . Le mannequin assassiné gisait à l'endroit exact où se trouvait Djinn
> lors de leur brève entrevue de la veille; quoique Simon se **rappelât** parfaitement
> 5 l'avoir vu, cette fois-là, au rez-de-chaussée . . . À moins qu'il ne **confondît** à
> présent les deux scènes successives, celle avec Djinn et celle avec le mannequin.
>
> Il décida de s'en aller au plus vite, de peur que d'autres énigmes ne **vinssent**
> encore compliquer le problème. Il en avait suffisamment, déjà, pour plusieurs
> heures de réflexion. Mais, de toute manière, plus il y réfléchissait, moins il en
> 10 apercevait le fil conducteur.

A. Robbe-Grillet, *Djinn*

◯ The imperfect subjunctive in the text

1 USAGE

a The subjunctive, no matter what its tense, is triggered, as we saw in Chapter 26, by a variety of verbs, including verbs of fearing, e.g. *il redoutait . . . qu'il existât* (lines 1–2) and by a number of conjunctions, e.g. *quoique* (line 4); *à moins que* (line 5); *de peur que* (line 7).

b The tenses of the subjunctive most commonly used in speech and in writing are the present and perfect. The imperfect (and pluperfect – see below) subjunctives are becoming increasingly rare, **except in the third-person singular in literary contexts** such as we have here. The text includes just one example of a third-person plural, *vinssent* (line 7); the remaining imperfect subjunctives are all third-person singular.

c In literary contexts, the following sequence of tenses is observed. The tense of the subjunctive is determined by the tense of the verb in the main clause.

Main clause (indicative)		Subordinate clause
Group 1		
present	QUE	present subjunctive
future		perfect subjunctive
perfect		
Group 2		
imperfect	QUE	imperfect subjunctive
past historic		pluperfect subjunctive
conditional		
pluperfect		

So, in the text, because the verb *redoutait* (line 1) in the main clause is imperfect (group 2), the two verbs in the subordinate clause, *existât* and *échappât* (lines 2–3), are both in the imperfect subjunctive. Similarly, *vinssent* (line 7) is imperfect subjunctive, because the verb in the main clause *décida* (line 7) is past historic (also group 2).

2 FORMATION

Take as the **stem** the second-person singular of the past historic (see Chapter 5), **remove the final -s**, then add the following endings:

je	-sse
tu	-sses
il/elle	-ˆt
nous	-ssions
vous	-ssiez
ils/elles	-ssent

You will notice that except for the third-person singular which ends in -ˆt, these are in fact the same endings as the present subjunctive, with the addition of the 'infix' -ss in all cases, **except** the third-person singular, which has a circumflex accent over the vowel instead.

There are **no exceptions** to the above pattern. Even *avoir* and *être* conform.

For the purposes of active use, as opposed to recognition in reading, you need to learn only the third-person singular form of the imperfect subjunctive of verbs other than *avoir* and *être*. See *Discover more about the imperfect subjunctive* below for *avoir* and *être*.

Particular care must be taken to distinguish between the third-person singular form of the past historic, on which there is no circumflex accent, and the third-person singular form of the imperfect subjunctive, which always has a circumflex accent.

e.g.

Past historic	Imperfect subjunctive
il décid**a** (line 7)	il décid**ât**
il se rappel**a**	il se rappel**ât** (line 4)
il confond**it**	il confond**ît** (line 5)
il pu**t**	il p**ût**

Other points to note in the text

- Demonstrative pronouns: *celle-ci* (line 2); *celle* (line 6) (see Chapter 14)
- Pronouns: *y* (line 9) and *en* (lines 8, 9) (see Chapter 10)
- Perfect infinitive: *l'avoir vu* (line 5) (see Chapter 22)
- Comparative: *plus . . . moins* (line 9) (see Chapter 18)

Discover more about the imperfect subjunctive

1 USE OF TENSES

In less formal French the sequence of tenses outlined above is not observed. The present subjunctive is used in the subordinate clause instead of the imperfect subjunctive, e.g. *Je craignais qu'il ne lui arrive* (instead of *arrivât) un accident* (I was afraid that he might have an accident).

2 FORMATION

Since the imperfect subjunctive of *avoir* and *être* is used quite frequently, both independently and as an auxiliary to form the pluperfect subjunctive (see next section), it is important to learn all the forms listed here.

Avoir	Être
j'eu**sse**	je fu**sse**
tu eu**sses**	tu fu**sses**
il/elle e**ût**	il/elle f**ût**
nous eu**ssions**	nous fu**ssions**
vous eu**ssiez**	vous fu**ssiez**
ils/elles eu**ssent**	ils/elles fu**ssent**

See for further information:	Coffman Crocker, pp. 215–16
	Ferrar, pp. 50, 97–9
	Hawkins and Towell, pp. 163, 262–3
	Judge and Healey, pp. 150–1, 221–2
	L'Huillier, pp. 159–62
	Price, pp. 383–6
	Turk and Vandaele, pp. 219–20

✎ EXERCISE

Fill in the gaps in the following sentences with the appropriate form of the imperfect subjunctive. Note that these are all literary extracts. What do you notice about the person of the verb in all the examples?

a Elle attendait que la fin du repas le (rendre) _____ à son travail ou à son oisiveté. Elle attendait encore, seule avec Fanny, que celle-ci (laisser) _____ glisser de ses genoux le livre, ou (s'éveiller) _____ , fraîche, – 'Quoi de neuf, Jane?' – de sa sieste. (Colette, *La Seconde*).

b Émue, elle fredonnait à mi-voix, pour qu'il (ne pas entendre) _____ que le fil de sa voix vacillait comme un jet d'eau sous le vent . . . (Colette, *La Seconde*)

c Il fallait donc que celui qui surveillerait la petite rue, dès qu'il verrait l'auto, (faire) _____ signe aux deux autres. (Malraux, *La Condition Humaine*)

d La présence d'un marchand d'antiquités, dont le magasin s'ouvrait juste en face de la rue, l'aiderait; à moins que l'homme (ne pas appartenir) _____ à la police. (Malraux, *La Condition Humaine*)

e La rue était trop étroite pour qu'elle [la voiture] (tourner) _____. (Malraux, *La Condition Humaine*)

f Souen attendrait que Peï (sortir) _____. (Malraux, *La Condition Humaine*)

g Il aurait été normal qu'Élisa (rester) _____ encore quelques jours couchée, mais du moment qu'on peut se tenir debout pourquoi perdre son temps au lit . . . (M. Bourdouxhe, *La Femme de Gilles*)

h Elle se glissa doucement hors du lit, passa un vêtement, elle ne se chaussa pas tout de suite de peur que le bruit de ses pas (ne éveiller) _____ Gilles. (M. Bourdouxhe, *La Femme de Gilles*)

Text

> À mesure que les transports de Julien rassuraient sa timide maîtresse, elle reprenait un peu de bonheur et la faculté de juger son amant. Heureusement, il n'eut presque pas, ce jour-là, cet air emprunté qui avait fait du rendez-vous de la veille une victoire, mais non pas un plaisir. Si elle **se fût aperçue** de son attention à jouer un
> 5 rôle, cette triste découverte lui **eût** à jamais **enlevé** tout bonheur. Elle n'y **eût pu** voir autre chose qu'un triste effet de la disproportion des âges.
> Quoique Mme de Rênal n'**eût** jamais **pensé** aux théories de l'amour, la différence d'âge est, après celle de fortune, un des grands lieux communs de la plaisanterie de province, toutes les fois qu'il est question d'amour . . .
> 10 Quand il restait à Mme de Rênal assez de sang-froid pour réfléchir, elle ne revenait pas de son étonnement qu'un tel bonheur existât, et que jamais elle ne s'en **fût doutée**.

Stendhal, *Le Rouge et le noir*

♀ **The pluperfect subjunctive in the text**

1 USAGE

a The subjunctive, no matter what its tense, is triggered, as we have seen in Chapter 26, by a variety of verbal expressions, including expressions of emotion such as surprise, e.g. *elle ne* *revenait pas de son étonnement qu'un tel bonheur existât et que jamais elle ne s'en fût doutée* (lines 10–12). The subjunctive is also triggered by a number of conjunctions, e.g. *Quoique Mme de Rênal n'eût jamais pensé . . .* (line 7).

b The pluperfect subjunctive, like the imperfect subjunctive, is becoming increasingly rare, **except in the third-person singular in literary contexts** such as we have here. All the pluperfect subjunctives in the text are third-person singular.

c In literary contexts the sequence of tenses outlined above (see *The imperfect subjunctive in the text,* 1c) is followed. Thus, for example, because the main clause verb *revenait* (line 10) is imperfect (group 2), it is followed by an imperfect subjunctive *existât* and a pluperfect subjunctive *s'en fût doutée*. This second verb is pluperfect rather than imperfect subjunctive, because it refers to a prior state of affairs, i.e. 'she could not get over her amazement that such happiness existed and that she **had never** suspected it before'.

d In literary and somewhat archaic style, the pluperfect subjunctive may be used in either or both halves of a conditional sentence in place of the pluperfect indicative and past conditional. For example, *Si elle se fût aperçue . . . cette triste découverte lui eût enlevé* (lines 4–5), which in more standard French would be *Si elle s'était aperçue . . . cette triste découverte lui aurait enlevé*. This is a construction which you need to be able to recognize when reading literary texts, but it is not one which you should normally try to imitate. For the normal pattern of tenses in conditional sentences, see Chapter 7.

2 FORMATION

The pluperfect subjunctive is formed from the imperfect subjunctive of *avoir* or *être* as appropriate (see Chapter 2), plus the past participle.

e.g. *se fût aperçue* (line 4); *eût enlevé* (line 5); *eût pu* (line 5)

Other points to note in the text

- Imperfect subjunctive: *existât* (line 11)
- Past historic: *eut* (line 2) as opposed to subjunctive *eût* (lines 5, 7)

Discover more about the pluperfect subjunctive

USE OF TENSES

In less formal French the strict sequence of tenses outlined in *The imperfect subjunctive in the text,* 1c is not followed. The perfect subjunctive is used in the subordinate clause instead of the pluperfect subjunctive, e.g. *Je craignais qu'ils ne soient* (instead of *fussent) déjà partis* (I was afraid that they might already have left).

See for further information:	Coffman Crocker, p. 217
	Ferrar, pp. 51, 97–9
	Hawkins and Towell, pp. 262–3
	Judge and Healey, pp. 151, 224
	L'Huillier, pp. 159–62
	Price, pp. 383–6
	Turk and Vandaele, p. 220

✎ EXERCISES

1 Fill in the gaps in the following sentences with the appropriate form of the pluperfect subjunctive. Identify in each case the trigger which makes use of the subjunctive necessary (see Chapter 26 above). Pay careful attention to the placing of any adverb.

a Il était content qu'elle (achever) _____ sa thèse avant la date limite.

b Il était possible qu'elle (arriver) _____ déjà.

c Il craignait qu'elle (se tromper) _____ déjà de chemin.

d Quoiqu'il (ne jamais penser) _____ à la mort, depuis la mort de son père ses attitudes avaient changé.

e Il avait beaucoup regretté qu'elle (ne jamais aller) _____ en Amérique.

2 Read the following text, paying particular attention to the occurrences of the pluperfect subjunctive highlighted in bold. What tense of the indicative could be substituted in these cases?

Il aimait ses songes, qu'il cultivait, et n'**eût trahi** pour rien au monde les relais qui l'attendaient. À la première halte, alors qu'il entendait encore les klaxons sur l'avenue, il rencontra des visages tournoyants et extensibles, familiers, difformes, qu'il traversa comme il **eût traversé** en saluant çà et là, une foule bénigne. Tournoyants, convexes, ils s'approchaient d'Alain en grossissant. Clairs sur un champ sombre, ils devenaient plus clairs encore, comme s'ils **eussent reçu** du dormeur lui-même la lumière.

Colette, *La Chatte*

3 Rewrite the following highly literary conditional sentences in more standard French, substituting the appropriate tenses of the indicative for the pluperfect subjunctive.

a Si elle eût su le résultat, elle s'en fût réjouie.

b Si elle se fût montrée plus sympathique, il se fût confié à elle.

c S'il y eût pensé, il eût pu lui épargner cet ennui.

28 | Prepositions

Text

Nice, baie des arts

Ils sont tous là, **sans** histoire et **sans** défilé:
Ben, César, Yves Klein, Arman ou Martial
Raysse. On ne sait plus s'ils sont nés **à** Nice
ou y ont été attirés **par** le soleil. Comme
5 leurs ascendants, les Picasso, les Chagall, les
Matisse. Il y a ce musée **d'**art moderne et
d'art contemporain qui fait figure **de**
Beaubourg local, **à** deux pas **des** avenues
roulantes et **du** Paillon – la rivière **d'**ici –
10 recouvert. **De** l'extérieur, le bâtiment effraie,
choque, tranche **sans** effort **avec**
l'architecture balnéaire années 50, les villas
maures, le côté rococo fin **de** siècle qui
règnent, **avec** un vrai charme rétro, au-
15 dehors. **Au** septième étage, **sur** un terre-plein
conçu comme un pont **de** bateau un peu
glissant, s'offre la plus belle vue **sur** la ville
et les collines plantées **de** pins et **d'**oliviers.
   Nice, **dans** ses ors **d'**hiver doux, ses stucs
20 et ses palais, garde le charme **d'**une ville **de**
toutes les époques. On s'attendrit **sur** son
passé **de** ville italienne **en** longeant les
ruelles qui mènent **au** cours Saleya. Rue
Droite, rue Sainte-Réparate, les couleurs
25 sont rouges comme **en** Ligurie. Le palais
Lascaris, comme les églises **du** Jésus et **de**
la Miséricorde, la cathédrale et son
campanile, le tribunal et l'opéra, joue la
carte **du** baroque.
30   **Jusqu'en** 1860, l'antique Nikaia hésita
sur son destin. Elle appartint, **avec** tout son
comté, **au** riche domaine **de** la famille de
Savoie, flirta **avec** le Piémont, campa
jalousement **sur** ses frontières. Elle n'est
35 française que **depuis** un peu plus d'un
siècle. Elle demeure cosmopolite, tendre,
douce, méditerranéenne, ouverte **à** toutes les

influences. Paul Morand, **dans** un poème
des années 20, notait que *'l'azur PLM [y] a
40 un goût d'aloès'* et que *'les villas khédivales
n'ont RIEN À LOUER'* – **en** majuscules
dans le texte.
   Sur le plateau **du** Mont-Boron, un
demi-siècle plus tard, rien ou presque n'a
45 changé. Même si les palais maures, **avec**
leurs tours hautes comme des minarets, ont
été divisés **en** appartements qu'occupent les
pensionnaires **de** l'Opéra local. **Vers** Cimiez,
les hôtels Régina, Majestic ou Impérial ont
50 perdu de leur superbe. La statue **de** la reine
Victoria, recevant l'offrande **en** fleurs **des**
habitants d'ici, rappelle que les Anglais
venaient y passer l'hiver, soigner leurs
bronches **dans** l'arrière-pays embaumé **de**
55 pins maritimes, visiter les vergers plantés
d'oliviers ou encore musarder **des** plages
douces **aux** arènes.
   Le musée Matisse, **d'**un rouge pompéien
tranchant **sur** le vert cru **du** jardin et le bleu
60 tendre **du** ciel, y abrite tout l'œuvre sculpté
du maître et bon nombre **de** ses œuvres
mystiques – celles **de** la chapelle **de** Vence.
L'inspiration biblique de Chagall, **en** son
musée, n'est pas loin non plus. Ni l'église
65 russe dédiée **au** tsar Nicolas II. **De** là à dire
que Nice respire un air **de** sainteté, il n'y a
qu'un pas qui fait oublier la rumeur **des**
'affaires'. Envolé le souvenir **de** Spaggiari,
de Médecin, **de** Fratoni, **de** Renée Leroux, **du**
70 casino Ruhl, **de** l'atmosphère **d'**une 'Affaire
intime'. C'est là que Max Gallo écrivit aussi
son beau livre *Que sont les siècles pour la
mer?* Là que Louis Nucera poursuit la magie
populaire **de** l'*Avenue des diables bleus*.

75 Ville **d'**art, cité littéraire, Nice a vu naître Le
Clézio et Dominique Garnier (*La femme
publique*), Ben et Moretti. On peut l'aimer
pour ses musées – celui **des** Beaux-Arts, dit
Jules-Chéret, comme celui **d'**Art naïf, sis
80 **dans** une jolie villa rose – comme **pour** la
beauté baroque **de** ses demeures 1880.

On peut l'aimer **pour** elle-même. Le temps
d'un week-end **dans** l'un **des** hôtels **du** front
de mer, La Pérouse ou Beau Rivage,
85 Negresco ou Westminster, ou **dans** l'un **de**
ses palais kitsch, tel le rococo Château **des**
Ollières. Baie **des** Anges, elle reste. Baie
des arts, elle demeure, **avec** force.

Gilles Pudlowski, *Le Point*

⚲ Prepositions in the text

1 USAGE

A preposition is a word which is placed before another word or phrase in the sentence, usually a
noun, pronoun or verb, and which establishes a relationship of meaning between the two (place,
direction, time, manner, cause, etc.).

2 *À* AND *DE*

The prepositions *à* and *de*, which are the most common, combine with the definite articles *le/les*
to become *au/aux/du/des*.

e.g. *au septième étage* (line 15), *aux arènes* (line 57), *du casino Ruhl* (lines 69–70), *Baie des arts*
(lines 87–8)

All other prepositions remain invariable.

De elides to *d'* when followed by a vowel e.g. *ce musée d'art moderne* (line 6).

In very many cases *de* is used to introduce a phrase qualifying the noun/pronoun previously
stated, e.g. *la statue de la reine Victoria* (lines 50–1), *celles de la chapelle de Vence* (line 62), etc.

3 PREPOSITIONS EXPRESSING LOCATION

a *à* is used with towns, e.g. *à Nice* (line 3) = in Nice

It is also used to indicate a precise location e.g. *au septième étage* (line 15) = on the seventh
floor. (See also **4** below.)

b *de* e.g. *à deux pas de* (line 8) = two steps away (from)
de l'extérieur (line 10) = from the outside

c *sur* e.g. *sur le plateau* (line 43) = on the plateau
une belle vue sur la ville (line 17) = a beautiful view over the town

d *dans* usually indicates a precise location e.g. *dans un poème* (line 38) = in a poem
dans l'un des hôtels (line 83) = in one of the hotels

e *en* In some cases *en = dans* e.g. *en son musée* (lines 63–4)

en is also used with regions of feminine gender, e.g. *en Ligurie* (line 25), but *dans* is used with regions of masculine gender, e.g. *dans le Périgord*

Note that *en* must not be used with a definite article.

4 PREPOSITIONS EXPRESSING DIRECTION

à, de . . . à   e.g. *qui mènent au cours Saleya* (line 23) = which lead to . . .
des plages aux arènes (lines 56–7) = from the beaches to . . .

à and *de* are also used with towns: *Je vais à Nice, je viens de Paris*

5 PREPOSITIONS EXPRESSING TIME

a *en* is used to express a precise date, e.g. *en 1860* (line 30) = in 1860

b *jusque*, e.g. *jusqu'en 1860* (line 30) = until 1860

c *de*, e.g. *une ville de toutes les époques* (lines 20–1) = a city of all times
un poème des années 20 (lines 38–9) = a poem from/written in the 1920s

d *depuis*, e.g. *elle n'est française que depuis un peu plus d'un siècle* (lines 34–6) = it has only been French for a little over a century

Note that the sequence of tenses is different in French and in English. In French the **present tense** must be used with *depuis* to express the English form 'has been doing . . . for' (see Chapter 1).

6 PREPOSITIONS EXPRESSING MANNER

a *avec*, e.g. *avec un vrai charme* (line 14) = with real charm. In this example the indefinite article (*un*) is used with a noun accompanied by an adjective (*vrai*). In line 88, however, where the noun is not qualified by an adjective, no article is required, e.g. *elle demeure avec force* (= she remains strongly).

b *sans*, e.g. *sans effort* (line 11) = without effort

Note that no article is used before *sans*.

c *en*, e.g. *en majuscules* (line 41) = in capital letters

7 PREPOSITIONS EXPRESSING CAUSE

a *par*, e.g. *attirés par le soleil* (line 4) = attracted by the sun.

b *de*, e.g. *embaumé de pins* (lines 54–5) = fragrant with the scent of maritime pines.

c *pour*, e.g. *on peut l'aimer pour ses musées* (lines 77–8) = you can love it for/because of its museums.

8 PREPOSITION EXPRESSING CHANGE/TRANSFORMATION

en, e.g. *ont été divisés en appartements* (lines 46–7) = have been divided into flats.

9 À AND *EN*

The prepositions *à, en,* can be used with verbs.

a *à* + infinitive e.g. *À LOUER* (line 41) = to let.

b *en* + present participle. This is known as a gerund (see Chapter 22).
e.g. *en longeant les ruelles* (lines 22–3) = while walking along the narrow streets

10 PREPOSITIONS GOVERNING MORE THAN ONE NOUN

When a preposition governs more than one noun, it is considered good practice to repeat the preposition before each of the nouns, e.g. **sans** *histoire et* **sans** *défilé* (line 1).

Envolé le souvenir **de** *Spaggiari,* **de** *Médecin,* **de** *Fratoni, etc.* (lines 68–9).

Other points to note in the text

- Pronominal verbs: *s'offre* (line 17); *s'attendrit* (line 21) (see Chapter 20)
- Past historic: *hésita* (line 30); *appartint* (line 30); *flirta* (line 33); *campa* (line 33); *écrivit* (line 71) (see Chapter 5)
- Imperfect: as a narrative tense, e.g. *notait* (line 39); indicating repetition, e.g. *venaient* (line 53) (see Chapter 3)
- *années 50* (line 12), *années 20* (line 39): there is no plural on the numeral in French.

Discover more about prepositions

---

1 EXPRESSIONS OF LOCATION

a *à, au(x)*   As well as the name of a town (see line 3), *à* governs names of countries in the masculine, e.g. *Je serai à Madagascar/au Maroc/aux États-Unis.*

b *en*   We have seen that *en* governs feminine names of regions. This also extends to feminine names of countries, e.g. *en France, en Italie* as well as continents, e.g. *en Europe, en Amérique.*

Note that most countries ending with 'e' are feminine.

c *dans*   is used for geographical areas such as mountain ranges, e.g. *dans le Massif Central; dans les Pyrénées* as well as French departments, e.g. *dans le Var.*

It is also used instead of *en* (see **1b** above) when the name of the country is further qualified e.g. *dans la France des années 60; dans l'Afrique post-coloniale.*

d *de*   can denote the origin. With a feminine name it remains as *de*, e.g. *Il vient de Grèce*; with a masculine name it becomes *du*, e.g. *Elle revient du Japon*; with a plural name it becomes *des*, e.g. *Ils arrivent des Pays-Bas.*

e *par*   indicates a notion of transit (= through, via) e.g. *Elle est passée par Los Angeles/par la Nouvelle-Zélande.*

2 EXPRESSIONS OF TIME

a *en/dans*

En indicates the amount of time necessary to do something, e.g. *Je peux le faire en une heure* (= I can do it in an hour/it'll take me an hour to do it), whereas **dans** indicates a deadline, the time after which something will occur, e.g. *Je peux le faire dans une heure* (= I can do it/start it in an hour's time).

b *depuis, pendant, pour*

Depuis indicates a period of time up to the moment referred to (past or present), e.g. *Il habite/habitait chez nous depuis un an.* (See also **Prepositions in the text, 5d,** above.)

Pendant is used for an actual period of time, e.g. *J'ai travaillé en entreprise pendant un mois.*

Pour is used for intended periods of time, e.g. *Je suis ici pour trois mois.*

3 EXPRESSION OF MANNER

de = in, e.g. *elle était habillée de noir* (she was dressed in black)
        d'une certaine façon/manière (in a certain fashion/manner)

4 COMMON PREPOSITIONS NOT IN THE TEXT

a Single prepositions: *après, avant, chez, contre, derrière, dès, entre, parmi, sous.*

b Compound prepositions: *à cause de, à côté de, à l'exception de, au-dehors de, au-dessous de, au-dessus de, auprès de, aux environs de, en face de, grâce à, jusqu'à, près de.*

5 PREPOSITIONS + INFINITIVE

À is not the only preposition to govern infinitives. These can also be preceded by **après/de/pour/sans.**

e.g. *après avoir fait ses adieux* (= after she made her goodbyes)
    elle a peur de traverser la rue (= she is afraid of crossing the road)
    pour finir son repas (= to finish her/his meal)
    il traversa la rue sans regarder (= he crossed the road without looking)

Compound prepositions are also used with infinitives. These include *afin de, avant de, à moins de* (see also Chapter 29).

6 ABSENCE OF PREPOSITION

Where English has a preposition i.e. in/on to indicate the day, time of day or date, French does not use a preposition, e.g. *(le) lundi, le soir, le lundi soir, le 8 septembre.*

7 IDIOMATIC USE

The use of French prepositions can be particularly **idiomatic** and is frequently a source of error amongst English speakers as there are so many *faux amis*. The foolproof answer is to learn them individually!

See for further information:	Coffman Crocker, pp. 70–87
	Ferrar, pp. 250–1, 277–87
	Hawkins and Towell, pp. 317–49
	Judge and Healey, pp. 321–38
	L'Huillier, pp. 354–83
	Price, pp. 502–39
	Turk and Vandaele, pp. 3, 269–76

✎ EXERCISES

1 Complete the following sentences with the correct prepositions indicating place/direction (*à/au, dans, de, en, par, sur*).

  a J'ai mis le pain _____ la corbeille _____ la table.

  b Il vient _____ Genève _____ Suisse.

  c Elle habite _____ Bretagne.

  d Au retour je passerai _____ Londres.

  e Je vais _____ la boulangerie.

  f Ces arbres se trouvent _____ Afrique.

  g Ce vol va _____ Paris _____ Ankara.

  h Les Pyrénées sont situées _____ France et _____ Espagne.

  i Elle part en vacances _____ Agadir _____ Maroc.

  j Ils ont vécu _____ la France de l'après-guerre.

2 Complete the following sentences with the correct preposition of time (*à, après, dans, depuis, en, jusqu'à, à partir de*).

  a _____ un an j'aurai mon diplôme.

  b _____ 1944 les Forces Alliées ont libéré la France.

  c Le train part _____ 15.00 heures.

d Il est au lit _____ une semaine.

e C'est très rapide: ça se fait _____ cinq minutes.

f Il est arrivé _____ eux. En fait il était le dernier.

g Je commencerai à préparer le repas _____ un quart d'heure.

h J'attendrai _____ demain avant d'aller à la banque.

i Il a écrit ce poème _____ les années trente.

j La réception est _____ 8 heures.

3 Without looking at the original, complete the text with the appropriate prepositions.

NICE, BAIE DES ARTS

Ils sont tous là, sans histoire et _____ défilé: Ben, César, Yves Klein, Arman ou Martial Raysse. On ne sait plus s'ils sont nés _____ Nice ou y ont été attirés _____ le soleil. Comme leurs ascendants, les Picasso, les Chagall, les Matisse. Il y a ce musée d'art moderne et _____ art contemporain qui fait figure de Beaubourg local, _____ deux pas _____ avenues roulantes et du Paillon – la rivière d'ici – recouvert. _____ l'extérieur, le bâtiment effraie, choque, tranche _____ effort _____ l'architecture balnéaire années 50, les villas maures, le côté rococo fin _____ siècle qui règnent, _____ un vrai charme rétro, au-dehors. _____ septième étage, _____ un terre-plein conçu comme un pont _____ bateau un peu glissant, s'offre la plus belle vue _____ la ville et les collines plantées _____ pins et _____ oliviers.

Nice, dans ses ors d'hiver doux, ses stucs et ses palais, garde le charme _____ une ville _____ toutes les époques. On s'attendrit _____ son passé de ville italienne _____ longeant les ruelles qui mènent _____ cours Saleya. Rue Droite, rue Sainte-Réparate, les couleurs sont rouges comme _____ Ligurie. Le palais Lascaris, comme les églises du Jésus et de la Miséricorde, la cathédrale et son campanile, le tribunal et l'opéra, joue la carte du baroque.

_____ _____ 1860, l'antique Nikaia hésita sur son destin. Elle appartint, _____ tout son comté, _____ riche domaine de la famille de Savoie, flirta _____ le Piémont, campa jalousement _____ ses frontières. Elle n'est française que _____ un peu plus d'un siècle. Elle demeure cosmopolite, tendre, douce, méditerranéenne, ouverte _____ toutes les influences. Paul Morand, _____ un poème _____ années 20, notait que *l'azur PLM [y] a un goût d'aloès'* et que *'les villas khédivales n'ont RIEN _____ LOUER'* – _____ majuscules _____ le texte.

_____ le plateau du Mont-Boron, un demi-siècle plus tard, rien ou presque n'a changé. Même si les palais maures, _____ leurs tours hautes comme des minarets, ont été divisés ____ appartements qu'occupent les pensionnaires de l'Opéra local. Vers Cimiez, les hôtels Régina, Majestic ou Impérial ont perdu de leur superbe. La statue _____ la reine Victoria, recevant l'offrande en fleurs des habitants d'ici, rappelle que les Anglais venaient y passer l'hiver, soigner leurs bronches _____ l'arrière-pays embaumé _____ pins maritimes, visiter les vergers plantés _____ oliviers ou encore musarder _____ plages douces _____ arènes.

Gilles Pudlowski, *Le Point*

4 Fill the blanks in the text with one of the following prepositions: *à/au/aux, avant (de), dans, d'/de/des, depuis, en, par, pour, sans*, and make the necessary changes.

L'OBSERVATOIRE DE LA PLANÈTE TERRE

_____ 1975, les scientifiques du Worldwatch Institute de Washington nous donnent chaque année 'l'État _____ la planète', un portrait grand-angle de notre biosphère et _____ ses problèmes. L'équipe pluridisciplinaire du Worldwatch fait le point du navire Terre _____ dix ans. Sans simplicité, _____ alarmisme, _____ illusions et _____ respect des pouvoirs et _____ préjugés.

L'idée de l'unité _____ la planète sous-tend les travaux annuels des spécialistes de Worldwatch, physiciens, chimistes, océanographes, biologistes, etc. On sait _____ exemple que trop souvent les produits chimiques _____ synthèse ont contaminé l'environnement. Mais comment mieux illustrer ces nuisances que _____ l'observation de deux chercheurs américains? Ils ont trouvé _____ les graisses d'ours polaire de l'Arctique des traces évidentes de ces polychlorobiphényles utilisés _____ les années 30 (_____ être interdits) dans la fabrication _____ plastiques, _____ vernis et _____ cires. Le chemin fait rêver, que ces résidus avaient dû accomplir _____ arriver sur la banquise _____ le corps d'un ours blanc, après avoir été utilisés _____ États-Unis _____ l'industrie.

Le rapport 1994 du Worldwatch dénonce, une fois de plus, la pollution _____ océans, la destruction sauvage _____ forêts, la déraison des systèmes de transport. _____ l'édition de cette année, on apprend dans le détail que ce que les agriculteurs gagnent _____ hygiène de santé (plein air, rythme des travaux, exercice physique, etc), ils le perdent – et au-delà – _____ l'empoisonnement que leur infligent les pesticides, les engrais chimiques, les produits _____ base _____ plomb. D'autres nouvelles récentes font frémir: on désarme, c'est promis, c'est juré! Mais comment faire disparaître les armes nucléaires _____ milliers, les sous-marins atomiques, les armes chimiques, le gigantesque arsenal _____ la mort? Les chercheurs de Worldwatch résument la situation: ce matériel est 'dangereux _____ produire, dangereux _____ utiliser, dangereux _____ détruire'.

Claude Roy, *Le Nouvel Observateur*

5 Fill the blanks in the text with one of the following prepositions: *à/au/aux, à côté de, dans, d'/de/des, en, par, à partir de, pour, sur* and make the necessary changes.

SUR LES QUAIS

_____ Lyon, le 8 décembre, tout le monde est descendu _____ la rue. Mais il ne s'agissait ni de grève ni de manifestation, mais d'une grande fête. Cette année, en plus, le '8 décembre', cette soirée tant appréciée _____ les Lyonnais, est tombée un dimanche. Résultat: plus de trois cent mille personnes qui déambulaient _____ les rues.

L'origine de cette célébration est l'inauguration _____ une statue de la Vierge, érigée _____ 1852, _____ la colline de Fourvière qui domine Lyon. Elle commémore également l'anniversaire d'un pèlerinage, qui avait eu lieu le 8 septembre 1643, _____ remercier Marie d'avoir sauvé Lyon _____ la peste. Suite à une crue de la Saône qui avait empêché l'achèvement _____ la statue à temps, la fête avait été déplacée au 8 décembre 1852, jour de la Fête de l'Immaculée Conception.

Ce jour-là, les Lyonnais ont illuminé leurs balcons _____ milliers de petits lampions, et sont descendus _____ la rue. La tradition demeure. _____ sept heures du soir, les balcons s'éclairent progressivement, chaque fenêtre ayant plusieurs petits lumignons. _____ les rues les guirlandes _____ Noël ajoutent, elles aussi, leurs lumières et les vitrines décorées _____ magasins attirent le regard _____ leurs couleurs riches et festives.

_____ la place Carnot, on trouve un petit marché _____ santons, ces figurines traditionnelles _____ crèches de Provence. Par contre _____ la Place Louis Pradel, _____ l'Opéra, le spectacle est bien plus moderne: d'énormes ballons gonflés _____ forme _____ croissants de lune, _____ cônes et _____ sphères, changent de couleurs toutes les quelques secondes et se balancent doucement, poussés _____ les enfants qui les entourent. Un paysage gigantesque et magique où même l'adulte se sent de nouveau un enfant.

Bien-dire

6 Translate the following sentences into French.

a She lives in an apartment on the fifth floor.

b You'll have to be on time for the interview.

c I shall travel from Australia to India and perhaps as far as Japan.

d Talk about the proposal amongst yourselves.

e The headquarters of the Red Cross is in Geneva in Switzerland.

f He had been living for six months in a student hall.

g The station is only two minutes from here on foot.

h I have had to divide it into five portions.

i She will have to go to the dentist tomorrow morning.

j Everything was peaceful until his arrival.

Cent ans de laïcité à la française

Le 9 décembre 1905, le député socialiste
Aristide Briand fait voter la loi de
séparation des Églises **et** de l'État, mettant
un terme à des siècles d'affrontements
5 entre l'Église catholique **et** le pouvoir
politique en France.

La fin de la religion d'État
En effet, depuis le Moyen-Âge, l'Église
catholique exerçait, notamment en
10 France, un magistère à la fois sur les
pouvoirs en place, **mais** aussi sur les
consciences, les mœurs **et** les arts. Avec la
Renaissance humaniste (XVIe siècle) **et** la
philosophie des Lumières (XVIIIe siècle)
15 s'affirme une volonté d'affranchir de
l'emprise temporelle du clergé les sphères
du politique, du savoir, de la création **et**
de la vie privée. Pour comprendre la
nécessité d'une telle loi dans notre pays, il
20 faut également se rappeler **que**, de la
Révolution de 1789 jusqu'au début du
XXe siècle, l'Église catholique ne cessa
de s'opposer violemment à la République.

Si la laïcité s'est vraiment enracinée
25 dans les institutions françaises avec la loi
de 1905, elle repose pour l'essentiel sur les
principes humanistes **et** universalistes des
Lumières. Elle est d'ailleurs déjà
clairement énoncée dans l'article 10 de la
30 Déclaration des droits de l'Homme **et** du
citoyen de 1789, qui proclame **que** «nul
ne peut être inquiété pour ses opinions,
même religieuses, **pourvu que** leur
manifestation ne trouble pas l'ordre
35 public établi par la loi». Ensuite, **avant**
même **que** la loi de 1905 ne fasse de la
laïcité l'un des principes républicains
auxquels les Français restent, aujourd'hui,
le plus attachés, ce sont les lois de Jules
40 Ferry, **et** en particulier celle de 1881 sur
la laïcisation de l'enseignement, qui
mettent fin à la tutelle de l'Église
catholique sur l'éducation, **et** instaurent un
changement considérable dans le paysage
45 de la France **et** de ses institutions.

**Assurer la liberté de conscience et
de pensée**
La laïcité, c'est avant tout un cadre
juridique qui assure la liberté de
50 conscience **et** l'égalité entre tous les
citoyens, **qu'**ils soient croyants, athées
ou agnostiques. Une liberté de conscience
inscrite dans l'article 1 de la loi du 9
décembre 1905: «La République assure
55 la liberté de conscience. Elle garantit le
libre exercice des cultes.» Loin d'être
une arme contre les religions, elle permet,
au contraire, la coexistence pacifique des
différentes convictions spirituelles.

60 **La garantie du pluralisme religieux**

Quant à l'article 2 de la loi de 1905 selon lequel «la République ne reconnaît, ne salarie **ni** ne subventionne aucun culte», il affirme **qu'**aux yeux de 65 la République les religions sont égales entre elles, **et qu'**en l'absence d'une religion officielle l'État n'est plus l'arbitre des croyances et s'abstient d'en privilégier aucune. C'est bien «l'unité du 70 peuple», au-delà des différences de croyances, que la laïcité française a souhaité construire. «La laïcité constitue pour chaque citoyen une protection fondamentale, la garantie non seulement 75 que ses propres convictions seront respectées, **mais** aussi que les convictions des autres ne lui seront jamais imposées.» C'est ainsi que s'exprimait le Président de la 80 République, Jacques Chirac, en octobre 2003, **alors qu'**il confirmait la création d'une autorité indépendante chargée de lutter contre toutes les formes de discrimination **et** rappelait le «rôle 85 essentiel de la laïcité dans notre République, qui détermine notre capacité à faire vivre ensemble des femmes **et** des hommes égaux **et** différents, libres **et** solidaires».

Mélina Gazsi, *Label France*

⌕ Conjunctions in the text

1 PREPOSITIONS AND CONJUNCTIONS

In French a conjunction differs from a preposition in that a preposition normally governs a noun, pronoun or infinitive, whereas **a conjunction introduces a clause** (with a finite verb, i.e. a verb marked for tense and person, unlike the non-finite infinitive, gerund and participles). For example, in *avant tout* (line 48), *avant* is a preposition, whereas in *avant même que la loi de 1905 ne fasse* (lines 35–6), *avant que* is a conjunction introducing a clause with a finite verb.

Note that in English prepositions and conjunctions often have the same form. This is not the case in French, e.g. 'without': without her (preposition) = *sans elle*; without her knowing (conjunction) = *sans qu'elle le sache*.

2 COORDINATING CONJUNCTIONS

a Coordinating conjunctions can join together two or more main clauses in a sentence

e.g. *ce sont les lois de Jules Ferry . . . qui mettent fin à la tutelle de l'Église . . . et instaurent* (lines 39–40).

They can also join elements of a clause, such as nouns, e.g. *athées ou agnostiques* (lines 51–2), adjectives, e.g. *égaux et différents* (lines 88–9); *libres et solidaires* (line 89) or two subordinate clauses, e.g. *ne salarie ni ne subventionne* (line 63) in which *ni* is a conjunction meaning 'nor'. When repeated it is the equivalent of 'neither . . . nor'. Note that it must be used with *ne*.

b A coordinating conjunction cannot normally be placed at the beginning of a sentence.

c Coordinating conjunctions always take the indicative.

3 SUBORDINATING CONJUNCTIONS

These introduce a subordinate clause in which the verb can be either in the indicative or the subjunctive, depending on the conjunction used.

a Subordinating conjunction + indicative

e.g. *Si la laïcité s'est vraiment enracinée* (line 24): *si* + indicative = whereas/although/if

e.g. *alors qu'il confirmait la création* (line 81): *alors que* + indicative = when/as

b Subordinating conjunction + subjunctive

e.g. *pourvu que leur manifestation ne trouble pas* (line 33–4): *pourvu que* + subjunctive = provided (that)

e.g. *avant même que la loi de 1905 ne fasse* (lines 35–6): *avant que* + subjunctive = before

e.g. *qu'ils soient croyants ou agnostiques* (lines 51–2): *que* + subjunctive *ou* . . . = whether . . . or

c 'Que' clauses

Que is not always a relative pronoun, e.g. *C'est bien l'unité du peuple . . . que la laïcité française a souhaité construire. Que* is frequently a subordinating conjunction in simple constructions following a finite verb, e.g. *se rappeler que . . . l'Église ne cessa* (lines 20–2), *qui proclame que nul ne peut être inquiété* (lines 31–2), *il affirme qu'aux yeux de la République les religions sont égales* (lines 64–5).

In these examples the verbs following *que* are all in the indicative because the verbs in the main clauses (*se rappeler, proclamer, affirmer*) all take the indicative. Other verbs such as *vouloir* or *craindre* would be followed by the subjunctive (see Chapter 26).

d Where the subordinating conjunction *que* applies to more than one clause, it has to be repeated e.g. *il affirme **qu'**aux yeux de la République les religions sont égales entre elles et **qu'**en l'absence d'une religion officielle* (lines 64–7).

Other points to note in the text

- Dates: note the use of the definite article, e.g. *le 9 décembre 1905* (line1); *du 9 décembre 1905* (lines 53–4)
- Use of the historic present to express facts in the past, e.g. *le 9 décembre 1905, le député socialiste Aristide Briand fait voter la loi* (lines 1–2). Also *s'affirme* (line 15) and *mettent fin et instaurent* (lines 42–3) (see Chapter 1).
- Repetition of prepositions, e.g. *les sphères du politique, du savoir, de la création et de la vie privée* (lines 16–18) (see Chapter 28).
- Negatives: *ne . . .* (line 22), *nul . . . ne* (lines 31–2), *ne . . . pas* (line 34), *ne . . . ne . . . ni ne* (lines 62–3), *ne . . . plus* (line 67), *non seulement . . . mais* (lines 74–6) (see Chapter 8).
- *ne* inserted when English has no negative, e.g. *avant même que la loi de 1905 ne fasse* (lines 35–6). This is optional but is considered good literary style in French (see Chapters 8 and 26).

Discover more about conjunctions

a Coordinating conjunctions can also join verbs in a clause.

b Other coordinating conjunctions

car because/ for
or and yet
donc therefore

c Other subordinating conjunctions + indicative

à mesure que while, whereas
à peine . . . que hardly/scarcely . . . when
après que after
aussitôt que as soon as
comme as
depuis que since (time)
dès que as soon as

lorsque when
parce que because
pendant que while
puisque since (cause)
quand when
tandis que while, whereas

d Other subordinating conjunctions + subjunctive

à condition que provided
afin que so that
à moins que unless
bien que although
de peur que for fear that
(See Chapter 26.)

jusqu'à ce que until
pour que so that
quoique although
sans que without

e Some conjunctions can govern **the indicative or the subjunctive,** depending on their meaning. This is the case for *de façon que, de manière que, de sorte que.*

When they indicate a result, a consequence, these conjunctions are followed by the indicative, e.g. *elle a pris un taxi de sorte qu'elle est arrivée à l'heure* (she took a taxi with the result that she was on time).

When they indicate a purpose they are followed by the subjunctive e.g. *elle est partie très tôt de sorte qu'elle puisse passer par le bureau* (she left very early in order to call at the office).

f When a subordinating conjunction, e.g. *à condition que*, applies to more than one clause, the conjunction is not usually repeated, but is replaced by *que*, e.g. *Je veux bien, **à condition que** tu fasses attention et **que** tu prennes le chemin le plus court.*

See for further information:
Coffman Crocker, pp. 177–80, 207–9
Ferrar, pp. 251–8
Hawkins and Towell, pp. 400–14
Judge and Healey, pp. 146–8, 317–20, 357–78
L'Huillier, pp. 15–16, 180–1, 660–5

Price, pp. 539–48

Turk and Vandaele, pp. 4, 179, 237–9, 275

✎ EXERCISES

1 Fill the blanks by using an appropriate coordinating conjunction (*et, ou, ni, mais*).

a Je ne l'ai pas vue _____ elle par contre, elle m'a vue.

b Je ne l'ai pas vue _____ lui non plus.

c J'ai besoin de repos _____ de sommeil.

d Elle n'aime pas le couscous _____ les plats épicés.

e Vous pouvez y aller par le train _____ en car.

f Il a raison _____ j'approuve sa décision.

g Comme vous voudrez: demain _____ la semaine prochaine.

h Moi je n'ai pas pu y aller _____ un membre de la famille y était.

2 Choose the most appropriate conjunction in the list provided to fill the blanks, and make the necessary changes.

à moins que, avant que, depuis que, dès que, jusqu'à ce que, pendant que, pour que, pourvu que, puisque, sans que

a _____ vous le voyez, vous m'appelez!

b Je veux bien le faire _____ ce ne soit pas trop difficile.

c Elle a réussi à le réparer _____ il y ait de trace.

d _____ ils ont déménagé on ne les voit plus.

e _____ l'omelette ne colle pas à la poêle il faut mettre de l'huile.

f Il faut absolument l'avertir _____ il ne soit trop tard.

g _____ c'est votre tour, passez devant!

h Ils iront par le bateau de nuit, _____ il n'y ait pas de place.

i J'attendrai _____ il fasse noir.

j J'irai à la piscine _____ il fera la sieste.

3 Fill the blanks with the verb in the right mood and the right tense.

a À mesure que les troupes _____ (avancer), les gens reculaient.

b Le volcan fume de sorte que la population _____ (avoir) peur.

c Il écarta le rideau afin qu'elle _____ (pouvoir) voir les festivités.

d On va de Paris à Lyon sans qu'il y _____ (avoir) un seul arrêt.

e Elle ne sort plus depuis que son mari _____ (être) en prison.

f Je veux bien mais à condition qu'il _____ (faire) la vaisselle.

g Passez-moi un coup de fil aussitôt qu'il _____ (avoir) ses résultats d'examen.

h Il a fermé la fenêtre de manière qu'elle ne _____ (prendre) pas froid.

i Laisse le chien tranquille pendant qu'il _____ (manger)!

j Ils sont allés à l'hôpital de peur qu'il n'y _____ (avoir) des complications.

4 Fill the blanks using an appropriate conjunction (coordinating or subordinating) from the list provided and change *que* to *qu'* when necessary.

et, ou, mais, car, à moins que, avant que, lorsque, parce que, bien que, pourvu que, si, dès que

Il fait si bon dehors au soleil _____ attention! Le soleil est traître _____ vous n'ayez pris les précautions nécessaires. Portez un chapeau _____ mettez de la crème solaire fréquemment _____, tout simplement, couvrez-vous _____ les ultra-violets ne pardonnent pas! Faites attention aussi _____ il fait chaud: vous devez remplacer l'eau de votre corps et boire _____ vous n'ayez soif, _____ la sensation de soif indique déjà une déshydratation. _____ il fait chaud, lécher une glace est un vrai bonheur mais, _____ ce soit très agréable, ça ne désaltère pas de la même façon qu'un verre d'eau. Finalement on demande souvent _____ la cuisson au barbecue est dangereuse. Elle ne l'est pas _____ que vous fassiez attention à ce que les flammes ne soient pas en contact avec les aliments et les carbonisent.

5 Fill the gaps with the most appropriate conjunctions (coordinating or subordinating) taken from the list provided.

et, de sorte que, mais, lorsque

Phénomène planétaire avant-coureur de la mondialisation, la colonisation est aussi ancienne que le monde occidental. Systématisée par les Grecs puis par les Romains, elle consiste à occuper une terre étrangère, à la mettre en culture _____ à y implanter des colons. _____ la tradition historique date véritablement le fait colonial à l'époque des grandes découvertes _____ de l'expansion européennes dans le Nouveau Monde. La conquête poursuit alors un but lucratif (l'or!) _____ religieux (la conversion des Indiens d'Amérique). _____ l'extermination des populations autochtones _____ l'économie de la plantation (canne à sucre, coton . . .) «justifient» bientôt l'organisation de la traite négrière. C'est le temps du pacte colonial cher à Colbert qui réserve une exclusivité commerciale à la métropole.

Le projet colonial se métamorphose dans la seconde moitié du XVIIe siècle _____, aux possessions britanniques homogènes protestantes, axées sur le commerce, se substitue un empire qui s'étend brusquement au Québec, en Floride, aux Indes . . . _____ la Grande-Bretagne devient maîtresse d'un empire immense _____ surtout hétérogène. Dès lors, c'est la volonté de domination qui prime, au-delà de toute limite. Cette expansion par la force, sans objectifs préétablis, est soutenue par une majorité de l'opinion, fière de tels accomplissements. C'est l'ère des nations _____ de leur volonté de puissance. À cet égard l'apogée de l'impérialisme colonial se situe entre 1870 et 1914, _____ les grandes nations européennes se livrent une course effrénée pour s'approprier l'Afrique: rivalités continentales _____ appétits économiques se mêlent inextricablement.

Le Nouvel Observateur

30 | Word order

Quand les cathédrales étaient peintes

Elles nous paraissent aujourd'hui blanches et austères. **Au Moyen Âge**, les églises étaient bigarrées, rutilantes de couleurs. Une redécouverte récente.

5 «Imaginez les portails des cathédrales d'Amiens, de Chartres ou de Strasbourg explosant de couleurs. Les statues monumentales, aujourd'hui si austères, allégrement bariolées de teintes rouges,

10 bleues, vertes ou jaunes! C'est cette vision technicolor **qu'offrait le Moyen Âge**. Car, **à l'époque**, les façades des cathédrales gothiques **pas plus que les romanes** n'étaient blanches. Les sculptures et les

15 porches étaient entièrement peints. Bigarrés. Éclatants», **s'enthousiasme Anne Egger**, docteur en histoire de l'art et spécialiste du sujet.

Il aura pourtant fallu près de sept siècles

20 pour redécouvrir l'existence de cette polychromie. Une couleur retrouvée à la suite des travaux de restauration et nettoyage des pierres au laser, entrepris dans les années 1990, notamment à Amiens.

25 **Depuis**, la liste des monuments gothiques émaillés de traces de peintures n'a cessé de s'allonger en France, en Italie, en Espagne, aux Pays-Bas, en Allemagne . . .

«Les cathédrales, comme toutes les

30 églises médiévales, ont été peintes et régulièrement repeintes du XIIe au XVIe siècle. Pourquoi s'en étonner? Les sanctuaires de toutes les religions l'ont été. Les temples grecs, romains. En quoi la

35 polychromie ornant des édifices de la chrétienté **serait-elle** choquante?» **interroge Anne Egger**. Le Moyen Âge avait peur du noir. De tout ce qui était sombre. Obscur. Et pour faire entrer le

40 peuple des fidèles en son sein, qu'y **avait-il** de plus attractif pour l'Église, **dans un monde alors incolore**, que ces imposants temples rutilants dédiés à Dieu, dont les flèches orgueilleuses se dressaient vers le

45 ciel? Des cathédrales magnifiées par des décors intérieur et extérieur multicolores et lumineux. Dieu **n'était-il pas** Lumière? «Colorer ces édifices renforçait leur beauté et leur rayonnement symbolique,

50 tout en facilitant probablement l'identification des figures. Imaginez l'impact que cela pouvait avoir sur la population illettrée de l'époque. Un véritable spectacle. En étudiant la façade

55 de la cathédrale d'Amiens, on a même relevé des traces de fumées de torches. La nuit, elle était éclairée. Les statues hiératiques des porches devaient prendre vie et s'animer à la lueur des flammes!»

60 Avec la couleur, c'est la Jérusalem Céleste étincelante aperçue par l'apôtre Jean dans l'Apocalypse que l'on veut restituer. Celle aussi du temple de Jérusalem bâti par Salomon, **que décrit**

65 **Ézéchiel. Aux fondations mythiques** de
saphir, topaze, jaspe, améthyste, émeraude
ou calcédoine des livres sacrés, **se
substituent des façades** aux ornements
colorés de tons vifs et brillants. Autant de
70 fractions de la lumière divine: du rouge,
jaune, vert, blanc, noir, or, et, pour la
première fois en grande quantité, du bleu.
Le XIIe siècle est en effet l'heure de gloire
de cette teinte.
75   C'est d'ailleurs au même siècle
qu'apparaissent les premiers livres de
techniques picturales et de traitement des
couleurs. En particulier celui d'un moine
allemand, Theophilus. Ces couleurs seront
80 superposées pendant des siècles en couches

épaisses et nuancées sur les ornements,
drapés, broderies des statues, accentuant
ainsi le relief des corps. Les teintes
liturgiques des vêtements religieux sont
85 consignées au concile de Nicée en 325, et
plus tard en 1215, au concile du Latran IV.
    «On a dénombré treize couches de
peintures différentes sur la Vierge dorée du
portail sud de la cathédrale d'Amiens,
90 **explique Anne Egger. Au bleu et or** des
siècles précédents, **succède le blanc** au
XIXe siècle, quand elle incarne le dogme
de l'Immaculée Conception! De même
pour le "Beau Dieu" du portail central
95 d'Amiens qui présente plusieurs traces de
couleur et d'ornements sur sa tunique.»

Sciences et Avenir: B.A.

𝒫 **Word order in the text**

INVERSION OF SUBJECT AND VERB

a In French, as in English, the subject usually precedes the verb:
   e.g. *Elles nous paraissent aujourd'hui blanches et austères.* (lines 1–2)
       Le Moyen Âge avait peur du noir. (lines 37–8)

b In the following cases, however, it is necessary to invert the subject and verb.
   • Questions in a formal register (see Chapter 9).
     Simple inversion is used with a pronoun subject:
     e.g. *qu'y avait-il de plus attractif . . . ?* (lines 40–1)
     Complex inversion is used with a noun subject:
     e.g. *Dieu n'était-il pas Lumière?* (line 47)
   • After a passage of direct speech, the verb which reports the speech must be placed before its subject:
     e.g. *«On a dénombré treize couches de peintures . . . », explique Anne Egger* (lines 87–90)
     In English we have a choice whether or not to place the verb of speech before its noun subject:
     e.g. explains Anne Egger/Anne Egger explains.
     Note that in French there is no choice; the inversion is compulsory.
     Inversion of subject and verb after a passage of direct speech is also compulsory with a pronoun subject in French:
     e.g. *«De Palerme à Malmöe . . .», détaille-t-il avec fatalité.* (Chapter 17 text, lines 20–8)

c Elsewhere, the use of inversion is not compulsory, but an optional stylistic feature of careful, usually written, French. It is possible with noun, but not with pronoun, subjects. Inversion of a noun subject and verb frequently occurs in subordinate clauses for reasons of balance. It is particularly common in relative clauses, when the subject is longer (has more syllables) than the verb:

e.g. *Celle aussi du temple de Jérusalem . . . que décrit Ézéchiel* (lines 63–5)

Inversion is all the more likely to occur if the verb is monosyllabic and would sound very awkward if placed at the end of sentence:

e.g. *Nous ne comprenons pas ce que dit l'avocat.*

d Inversion of a noun subject and verb for reasons of balance occurs frequently after *C'est . . . que*:

e.g. *C'est cette vision technicolor qu'offrait le Moyen Âge.* (lines 10–11)

C'est d'ailleurs au même siècle qu'apparaissent les premiers livres . . . (lines 75–6)

e Inversion of a noun subject and verb may occur in written French for reasons of emphasis as well as balance, where the writer wishes to stress the subject rather than the verb and/or its complement:

e.g. *Aux fondations mythiques de saphir . . . se substituent des façades aux ornements colorés de tons vifs et brillants.* (lines 65–9)

Au bleu et or des siècles précédents, succède le blanc au XIXe siècle . . . (lines 90–2)

If the writer had used direct word order (subject, verb, complement),

e.g. *Des façades aux ornements de tons vifs et brillants se substituent aux fondations mythiques de saphir, topaze, jaspe, améthyste, émeraude ou calcédoine des livres sacrés,*

the emphasis would have been placed on what was superseded, instead of on what took its place. With inversion, the word order reflects the temporal order of events; what came first in time is placed at the beginning of the sentence, followed by what succeeded it.

f For reasons of emphasis, adverbial expressions of time (and also of place) may be placed at the beginning of a sentence before the subject (see also Chapter 31):

e.g. *Car, à l'époque, les façades des cathédrales gothiques . . .* (lines 11–12)

Depuis, la liste des monuments gothiques . . . (line 25)

g For reasons of emphasis and balance, what is more usually the second element of a negative expression may precede *ne* + verb

e.g. *Car, à l'époque, les façades des cathédrales gothiques pas plus que les romanes n'étaient blanches.* (lines 11–14)

Other points to note in the text

- Pronominal verbs: *s'allonger* (line 27); *se dressaient* (line 44); *s'animer* (line 59); *se substituent* (lines 67–8) (see Chapter 20)
- Passive: *Les cathédrales . . . ont été peintes et régulièrement repeintes* (lines 29–31); *elle était éclairée* (line 57); *Ces couleurs seront superposées* (lines 79–80); *Les teintes . . . sont consignées* (lines 83–5) (see Chapter 21)

- Present participles: *explosant* (line 7); *ornant* (line 35); *accentuant* (line 82); and gerunds: *tout en facilitant* (line 50); *En étudiant* (line 54) (see Chapter 22)
- No article with nouns in apposition: *Anne Egger, docteur en histoire de l'art et spécialiste du sujet* (lines 17–18) (see Chapter 13)
- Demonstrative adjectives: *cette vision* (line 10); *ces édifices* (line 48); and demonstrative pronouns: *Celle aussi du temple* (line 63); *celui d'un moine allemand* (lines 78–9) (see Chapter 14)
- Adjective agreements: many examples in the text (see Chapter 16)
- Adverbs: *allégrement* (line 9); *entièrement* (line 15); *notamment* (line 24); *En particulier* (line 78) (see Chapter 17)

Discover more about word order

a In formal speech and writing, inversion of subject and verb occurs in clauses which begin with one of the following adverbs (see also Chapter 17): *à peine*; *aussi* (so, therefore); *du moins*; *peut-être*; *sans doute*; *toujours* (nevertheless):

e.g. *Peut-être arriveront-ils plus tard*

Note that with a noun subject, complex inversion is necessary:

e.g. *Sans doute les résultats arriveront-ils demain*

In less formal French, inversion is avoided simply by placing the adverb in parenthesis after the subject and verb:

e.g. *Vous direz, peut-être, que j'aurais dû vous prévenir*

Alternatively, when *peut-être* and *sans doute* occur at the beginning of a clause, inversion may be avoided by use of *que* followed by normal word order (subject, verb, complement):

e.g. *Peut-être que vous direz que j'aurais dû vous prévenir*

b Inversion of subject and verb occurs in short parenthetical expressions, when directly quoting thoughts as well as speech, and also in the expressions *paraît-il* and *semble-t-il*:

e.g. «*Pourquoi nous raconte-t-il cela?*» *se demandait-elle*

Ils ont, semble-t-il, renoncé à leurs droits

c Inversion of subject and verb occurs in the expression of wishes, using the subjunctive of *vivre*, *venir*:

e.g. *Vive la France!* Long live France!/ Three cheers for France!

Vienne la fin du mois Come the end of the month

d Inversion of the subject and the verb *être* occurs after adjectives such as *tel, rare*, placed at the beginning of a sentence:

e.g. *Telle est notre situation*

Rares sont ceux qui peuvent se permettre ce luxe

e Inversion of a noun subject and verb may occur after adverbs or adverbial phrases placed for emphasis at the beginning of a sentence:

e.g. *Ensuite arriva le cortège*

De là découlent grand nombre de nos problèmes

f Inversion may occur with verbs such as *apparaître, rester* and *suivre* when the focus/emphasis is on the subject rather than the verb, and where the verb would usually be prefixed in English with a neutral 'there':

e.g. *Soudain est apparue une fée* Suddenly there appeared . . .

Voilà deux tâches bien faites; reste une troisième . . . there remains . . .

Suivit une scène incroyable There followed . . .

g Optional stylistic inversion of a noun subject and verb occurs in a variety of subordinate clauses:

- after conjunctions:

  e.g. *Tant que durera la crise, je resterai avec elle*

- in the second half of comparative sentences:

  e.g. *Il est plus intelligent que ne le pensent ses professeurs*

- in concessive clauses introduced by *quel(le)(s) que* . . . :

  e.g. *Quelles que soient vos raisons, je n'approuve pas votre décision*

h Inversion of a noun subject and verb is not always possible in subordinate clauses. The following restrictions should be observed.

- Do not invert if inversion would result in the separation of the verb from its direct object. Contrast the following relative clauses, the first where inversion is possible and the second where it is not.

  Voilà le magasin où travaille le père de mon amie

  Voilà le magasin où mon amie a acheté son portable

- Do not invert if inversion would result in the separation of the verb from an adverbial complement:

  e.g. *Tant que ses cousins avaient vécu en Afrique, elle leur avait écrit tous les mois*

- Do not invert after *C'est* . . . *que* if the verb has a complement:

  e.g. *C'est en 1997 que Tony Blair est devenu premier ministre*

See for further information: Coffman Crocker, pp. 220–1

Ferrar, pp. 99, 116–17, 166, 179, 252

Hawkins and Towell, pp. 134–5, 421

Judge and Healey, pp. 410–12

L'Huillier, pp. 24–5, 42–3, 180, 462

Price, pp. 469–73

Turk and Vandaele, p. 291

See also: Chapter 8 on negation of verbs and word order

Chapter 9 on interrogatives and inversion

Chapter 10 on object pronouns and word order

Chapter 16 on position of adjectives

Chapter 17 on adverbs and word order

Chapter 19 on position of object pronouns with the imperative

Chapter 31 on highlighting and emphasis

✎ EXERCISES

1 Rewrite the following sentences, starting with the words given and changing the word order thereafter as necessary.

a Est-ce que les grandes vacances sont déjà terminées?
Les grandes vacances . . .

b Il y a sans doute de bonnes raisons de s'inquiéter.
Sans doute . . .

c Elle était à peine installée dans son nouvel appartement qu'elle pensait déjà à déménager.
À peine . . .

d Est-ce que ce modèle vous plaît?
Ce modèle . . .

e Il a ajouté qu'il avait décidé de mettre les choses au clair.
«J'ai décidé de mettre les choses au clair» . . .

f Il aura peut-être oublié notre rendez-vous.
Peut-être . . .

g Elle se dit qu'il ne faut pas ruminer le passé.
«Il ne faut pas ruminer le passé» . . .

h Il paraît qu'il vous a déjà averti.
Il vous a déjà averti . . .

2 Rewrite the following sentences, placing the expression in bold type at the beginning and making any necessary changes to the word order.

a Ceux qui trouvent un métier qui leur convient sont **heureux**.

b Le château de Polignac surgit **à gauche**.

c Les écologistes ont **sans doute** raison.

d Deux questions épineuses **restent**.

e Des soldats arrivèrent **ensuite**.

f Il y aura **peut-être** des places libres pour demain.

g L'hiver arriva **bientôt**.

h Tous vos tourments viennent **de là**.

3 Rewrite any of the following sentences where it is possible to invert the subject and verb which are in bold type. If it is not possible, explain why.

a Ce que **les hommes politiques disent** est souvent hors de propos.

b C'est en 1981 que **Mitterrand a été élu** président.

c C'est aux cœurs hardis que **la fortune sourit**.

d C'est dans cet endroit que **je l'ai rencontré** pour la première fois.

e C'est à lui que **tous ces préambules s'adressent**.

f Tant qu'**il y a de la vie**, il y a de l'espoir.

g Tant que **la guerre durera**, il restera en exil.

h Voilà le laboratoire où **Crick et Watson ont découvert** la structure de l'ADN.

i Ensuite **les autres sont arrivés**.

   j **Ses qualités sont telles** qu'il doit sûrement réussir.

   k **Un temps variable a succédé** à la vague de chaleur.

   l Elle est moins bête qu'**elle n'en a l'air**.

  m Il est plus assidu que **ses collègues ne le disent**.

   n Tant que **ma grand-mère est restée** chez elle, elle a joui de toutes ses facultés.

   o L'UE a ouvert une procédure contre l'Italie, estimant que les examens écrits auxquels **tous les candidats sont soumis** représentaient un obstacle pour les étrangers.

   p Au-dessus du portail royal, éclairées par le soleil couchant, **trois magnifiques lancettes s'élèvent**, parmi les plus anciennes et lumineuses que **le monde médiéval nous ait léguées**.

   q C'est en 1966 que **l'histoire se noue**.

4 Translate the following sentences into French, inverting the subject and verb wherever appropriate.

   a That's where my ex-boyfriend works.

   b 'What can he mean?' she wondered.

   c It's only at the end of the novel that the whole situation becomes clear.

   d Perhaps the film will be shown on television one of these days.

   e His behaviour is entirely inappropriate, it seems to me.

   f Doubtless the show will be a great success.

   g I can't understand what the teacher is saying.

   h They have left, it seems, without saying a word.

   i He went to see the old house where his great-grandmother used to live.

   j Whatever his excuses may be, he has no right to let us down.

   k There followed a long pause.

   l Long live the revolution!

Note: Before you attempt the following exercises, look back at Chapters 8, 9, 10 and 19 on word order.

5 Rewrite the following sentences in the negative, paying particular attention to word order.

   a Il a eu de la chance.

   b Elle a toujours de la monnaie.

   c Tout le monde a le droit de le faire.

   d J'ai déjà fini.

   e Je suis toujours d'accord.

6 Translate the following into French, using an inversion.

   a What has she done?

   b Have you moved yet?

   c Where did you find my purse?

   d Why is this window open?

   e Why have you not started yet?

7 Translate the following into French, paying particular attention to word order.

    a Talk to her!

    b I'll soon be there.

    c I've just come back from there.

    d I should have told them about it.

    e Send it by post tomorrow.

    f Send it to him directly.

    g Send it to them as soon as possible.

    h Have you made any plans? Tell me about them.

    i Give it to her immediately!

    j Give me just a little of it.

Text 1

Qu'est-ce qui vous plaît chez l'autre?

«J'ai une question à vous poser: qu'est-ce qui vous plaît chez l'autre? **Moi**, la beauté compte très peu. J'aime les gens qui ont une personnalité bien à eux, un
5 poil d'originalité et beaucoup d'humour et de joie à partager. Et vous?» Élise, Voisins-le-Bretonneux

«Salut Élise!
Moi, ce qui me plaît chez l'autre, **c'est**
10 l'humour. Les gens qui rigolent beaucoup sont toujours très sympas. Mais j'aime bien que l'autre soit quand même un peu sérieux, car la vie n'est pas faite que de choses amusantes. **Ce qui**
15 me passionne aussi, **c'est** de partager mes joies, de discuter. Les personnes qui ne se laissent pas manipuler sont aussi très marrantes. En fait, je suis persuadée que toute personne a des choses à
20 partager, du moment que l'on sait les voir.» Marie, Le Mans

«Salut Élise,
Il y a certaines filles que j'admire pour leur fantaisie et leur comportement
25 cool. Mais **mon amie, je l'admire**

parce qu'elle sait adapter son attitude au moment. Par exemple, quand il s'agit de travailler, elle bosse et quand il s'agit de blaguer, elle est bien là.
30 J'apprécie les personnes qui ont cette régularité, et ça me donne confiance en eux.» Mélanie, Paris

«Tu as raison, Élise, **ce n'est pas** la beauté **qui** compte. . . La beauté ne fait
35 que le début, tandis que l'amitié fait tout le reste. Une chose est sûre, on trouve toujours quelqu'un à son goût!» Arnaud, Versailles

«Chère Élise,
40 Ta question m'a vivement intéressée et m'a fait réfléchir. Je crois que **ce qui** me rapproche le plus des gens, **c'est**, avant tout, leurs défauts. **Bien sûr, de l'originalité, de l'humour, c'est bien!**
45 Mais, du plus timide au plus orgueilleux, du plus modeste au plus vaniteux, on finit toujours par trouver une qualité dans chaque personne! Et puis, dis-toi bien que chaque défaut a
50 son charme!» Émilie, Versailles

Okapi

Text 2

Un mythe composite

Redécouvert au XVIIIe siècle par Voltaire, le destin de Jeanne d'Arc s'enracine à la fois dans le peuple, la royauté et l'Église.

5 **Un visage d'ange, une coiffure de garçonne, un corps qui flotte dans une armure trop large**: Jeanne d'Arc est d'abord une image. **C'est l'image que, de son vivant encore**, un greffier du
10 Parlement de Paris avait dessinée à la plume dans la marge d'un registre. Nos manuels scolaires n'ont cessé de diffuser et d'imposer aux esprits cette image, presque inchangée, avant que, **dès ses**
15 **débuts**, le cinéma ne s'en empare. **En 1889 déjà**, Georges Hatot portait Jeanne sur les autels du septième art.

Le film de Jacques Rivette est l'héritier d'un mythe dont le caractère
20 composite explique sans doute en premier lieu la force et la pérennité. Jeanne, **c'est**, pour les uns, la jeune-vierge-martyre, réincarnation de Sainte Blandine livrée aux lions. C'est aussi
25 l'innocente bergère, victime rituelle d'un ventripotent Cauchon: tout ici, – la femme face à l'homme (et quel nom!), la jeunesse face à l'âge mûr, la campagne face à la ville, l'innocence
30 face au pouvoir – désigne et oppose le bien au mal. **Brûlée** par l'ennemi, n'est-elle pas «*morte pour la Patrie*»? **Trahie** par le roi, **manipulée** par les nobles, **jugée** par les prélats, n'est-elle
35 pas la «*fille du Peuple*» exaltée par Jules Michelet, l'ancêtre de la *Liberté guidant le peuple* qu'Eugène Delacroix dressa sur la barricade de Juillet? **Seules** les couleurs du drapeau ont
40 changé entretemps . . . .

Ce qui fait la force du mythe, **c'est** aussi son enracinement dans le sol: les lieux successifs du destin foudroyant de Jeanne – Domrémy, Vaucouleurs,
45 Chinon, Orléans, Reims, Rouen enfin – prennent en écharpe le territoire national en même temps qu'ils scandent les métamorphoses de l'héroïne: la bergère, ses moutons et ses voix, puis l'envoyée
50 de Dieu qui reconnaît le roi sous son déguisement, puis la femme-soldat donnant l'assaut, et enfin l'**innocente** victime livrée aux flammes du bûcher.

Libération

⚲ Highlighting and emphasis in the texts

1 FUNCTION

Highlighting is an important way of focusing the hearer's or reader's particular attention on the most significant point (the focal element) of a text. It is achieved in both spoken and written French by means of various changes to the 'normal' word order of subject + verb + object/complement. In spoken English, highlighting is more commonly achieved simply by tone of voice, by laying extra stress on the word(s) in question, e.g. 'I admire **my friend** because . . .'

2 INITIAL POSITIONING

a Placing an element other than the grammatical subject at the beginning of a sentence serves to give that element extra emphasis. Thus the list of Jeanne's most striking attributes: *Un visage d'ange . . .* (text 2, line 5) takes precedence over the statement that *Jeanne d'Arc est d'abord une image* (text 2, lines 7–8).

b The element highlighted by being placed in initial position may be repeated, where necessary, in the form of a pronoun at a later point in the sentence. For example, the direct object, *mon amie*, which is emphasized by initial positioning in *mon amie, je l'admire parce que . . .* (text 1, lines 25–6), is repeated in the form of the object pronoun *l'*. This is sometimes called a *reprise* construction and is particularly common in the spoken language.

c Adverbs and adverbial phrases are often given extra emphasis by being placed either at the beginning of a sentence, e.g. *Bien sûr* (text 1, line 43), *En 1889 déjà* (text 2, lines 15–16), or before the subject of a subordinate clause.

e.g. *avant que,* **dès ses débuts,** *le cinéma ne s'en empare* (text 2, lines 14–15).

d Adjectives, adjectival phrases, and participles used adjectivally are also often given extra emphasis by being placed at the beginning of a sentence, e.g. *Redécouvert au XVIIIe siècle par Voltaire, le destin . . .* (text 2, lines 1–2) instead of '*Le destin de Jeanne d'Arc, redécouvert au XVIIIe siècle . . .*' Adjectives placed in this position will still need to agree with their subject.

e.g. *Seules les couleurs* (text 2, line 39).

e Adjectives which would normally be expected to follow a noun may be emphasized by being placed first, e.g. *l'innocente victime* (text 2, lines 52–3). This is particularly the case when a value judgement is being expressed.

f The initially positioned pronoun *Moi* (text 1, lines 2, 9) is probably best interpreted as shorthand for *Pour moi . . .* which thus becomes the focal element of the sentence. If it had been placed at the end of the sentence, as in *La beauté compte très peu pour moi*, the subject *la beauté* would have been highlighted instead.

3 FRAMING / INTRODUCTORY DEVICES

a The framing device *c'est . . . qui/que* is very frequently used in spoken and written French to highlight a particular element, e.g. the direct object *l'image* in *C'est l'image que . . . un greffier . . . avait dessinée* (text 2, lines 8–10). This device may also be used in the negative, e.g. to highlight the subject *la beauté* in *ce n'est pas la beauté qui compte* (text 1, lines 33–4). Note also the plural form, *ce sont . . . qui/que*, e.g. *Ce sont mes parents qui m'aident le plus*.

b The relative pronouns *ce qui/ce que/ce dont/ce* + preposition + *quoi* (see Chapter 11), followed by *c'est . . .* are frequently used in the spoken and written language to introduce the focal element of a sentence, e.g. *Ce qui me passionne aussi, c'est de partager mes joies* (text 1, lines 14–16); *ce qui fait la force du mythe, c'est aussi son enracinement dans le sol* (text 2, lines 41–2). These pronouns translate into English as 'What (= the thing which) . . .'

c Sometimes a noun or pronoun subject may be placed first, followed by a comma and re-emphasized by the use of *ce*, e.g. *de l'originalité, de l'humour, c'est bien!* (text 1, lines 43–4), *Jeanne, c'est . . .* (text 2, line 22). The pause marked by the comma and the *ce* both serve to give the subject extra emphasis.

4 COMBINATION OF DEVICES

By a combination of the devices outlined in **2** and **3** above, a sentence may be given a double focus, e.g. *Moi, ce qui me plaît . . . c'est l'humour* (text 1, lines 9–10). Here both the initially positioned (*pour) moi* and the noun *l'humour* introduced by *ce qui . . . c'est* are highlighted. In another example, *C'est l'image que, de son vivant encore . . .* (text 2, lines 8–9), a combination of the framing device *c'est . . . que* and an adverbial phrase *de son vivant* placed before the subject and verb serves to give a double focus, highlighting both the direct object *l'image* and the moment of the action.

Other points to note in the texts

- *avoir à* + infinitive (text 1, lines 1, 4–6)
- Subjunctive: *j'aime bien que l'autre soit* (text 1, line 12); *avant que . . . le cinéma ne s'en empare* (text 2, lines 14–15) (see Chapter 26)
- Agreement of past participle with preceding direct object: *m'a vivement intéressée* (text 1, line 40); *l'image que . . . un greffier du Parlement de Paris avait dessinée* (text 2, lines 8–10); absence of agreement with *faire* + infinitive: *m'a fait réfléchir* (text 1, line 41) (see Chapter 2)
- *Imparfait de narration* (stylistic use of the imperfect to make the narrative more vivid – see Chapter 3, **Discover more about the imperfect**, **1d**: *En 1889 déjà Georges Hatot portait Jeanne* (text 2, lines 15–16)
- Interrogatives: *Qu'est-ce qui* (text 1, title); *n'est-elle pas . . .?* (text 2, line 32) (see Chapter 9)
- *il s'agit de* (text 1, lines 27–8) (see Chapter 25)
- Stressed personal pronouns: *moi* (text 1, lines 2, 9); *eux* (text 1, lines 4, 32) (see Chapter 10)
- Superlative: *ce qui me rapproche le plus* (text 1, lines 41–2; *du plus timide au plus orgueilleux, du plus modeste au plus vaniteux* (text 1, lines 46–7) (see Chapter 18)

Discover more about highlighting and emphasis

a In order to highlight a noun subject, a stressed pronoun may be added, and is most commonly placed immediately after the subject.

e.g. *Ma sœur, elle, n'y ira jamais*

b In order to highlight a subject pronoun, a stressed pronoun may be used in addition. This may be placed:

- in the initial position, immediately before the subject pronoun itself, e.g. *Lui, il est toujours en retard*

- immediately after the verb, e.g. *Je ne travaille pas, moi, le dimanche*
- at the end of the sentence, e.g. *Il n'est pas bête, lui!*

c As is apparent from the previous example, the final position in a sentence has its own emphatic potential, and may be used instead of the initial position to highlight a focal element.

e.g. *Elle est morte, sa mère; Il l'a fini, son article; Il en a pas mal, des boutons*

This construction is particularly characteristic of the spoken language.

d When using initial positioning and the so-called *reprise* construction (as outlined in ***Highlighting and emphasis in the texts, 2b***, above), you must take care with prepositional usage, remembering to use the pronoun *y* when the preposition *à* is involved and the pronoun *en* when *de* is involved (see Chapter 10).

e.g. *Revoir ses parents, elle y tient beaucoup (tenir + à); Aller en Amérique, j'en rêve souvent (rêver + de)*

e You must also remember in careful writing and speech that when certain adverbs are placed at the beginning of a sentence, the subject and verb are inverted. These adverbs include: *aussi* (= thus, therefore); *à peine; peut-être; sans doute* (see Chapter 30).

e.g. *Peut-être l'a-t-il oublié; Sans doute est-elle partie*

f It should be noted that the framing device *c'est . . . que* is often used to highlight an adverb/adverbial phrase.

e.g. *C'est à Paris que je l'ai vu; C'est devant tout le monde qu'elle l'a dit*

g When the introductory device *ce qui/ce que . . . c'est* is used for highlighting, you should note that the verb which follows *c'* may be in a tense other than the present.

e.g. *Ce qui l'embêtait, c'était son égoïsme*

h *Voici/voilà* may be used in a variety of ways in order to highlight particular elements of a sentence, e.g.

- preceded by a pronoun: *Le voici qui arrive*
- followed by *que/qu'* to introduce a clause: *Voilà qu'elle nous attend*
- followed by noun + relative clause: *Voici notre bus qui arrive*
- together with *ce qui/ce que/ce dont*: *Voilà ce qui m'inquiète; Voici ce que je cherchais*

This construction *voici/voilà + ce qui/ce que/ce dont* may also be used together with initial positioning of the focal element, e.g. *L'algèbre, voilà ce qu'il n'arrivera jamais à comprendre* as an alternative to *Ce qu'il n'arrivera jamais à comprendre, c'est l'algèbre.*

See also Chapter 1 for the use of *voilà* (and also *il y a/ça fait*) to highlight an expression of time.

e.g. *Voilà trois ans qu'il travaille ici.*

i Finally, you should not forget that a passive construction (see Chapter 21) may be used to remove all reference to the performer of an action and/or to highlight the action instead. Compare for example the passive: *Le verre a été cassé* with the active: *J'ai cassé le verre.*

See for further information:

Coffman Crocker, pp. 46, 267

Ferrar, pp. 155, 164–6, 208, 217, 230

Hawkins and Towell, pp. 78–80, 89, 132–5

Judge and Healey, 79, 279–80, 300–1, 313–14, 409–11

L'Huillier, pp. 37, 198, 510–13

Price, pp. 115, 152–4, 178–80, 189–90, 496

Turk and Vandaele, pp. 25, 63

✎ EXERCISES

1 Rewrite the following sentences, highlighting the word(s) in italics by placing them at the beginning of the sentence. Some restructuring of the rest of the sentence may be necessary.

e.g. Vous avez *peut-être* déjà mangé > Peut-être avez-vous déjà mangé

a Nous connaissons très bien *ses petites manies.*

b Vous reconnaîtrez *sans doute* que nous avons dû procéder ainsi.

c Je pourrai vous les donner *à la fin du mois.*

d Elle a prêté *son vélo* à sa sœur.

e Le pic *haut et pointu* de cette montagne est immédiatement reconnaissable.

f Son écriture *seule* suffirait à l'identifier.

g Je n'ai pas le temps de *penser aux vacances.*

h Elle rêve sans cesse de *retourner en Amérique.*

i Je n'aurais jamais pensé *vous trouver ici*!

2 Rewrite the following sentences, highlighting the word(s) in italics by moving them to the end of the sentence.

e.g. *Ses enfants* sont bien gâtés > Ils sont bien gâtés, ses enfants

a *Ce gigot* est trop cuit.

b *Ces étudiants* sont vraiment paresseux.

c J'ai vu *Marie* hier.

d Il y a *des enfants.*

e Il a lu *ce livre* hier.

3 Rewrite the following sentences, adding an appropriately positioned stressed pronoun to highlight the word(s) in italics. Note that in some cases you may have a choice of position for the stressed pronoun (see ***Discover more about highlighting and emphasis,* b**, above).

e.g. *Je* ne le comprends pas du tout > Moi, je ne le comprends pas du tout

a *Il* ne s'entraîne pas assez.

b *Son amie* ne peut pas le lui pardonner.

c Je suis sûre que *tu* me comprendras.

d *Nos voisins* n'ont rien vu.

e *Je* ne comprends pas son comportement.

f *Vous* êtes toujours en retard.

4 Rewrite the following sentences, emphasizing the word(s) in italics by using *c'est/ce sont . . . qui/que*. You may sometimes need to use the negative *ce n'est pas . . . qui/que*.

e.g. Elle prend ses vacances *au mois de juin* > C'est au mois de juin qu'elle prend ses vacances

a L'enfant a un retard scolaire *à cause de sa dyslexie*.

b *Elle* a promis de le faire.

c Je ne le *lui* ai pas donné.

d *Patricia et Sandrine* ont préparé le dîner.

e Je dois passer mon examen *demain*.

f On mange le mieux *à Lyon*.

5 Rewrite the following sentences, emphasizing the word(s) in italics by using *ce qui/ce que/ce dont . . . c'est*.

e.g. Elle déteste *faire la cuisine* > Ce qu'elle déteste, c'est faire la cuisine

a *Son livre sur l'Afrique* m'intéressait surtout.

b *Son insolence* me frappe le plus.

c J'ai remarqué *son enthousiasme*.

d *Aller à Paris* l'embête de plus en plus.

e J'avais envie de *prendre une douche*.

f J'aime surtout *la situation de cet appartement*.

g Vous aurez sûrement besoin d'*un imperméable*.

6 Rewrite the sentences in exercise 5, this time using *voilà + ce + relative pronoun* to highlight the words in italics.

e.g. Faire la cuisine, voilà ce qu'elle déteste.

7 Working with a partner, and using as many highlighting structures as possible, discuss:

- what you like best/least about university/college.
- what you like best/least about France/the French.
- what you would look for in an ideal job.

8 You have seen an advert for a job which seems ideally suited to you. Write a letter of application, emphasizing what you find particularly attractive about the job and what special qualities/experience you would bring to it. Try to highlight your points in a variety of different ways, using as many as possible of the techniques studied in this chapter.

Revision texts

Le secret du cerveau de Mozart

Une équipe de neurologues de Düsseldorf animée par Gottfried Schlaug a peut-être découvert la base biologique de l'oreille absolue, ce don
5 mystérieux qui permet à certains musiciens – Mozart en est le plus célèbre exemple – d'identifier la hauteur d'un son sans la comparer à une note de référence. Tout se passe comme si le
10 cerveau de ces musiciens particulièrement doués contenait un diapason interne. Selon les travaux de Gottfried Schlaug et de ses collègues (*Science*, 3 février), ce diapason pourrait
15 se trouver dans une région du cortex appelée le planum temporale, connue pour jouer un rôle important dans le langage. Les chercheurs ont utilisé la technique de l'imagerie par résonance
20 magnétique pour comparer les tailles des planum temporale droit et gauche de 30 musiciens professionnels – 11 ayant l'oreille absolue, 19 non – avec 30 sujets témoins. Chez tout le monde, il existe
25 une asymétrie en faveur du côté gauche,

liée au fait que le traitement du langage s'effectue dans l'hémisphère cérébral gauche. Mais chez les musiciens qui ont l'oreille absolue, l'asymétrie est plus de
30 deux fois supérieure à ce qu'elle est chez les témoins. En revanche, les musiciens sans oreille absolue ne se différencient guère des témoins.

La découverte allemande confirme
35 que les fonctions mentales évoluées sont latéralisées, autrement dit: que pour chaque fonction l'un des hémisphères joue un rôle dominant. Le fait que ce soit l'hémisphère gauche –
40 celui du langage – qui domine pour l'oreille absolue suggère que celle-ci ne dépendrait pas seulement de capacités musicales, mais aussi verbales. Est-elle innée ou acquise? La question reste
45 ouverte. Selon Gottfried Schlaug, qui n'a pas l'oreille absolue bien qu'il soit un organiste talentueux, il s'agit en tout cas d'un don précoce: 95 % des musiciens à l'oreille absolue ont
50 commencé avant 7 ans.

Fabien Gruhier et Michel de Pracontal, *Le Nouvel Observateur*

ANALYSIS

1 To what noun does the pronoun *en* in *Mozart en est le plus célèbre exemple* (lines 6–7) refer back? See Chapter 10. Why is *en* the appropriate pronoun in this case?

2 How would you translate into English the modal verb *pourrait* as used in line 14? See Chapter 24.

3 Find a phrase with a present participle in the first paragraph. Use a relative clause to express the same meaning. See Chapter 22.

4 Rephrase *le traitement du langage s'effectue* (lines 26–7), replacing the pronominal verb in bold with a passive construction. See Chapters 20 and 21.

5 Why is the comparative *plus* in line 29 followed by *de* and not by *que*? See Chapter 18.

6 How would you translate literally into English the highlighted relative pronoun in *supérieure à ce qu'elle est* (line 30)? See Chapter 11. In a natural translation, would you translate it at all?

7 Find the two examples of the subjunctive in the second paragraph and account for the use of this mood in each case. See Chapter 26.

8 How would you account for the use of the conditional *dépendrait* in line 42? See Chapter 7.

✎ EXERCISES

1 Without looking at the original, fill in the gaps in the following with the appropriate prepositions. Check your version against the original when you have finished.

Une équipe ____ neurologues ____ Düsseldorf animée ___ Gottfried Schlaug a peut-être découvert la base biologique ___ l'oreille absolue, ce don mystérieux qui permet _____ certains musiciens – Mozart en est le plus célèbre exemple – ___ identifier la hauteur __ un son ____ la comparer ___ une note ____ référence.

2 Again without looking at the original, make the adjectives and past participles which are italicized in the extract below agree as appropriate. Check your version against the original when you have finished.

Tout se passe comme si le cerveau de ces musiciens particulièrement *doué* contenait un diapason *interne*. Selon les travaux de Gottfried Schlaug et de ses collègues, *ce* diapason pourrait se trouver dans une région du cortex *appelé* le planum temporale, *connu* pour jouer un rôle *important* dans le langage. Les chercheurs ont utilisé la technique de l'imagerie par résonance *magnétique* pour comparer les tailles des planum temporale *droit* et *gauche* de 30 musiciens *professionnel* – 11 ayant l'oreille *absolu*, 19 non – avec 30 sujets témoins. Chez tout le monde, il existe une asymétrie en faveur du côté *gauche*, *lié* au fait que le traitement du langage s'effectue dans l'hémisphère *cérébral gauche*. Mais chez les musiciens qui ont l'oreille *absolu*, l'asymétrie est plus de deux fois *supérieur* à ce qu'elle est chez les témoins.

3 Again without looking at the original, fill in the two missing demonstrative pronouns in the following (see Chapter 14) and also make the adjectives and past participles in italics agree as appropriate.

La découverte *allemand* confirme que les fonctions *mental évolué* sont *latéralisé*, autrement dit: que pour *chaque* fonction l'un des hémisphères joue un rôle *dominant*. Le fait que ce soit l'hémisphère *gauche* – _____ du langage – qui domine pour l'oreille *absolu* suggère que _____-ci ne dépendrait pas seulement de capacités *musical*, mais aussi *verbal*. Est-elle *inné* ou *acquis*? La question reste *ouvert*.

4 Fill in the missing articles or *de* + article in the following extract and check your work against the original.

Selon Gottfried Schlaug, qui n'a pas ___ oreille absolue bien qu'il soit ___ organiste talentueux, il s'agit en tout cas d'un don précoce: 95 % ___ musiciens à ___ oreille absolue ont commencé avant 7 ans.

Il se pourrait bien que les arbres voyagent . . .

Il y avait ceux qui avaient voyagé
comme des oiseaux migrateurs et ceux
qui avaient vécu, attachés à la terre,
comme les arbres. Certains étaient allés
5 très loin. Je me souviens d'avoir
entendu le récit d'un homme qui était
allé jusqu'au point où le ciel rencontre
la terre: l'homme avait dû se pencher
pour ne pas heurter le ciel de sa tête.
10 L'homme s'était tout à coup senti seul
et il avait écrit à sa femme. Son timbre
lui avait coûté mille dollars. Quelques-
uns étaient allés à New York; un autre
était allé visiter un frère au Montana;
15 mon grand-père avait navigué sur la
mer Atlantique; une famille avait
émigré en Saskatchewan; et des
hommes allaient couper du bois dans
les forêts du Maine ou de l'Abitibi.
20 Quand ces gens revenaient, dans leurs
vêtements neufs, même les arbres de la
rue principale enviaient un peu ceux
qui avaient voyagé.
  Il y avait ceux, donc, qui n'étaient
25 jamais partis . . . Comme le vieil
Herménégilde. Il était si vieux qu'il
avait vu construire la première maison
de notre village. Il était vieux et

pourtant sa moustache était toute noire.
30 C'était une moustache énorme qui lui
cachait le nez, la bouche et le menton.
Je vois encore la moustache du vieil
Herménégilde comme un gros nuage
noir au-dessus de notre village. Nos
35 parents disaient de lui qu'il avait une
santé de bois franc; toutes les tempêtes
de la vie n'avaient pas réussi à courber
sa droite et solide fierté. Au bout d'une
vie, il ne possédait rien d'autre qu'une
40 petite maison de bois. Ses enfants
étaient tous partis. Le vieil
Herménégilde, lui, avait vécu toute sa
vie sans jamais franchir la frontière du
village. Il était d'ailleurs très fier
45 d'avoir vécu ainsi, enraciné à la terre
de notre village. Pour donner toute la
mesure de sa fierté, il disait:

  – Moé*, j'ai vécu toute ma vie sans
  jamais avoir eu besoin des étrangers!

50   Le vieil Herménégilde n'était
jamais allé courir les forêts lontaines, il
n'était jamais allé dans les villages
voisins acheter ou vendre des animaux;
sa femme, il l'avait trouvée dans le
55 village.

Roch Carrier, *Les enfants du bonhomme dans la lune*

* *Moé*: Canadian French form which in standard French would be *Moi*

ANALYSIS

1 Explain the agreement of the past participle in the following examples: *Certains étaient allés*
(line 4); *Quelques-uns étaient allés* (lines 12–13); *n'étaient jamais partis* (lines 24–5); *il l'avait
trouvée* (line 54). Justify the use of the auxiliary verb in each case and also in: *l'homme s'était
. . . senti seul* (line 10). See Chapter 2.

2 What tense is used in the examples above and how is it translated into English? Why is it used so extensively at the opening of this extract? See Chapter 4. Translate into English the following example with a modal verb: *l'homme avait dû se pencher* (line 8). See Chapter 24.

3 List all the verbs in the imperfect tense and justify their use. In particular explain why the author shifts between the tense used in the examples above and the imperfect. See Chapters 3 and 4.

4 List all the infinitives in the text and justify the use or absence of a preposition before them. See Chapters 22 and 23.

5 Identify from your list above three examples of the past infinitive. See Chapter 22.

6 Explain the position of the negative particles in: *pour ne pas heurter le ciel* (line 9); *ceux qui n'étaient jamais partis* (lines 24–5); *sans jamais franchir* (line 43); *sans jamais avoir eu besoin* (lines 48–9). See Chapter 8.

7 Observe the form: *rien d'autre qu'* (line 39). Do you know any other expressions which take *de* before an adjective? See Chapters 8 and 16.

8 Find in the text two examples of *lui* used as an indirect object pronoun and two examples of *lui* used as a stressed pronoun. See Chapter 10.

9 Find a masculine plural demonstrative adjective and demonstrative pronoun in the text. Give the masculine singular and the feminine singular and plural forms of both. See Chapter 14.

10 List all the possessive adjectives in the text and justify their agreement. See Chapter 15. On the model of: *une moustache énorme qui lui cachait le nez, la bouche et le menton* (lines 30–31), translate into French: a veil which hid her face.

11 Explain the two different masculine singular forms of the adjective: *le vieil Herménégilde* (lines 25–6); *Il était si vieux* (line 26). Are there any other adjectives which behave in this way? See Chapter 16.

12 Find in the text the masculine and feminine plural forms of *tout*. Which is an adjective and which is a pronoun? How does the function (adjective or pronoun) affect the pronunciation of the masculine plural form? (You will find the answer in a good dictionary.)

13 Explain the use of *Quelques-uns* (lines 13–14). Why would *quelques* not be appropriate here? Find in the text another expression for "some". How/why does this behave differently from *quelques/quelques-uns*?

14 Justify the absence of a plural *–s* on *mille* (line 12); *même* (line 21).

15 Explain the use of prepositions with the following place names: *à New York* (line 13); *au Montana* (line 14); *en Saskatchewan* (line 17); *les forêts du Maine ou de l'Abitibi* (line 19). See Chapter 28.

16 Comment on the following examples of highlighting/emphasis: *Le vieil Herménégilde, lui, avait vécu* (lines 41–2); *Moé, j'ai vécu* (line 48); *sa femme, il l'avait trouvée* (line 54). See Chapter 31.

✎ EXERCISES

1 Without looking at the original, complete the following text using the verbs indicated in the pluperfect tense and make any necessary changes. Check your version against the original when you have finished.

Il y avait ceux qui _____ (voyager) comme des oiseaux migrateurs et ceux qui _____ (vivre), attachés à la terre, comme les arbres. Certains _____ (aller) très loin. Je me souviens d'avoir entendu le récit d'un homme qui _____ (aller) jusqu'au point où le ciel rencontre la terre: l'homme _____ (devoir) se pencher pour ne pas heurter le ciel de sa tête. L'homme _____ (se sentir) tout à coup seul et il _____ (écrire) à sa femme. Son timbre lui _____ (coûter) mille dollars.

2 Without looking at the original, fill in the gaps with the appropriate preposition, or preposition + article. Check your version against the original when you have finished.

Quelques-uns étaient allés ___ New York; un autre était allé visiter un frère ___ Montana; mon grand-père avait navigué ___ la mer Atlantique; une famille avait émigré ___ Saskatchewan; et des hommes allaient couper du bois ___ les forêts ___ Maine ou ___ Abitibi. Quand ces gens revenaient, ___ leurs vêtements neufs, même les arbres de la rue principale enviaient un peu ceux qui avaient voyagé.

3 Without looking at the original, make the adjectives and past participles which are italicized in the extract below agree as appropriate. Check your version against the original when you have finished.

Il y avait ceux, donc, qui n'étaient jamais *parti* . . . Comme le *vieux* Herménégilde. Il était si *vieux* qu'il avait vu construire la *premier* maison de notre village. Il était *vieux* et pourtant *son* moustache était toute *noir*. C'était une moustache *énorme* qui lui cachait le nez, la bouche et le menton. Je vois encore la moustache du *vieux* Herménégilde comme un *gros* nuage *noir* au-dessus de notre village. *Notre* parents disaient de lui qu'il avait une santé de bois *franc*; *tout* les tempêtes de la vie n'avaient pas réussi à courber *son droit* et *solide* fierté. Au bout d'une vie, il ne possédait rien d'autre qu'une *petit* maison de bois. *Son* enfants étaient tous *parti*. Le *vieux* Herménégilde, lui, avait vécu *tout son* vie sans jamais franchir la frontière du village. Il était d'ailleurs très *fier* d'avoir vécu ainsi, *enraciné* à la terre de notre village. Pour donner *tout* la mesure de *son* fierté, il disait:

– Moé, j'ai vécu *tout mon* vie sans jamais avoir eu besoin des étrangers!

Le *vieux* Herménégilde n'était jamais allé courir les forêts *lointain*, il n'était jamais allé dans les villages *voisin* acheter ou vendre des animaux; *son* femme, il l'avait *trouvé* dans le village.

Les aventuriers sous la mer

Depuis que les hommes vont en bateau,
il y a des naufrages, des épaves et des
trésors. Résultat: les archéologues ont
appris à fouiller sous la mer.

5 La mer contient de fabuleux trésors
archéologiques. Depuis des siècles, les
pêcheurs méditerranéens ramènent des
amphores et des statues dans leurs filets.

Hélas, pendant longtemps, seuls les
10 plongeurs en apnée avaient accès aux
épaves . . . qu'ils pillaient sans se gêner!
Les archéologues enrageaient. Ah, s'ils
pouvaient fouiller sous l'eau aussi bien
que sur la terre! Ils en sauraient plus
15 long sur* la marine des Anciens et sur
les produits qu'ils échangeaient.

Tout cela devint possible en 1943,
quand le commandant Cousteau et
Émile Gagnan inventèrent le
20 scaphandre autonome. Depuis, les
fouilles archéologiques sous-marines se
sont multipliées. Parfois, ce sont des
sondeurs à ultrasons et même des sous-
marins qui repèrent les épaves.

25 Ainsi, en mai 1993, le *Nautile*,
submersible de l'Institut Français de
Recherche pour l'Exploitation de la
Mer, a découvert la coque de *La Lune*:
un vaisseau de Louis XIV avec des
30 canons de bronze, de la vaisselle, des
mousquets et une superbe cloche.

André Ramos, *Okapi*

* *en savoir plus long sur*: to know more about something

ANALYSIS

1 What is the difference in meaning between *depuis* and the present tense as used in lines 1 and 6–7 and *depuis* and the *passé composé* as used in lines 20–2? See Chapters 1 and 28. By contrast, why is the imperfect tense used in line 10? Why is the appropriate preposition here *pendant* and not *depuis* or *pour*? See Chapters 3 and 28.

2 In the penultimate paragraph, why is the past historic used for the two verbs in the first sentence, but the *passé composé* for the verb in the second sentence? Why is the *passé composé* used again in the final paragraph?

3 Account for the tense of the verb *sauraient* (line 14). Why is the verb *pouvaient* (line 13) not in the same tense? See Chapter 24.

4 Explain the use of the grave accent on: *ramènent* (line 7), *repèrent* (line 24), and the spelling of *enrageaient* (line 12). See Chapter 3 and references to further information for conjugation of verbs in Chapter 1.

5 How do you explain the use of *de* in *de fabuleux trésors archéologiques* (lines 5–6)? See Chapter 13.

6 Explain the agreement of *seuls* (line 9) and of *multipliées* (line 22). See Chapters 16 and 20.

✎ EXERCISE

Without looking at the original, fill in the gaps with the appropriate article or preposition. Check your version against the original when you have finished.

Depuis que ___ hommes vont ____ bateau, il y a ____ naufrages, ___ épaves et ___ trésors. Résultat: ___ archéologues ont appris ____ fouiller sous ____ mer.

___ mer contient ___ fabuleux trésors archéologiques. Depuis ___ siècles, ___ pêcheurs méditerranéens ramènent ___ amphores et ___ statues dans leurs filets.

Hélas, _____ longtemps, seuls ___ plongeurs ___ apnée avaient accès aux épaves . . . qu'ils pillaient sans se gêner! ____ archéologues enrageaient. Ah, s'ils pouvaient fouiller sous ___ eau aussi bien que sur ___ terre! Ils en sauraient plus long ____ ____ marine des Anciens et ____ _____ produits qu'ils échangeaient.

Tout cela devint possible ____ 1943, quand ___ commandant Cousteau et Émile Gagnan inventèrent ___ scaphandre autonome. Depuis, ___ fouilles archéologiques sous-marines se sont multipliées. Parfois, ce sont ___ sondeurs ___ ultrasons et même ____ sous-marins qui repèrent ___ épaves.

Ainsi, ___ mai 1993, ____ *Nautile*, submersible de ___ Institut Français de Recherche pour l'Exploitation de la Mer, a découvert ___ coque de ___ *Lune*: ___ vaisseau ___ Louis XIV avec ____ canons ___ bronze, _____ vaisselle, ____ mousquets et ____ superbe cloche.

Napoléon: le testament que l'on croyait perdu

**Écrit à Sainte-Hélène, on le croyait détruit. Il a été racheté par un Français dans
une vente aux enchères.**

Napoléon est mort il y a 175 ans, un 5
mai. Et cet anniversaire, marqué
comme chaque année par une messe à
l'Hôtel des Invalides à Paris, est aussi
5 prétexte à l'évocation d'une belle
découverte historique: le premier
codicille du testament de l'Empereur
que l'on croyait détruit. C'était il y a
six mois: un jeune collectionneur
10 français (il préfère garder l'anonymat),
passionné de souvenirs napoléoniens,
découvre dans le catalogue d'une vente
de livres et d'autographes que
Christie's va disperser aux enchères, à
15 Londres, une lettre de Napoléon 1er au
comte Bertrand. Pour notre initié, cette
pièce qui provient des papiers du grand
maréchal Bertrand, correspond au
codicille du premier testament. Le
20 papier a bien été déchiré par
l'Empereur . . . mais une main inconnue
n'a pu se résigner à le livrer aux
flammes. 'Pas question pour moi de
laisser un tel document dans les mains
25 des Anglais, explique le collectionneur.
C'était une question d'honneur. J'ai
relevé le défi et j'ai remporté
l'enchère.' C'est le texte le plus
émouvant du premier testament de
30 Napoléon qui a été ainsi retrouvé.

*'Un maillon de l'épopée
napoléonienne'*
En août 1819, se sentant gravement
malade et ayant perdu tout espoir de
35 guérison, Napoléon se résoud à rédiger

son testament. Le prisonnier de Sainte-
Hélène griffonne alors deux pages qu'il
confiera plus tard au grand maréchal
Bertrand: 'Mon cher Bertrand, je vous
40 envoie mon codicille écrit de ma main,
afin qu'après ma mort vous puissiez
réclamer tout ce qui m'appartient à
Sainte-Hélène. Vous en disposerez de
la manière suivante:
45   Vous donnerez la moitié de mon
collier de diamants à Mme Bertrand et
l'autre moitié à Mme de Montholon.
Vous donnerez 50 000 francs à
Montholon, 50 000 à Marchand . . .
50 Vous garderez mon argenterie, mes
armes, mes porcelaines, mes livres aux
armes impériales pour mon fils, et tout
ce que vous pourrez penser pouvoir lui
être utile un jour. Je vous donne mes
55 manuscrits . . . Gardez tout cela afin
que vous puissiez me les rendre, si cela
me convient.'
   Deux ans plus tard, la santé de
l'Empereur s'est tellement dégradée
60 qu'il envisage sa fin prochaine. Et le 11
avril 1821, il confie au comte de
Montholon son intention de rédiger un
nouveau testament. Le 20 avril, alors
qu'il éloigne Montholon, Napoléon
65 demande à Marchand, son fidèle
domestique, de réclamer à Bertrand le
testament qu'il détient et de le lui
apporter. Marchand s'exécute. Plus
tard, il racontera la scène dans ses
70 Mémoires: 'L'Empereur prit
l'enveloppe, la décacheta, parcourut les

pages du document, le déchira en deux en me disant de le mettre au feu. C'étaient de belles pages à conserver, 75 écrites de la main de l'empereur! Je les serrais dans mes mains, mais l'empereur voulait leur annulation! Telles elles me furent remises, telles elles furent jetées au foyer où bientôt 80 elles furent dévorées par les flammes, sans que j'en connusse les dispositions . . .' Malgré le témoignage de Marchand, ce document n'a pas été entièrement détruit, comme le prouve 85 sa découverte aujourd'hui. Les spécialistes des souvenirs napoléoniens attestent l'authenticité du document. Et celui-ci, estimé plus de 2 millions de francs, excite naturellement la 90 convoitise des conservateurs d'archives napoléoniennes. Mais son propriétaire n'a pas l'intention de l'enfouir dans un coffre. 'Cette pièce est un maillon de l'épopée napoléonienne, explique-t-il. 95 Aussi figurera-t-elle dans les plus grandes expositions d'Europe et des États-Unis qui célébreront à partir de l'année prochaine les victoires de Napoléon Bonaparte.'

Anne Muratori-Philip, *Le Figaro*

ANALYSIS

1 *Est mort* (line 1). What tense is this? Some verbs like *mourir* are conjugated with *être* in compound tenses. Give examples of other verbs conjugated with *être*. What other verbal constructions always use *être*?

2 *Que l'on croyait détruit* (line 8), *qui provient* (line 17). Explain why *qui* and *que* are used in these two sentences and why they are not interchangeable.

3 Comment on the use of the present in the following examples: *découvre* (line 12), *confie* (line 61), *demande* (line 65).

4 In the sentence *Vous en disposerez de la manière suivante* (lines 43–4), what does *en* refer back to? Why is *en* the appropriate pronoun in this case?

5 *Qu'il détient et de le lui apporter* (lines 67–8). Who or what do *il/le/lui* refer to? Comment on the order of the pronouns *le lui*.

6 *Afin que vous puissiez* (lines 41, 55–6), *sans que j'en connusse* (line 81). What are these two verb forms? Justify the choice of mood and tense.

7 Find five examples of pronominal verbs in the text. What tenses are they in?

8 *Explique-t-il* (line 94), *aussi figurera-t-elle* (line 95). Justify the word order in these two phrases.

✎ EXERCISES

1 Without looking at the original, fill in the gaps in the following with the appropriate forms of the future. Check your version against the original when you have finished.

    a Le prisonnier de Sainte-Hélène griffonne alors deux pages qu'il _____ (confier) plus tard au grand maréchal Bertrand. (lines 36–9)

    b Vous _____ (donner) 50 000 francs à Montholon, 50 000 à Marchand. Vous _____ (garder) mon argenterie, mes armes . . . pour mon fils, et tout ce que vous _____ (pouvoir) penser pouvoir lui être utile un jour. (lines 45–54)

    c Plus tard il _____ (raconter) la scène dans ses Mémoires. (lines 68–70)

2 Without looking at the original, fill in the gaps in the following with the appropriate forms of the passive. Check your version against the original when you have finished.

    a Le papier _____ bien (déchirer) par l'Empereur. (lines 19–21)

    c C'est le texte le plus émouvant du premier testament de Napoléon qui _____ ainsi _____ (retrouver). (lines 28–30)

    c C'étaient de belles pages à conserver, écrites de la main de l'empereur! . . . Telles elles me _____ (remettre), telles elles _____ (jeter) au foyer où bientôt elles _____ (dévorer) par les flammes. (lines 74–80)

    d Malgré le témoignage de Marchand, ce document ne _____ pas _____ entièrement _____ (détruire), comme le prouve sa découverte aujourd'hui. (lines 82–5)

3 Again without looking at the original, fill in the gaps in the following with the appropriate preposition or preposition + article. Check your version against the original when you have finished.

Napoléon est mort il y a 175 ans, un 5 mai. Et cet anniversaire, marqué comme chaque année ____ une messe ____ l'Hôtel ____ Invalides ____ Paris, est aussi prétexte ____ l'évocation d'une belle découverte historique: le premier codicille ____ testament ____ l'Empereur que l'on croyait détruit. C'était il y a six mois: un jeune collectionneur français (il préfère garder l'anonymat), passionné ____ souvenirs napoléoniens, découvre ____ le catalogue ____ une vente de livres et ____ autographes que Christie's va disperser ____ enchères, ____ Londres, une lettre de Napoléon 1er ____ comte Bertrand. ____ notre initié, cette pièce qui provient ____ papiers ____ grand maréchal Bertrand, correspond ____ codicille ____ premier testament. Le papier a bien été déchiré ____ l'Empereur.

Une fois réchauffé, le sable augmente la température de l'air à des milliers de kilomètres

En furetant dans les Alpes françaises, des chercheurs de l'université de Columbia ont retrouvé des grains qui provenaient du Taklamakan, un désert
5 chinois distant de quelque 20 000 km! Comment le sable est-il arrivé là? En empruntant le plus vieux mode de transport planétaire: le vent. Chaque année, pas moins de 3 milliards de
10 tonnes de particules sont propulsées dans l'atmosphère: sable, terres agricoles, embruns, panaches d'incendies, suies de charbon, rejets de pots d'échappement . . . Poussés par les
15 vents d'altitude, certains nuages de poussières franchissent allègrement les océans.

L'Amazonie bénéficie de 50 millions de tonnes de minéraux africains par
20 **an!**

Au départ, il suffit d'un souffle. «Sur un sol aride, dès que le vent dépasse 20 km/h, les grains se soulèvent, se percutent et se désintègrent en nuages
25 de débris minuscules», raconte François Dulac, chercheur au Laboratoire des sciences du climat et de l'environnement, à Gif-sur-Yvette. «Cet aérosol est ensuite embarqué
30 jusqu'à 5 000 ou 6 000 m d'altitude par les puissantes colonnes d'air chaud qui se forment au-dessus du plancher brûlant des déserts.» Une fois pris en charge par les grands courants de la
35 troposphère (entre 8 et 15 km d'altitude), le nuage migre. Au bout de

quelques heures, les plus grosses particules retombent sous l'effet de la gravité. Les plus fines – moins de 10
40 microns – parviennent à rester en suspension pendant près de quinze jours. Vitesse moyenne du vol: 30 km/h. À ce rythme, l'océan Atlantique se traverse en moins d'une semaine.

45 Les climatologues vont de surprises en découvertes. L'une des dernières provient de l'Institut des sciences environnementales d'Israël. On savait que la forêt amazonienne doit son
50 incroyable biodiversité à des bombardements de poussières nourricières. Chaque hiver en effet, les sols lessivés d'Amazonie reçoivent 50 millions de tonnes de minéraux
55 africains. Or, d'après de récentes études satellite, l'apport vient quasiment d'une seule région: la vallée encaissée de Bodélé, au Tchad. En crachant des sédiments blancs depuis le
60 centre de l'Afrique, elle assure le bon fonctionnement du poumon vert de la planète!

Ces vents chargés de poussières ont donc un rôle vital: établir un pont
65 aérien vers les écosystèmes les plus isolés du globe. À mille lieues des continents et de leurs rivières riches en minéraux, les phytoplanctons du Pacifique Nord vivotent à peine. Ils
70 sont pourtant à la base de la chaîne alimentaire. Leur seul espoir de croissance? Que le sable catapulté

depuis le désert de Gobi les saupoudre!
Le fer qu'il contient génère alors des
75 efflorescences éblouissantes.

Ces vols long-courrier d'aérosols ont
des conséquences plus insaisissables
sur le climat, car leurs effets diffèrent
selon leur composition et leur altitude.
80 Explications de Didier Tanré, du
Laboratoire d'optique atmosphérique:
«Sur leur passage, ces nuées bloquent
une partie des rayons du soleil. Elles
entraînent alors un refroidissement au
85 niveau du sol, qui s'oppose à l'effet de
serre.» Ce n'est pas tout: une fois
réchauffé par le soleil, l'aérosol va
augmenter la température de l'air
environnant. Or, cette perturbation
90 thermique peut se propager loin, très
loin . . . C'en est même déconcertant:
selon les observations de chercheurs de
la Nasa, le micro-échauffement
provoqué par une tempête au Sahara
95 entraîne un refroidissement aux bords

de la mer Caspienne, puis un
réchauffement en Asie du Nord-Est.

La poussière n'a pas fini de
préoccuper les climatologues. D'autant
100 que les satellites constatent une
augmentation du nombre de particules
dans l'air. Les raisons se bousculent:
sécheresse liée au changement
climatique, émissions polluantes (300
105 millions de tonnes), assèchement de la
mer d'Aral, déforestation, surpâturage,
surexploitation des sols . . . Plus
surprenant, certains chercheurs
dénoncent l'usage croissant des tout-
110 terrain. En plus de laisser un épais
nuage dans leur sillage, les 4 x 4
favorisent l'érosion des sols en brisant
leur croûte superficielle. Tous ces
phénomènes engendrés par l'homme
115 ont une conséquence: les migrations de
poussières prennent, parfois, la forme
de terrifiantes nébuleuses, mélange de
terre, de sable et de polluants.

Ça m'intéresse

ANALYSIS

1 List all the names of countries, mountain ranges, deserts, and oceans in the text and check
their gender. Without looking at the text, translate into French: in the Alps; in Israel; in the
Pacific Ocean; in Chad; in North-East Asia. See Chapter 28.

2 Why are there no articles in front of the nouns *sable, terres agricoles* etc. in lines 11–13? See
Chapter 13.

3 How do you explain the use of *de* in *de récentes études satellite* (lines 55–6)? See Chapter 13.
How do you explain the use of *du* in *les plus isolés du globe* (lines 65–6)? See Chapter 18.

4 Note the following present tense verb forms: *se soulèvent* (line 23); *se désintègrent* (line 24);
génère (line 74); *diffèrent* (line 78). Does the grave accent occur throughout the present tense
of these verbs? Does it occur in any other tense(s)? See Chapters 6 and 7 and references to
further information for conjugation of verbs in Chapter 1.

5 Would there be a difference in meaning between *va augmenter* (lines 87–8) and *augmentera*? See Chapter 6.

6 List all the gerunds in the text (see Chapter 22) and translate them into English.

7 Explain the agreement of the following past participles: *propulsées* (line 10); *poussés* (line 14). See Chapter 21.

8 Find an example of a conjunction followed by the indicative in paragraph 2. How many other conjunctions can you think of that are followed by the indicative? See Chapter 29. How would you translate into English the conjunction *Or* (lines 55 and 89)?

9 Why does *quelque* have a plural *-s* on the end in line 37 but not in line 5?

10 Why is *moins de* and not *moins que* used in lines 9, 39 and 44?

✎ EXERCISES

1 Rewrite the following sentences in the passive.

 a Les puissantes colonnes d'air chaud se forment au-dessus du plancher brûlant des déserts. (lines 31–3)

 b À ce rythme, l'océan Atlantique se traverse en moins d'une semaine. (lines 43–4)

 c Or, cette perturbation thermique peut se propager loin, très loin . . . (lines 89–91)

2 Without looking at the original, make the adjectives and past participles which are italicized in the extract below agree as appropriate. Check your version against the original when you have finished.

Les climatologues vont de surprises en découvertes. L'une des *dernier* provient de l'Institut des sciences *environnemental* d'Israël. On savait que la forêt *amazonien* doit son *incroyable* biodiversité à des bombardements de poussières *nourricier*. Chaque hiver en effet, les sols *lessivé* d'Amazonie reçoivent 50 millions de tonnes de minéraux *africain*. Or, d'après de *récent* études satellite, l'apport vient quasiment d'une *seul* région: la vallée *encaissé* de Bodélé, au Tchad. En crachant des sédiments *blanc* depuis le centre de l'Afrique, elle assure le *bon* fonctionnement du poumon *vert* de la planète!

Ces vents *chargé* de poussières ont donc un rôle *vital*: établir un pont *aérien* vers les écosystèmes les plus *isolé* du globe. À mille lieues des continents et de leurs rivières *riche* en minéraux, les phytoplanctons du Pacifique Nord vivotent à peine. Ils sont pourtant à la base de la chaîne *alimentaire*. Leur *seul* espoir de croissance? Que le sable *catapulté* depuis le désert de Gobi les saupoudre! Le fer qu'il contient génère alors des efflorescences *éblouissant*.

3 Again without looking at the original text, fill in the gaps with the appropriate preposition or preposition + article. Check your version against the original when you have finished.

L'Amazonie bénéficie ___ 50 millions ___ tonnes ___ minéraux africains ___ an! ___ départ, il suffit __ un souffle. «___ un sol aride, dès que le vent dépasse 20 km/h, les grains se soulèvent, se percutent et se désintègrent ___ nuages ___ débris minuscules», raconte François Dulac, chercheur ___ Laboratoire ___ sciences ___ climat et ___ environnement, ___Gif-sur-Yvette. «Cet aérosol est ensuite embarqué jusqu'à 5 000 ou 6 000 m ___ altitude ___ les

puissantes colonnes ___ air chaud qui se forment au-dessus ___ plancher brûlant ___ déserts.»
Une fois pris ___ charge ___ les grands courants ___ la troposphère (___ 8 et 15 km ___
altitude), le nuage migre. Au bout ___ quelques heures, les plus grosses particules retombent
___ l'effet de la gravité. Les plus fines – moins ___ 10 microns – parviennent ___ rester ___
suspension ___ près de quinze jours. Vitesse moyenne ___ vol: 30 km/h. ___ ce rythme, l'océan
Atlantique se traverse ___ moins ___une semaine.

Revision
text 6

Venez acheter du bon riz cuit!

C'était midi d'une entre-saison. Allah même s'était éloigné de son firmament pour se
réfugier dans un coin paisible de son grand monde, laissant là-haut le soleil qui l'occupait et
l'envahissait jusque dans les horizons. Toute la terre projetait des bouquets de mirages. Les
rues et les quais résonnaient, brillaient au loin dans des myriades d'étincelles. Au
5 débarcadère les bateaux venaient, repartaient et traversaient rapidement malgré la chaleur,
malgré la réverbération de la lagune, et rapidement Salimata se retrouva sur le quai de la
ville blanche, le corps et le souffle s'étant suffisamment accommodés de la chaleur et les
yeux des mirages.

Le marché de riz cuit se tenait à quelques pas du débarcadère. D'autres vendeuses
10 s'étaient déjà installées sous leurs préaux. Entre les vendeuses et autour des préaux
rôdaient les chômeurs, circulaient des chaînes de mendiants: aveugles, estropiés,
déséquilibrés. Les clients payeurs n'arrivaient pas encore, la sortie n'avait pas sonné, elle ne
devait plus tarder.

Salimata s'installa en retrait, sans préau, ni table, ni banc, elle vendait comme toutes les
15 autres, car Allah gratifie la bonté du cœur; les bons caractères, la bonne humeur priment, et
quand on est confectionné avec les tissus de Salimata, rien à faire, les clients vous suivent
même retiré sur une termitière.

Les autres vendeuses à l'ombre des préaux servant sur des tables la jalousaient et
médisaient. Salimata vendait, en plein soleil! Du riz mal cuit! Et à crédit! En distribuant des
20 sourires hypocrites! Elles se disaient tout cela et d'autres paroles encore. Vraiment indignes
de mères! Et avec des cœurs méchants à égorger des poulets sur un linge blanc sans laisser
de tache. Allah, le comptable du mal et du bien, comment justifies-tu d'avoir gratifié
d'aussi méchantes créatures de progénitures, alors que Salimata une musulmane
achevée . . .

25 Mais midi venait de retentir sur les chantiers, dans les bureaux. Les travailleurs affamés
se bousculèrent aux portails, se déversèrent sur les places, dans les rues, dans les voitures et
dans les pirogues.

– Du bon riz cuit! À très bon marché! Venez acheter du bon riz cuit!

Ahmadou Kourouma

ANALYSIS

1 List all verbs in the imperfect and past historic in the text and justify their use. In particular
explain why the author goes from imperfect to past historic. See Chapters 3 and 5.

2 Justify the position of the adjectives in the following: *un coin paisible* (line 2); *son grand monde*
(line 2); *la ville blanche* (lines 6–7); *du bon riz cuit* (line 28). See Chapter 16.

3 List all pronominal verbs in the text and indicate their tenses. See Chapter 20.

4 Justify the word order in the interrogative sentence: *Comment justifies-tu d'avoir gratifié . . .* See Chapter 9.

5 *En distribuant* (line 19). What is this grammatical form? Explain its usage and give its meaning. See Chapter 22.

6 Explain the use of *du* in *du bon riz cuit* (line 28). See Chapter 13.

7 *sans . . . ni . . . ni* (line 14). Explain the usage of this negative and give its meaning. See Chapter 8.

8 *sans laisser* (line 21). Justify the use of the infinitive after *sans.*

✎ EXERCISES

1 Without looking at the original, complete the following text using the pronominal verbs indicated and make any necessary changes. Check your version against the original when you have finished.

C'était midi d'une entre-saison. Allah même _____ (s'éloigner) de son firmament pour _____ (se réfugier) dans un coin paisible de son grand monde, laissant là-haut le soleil qui l'occupait et l'envahissait jusque dans les horizons. Toute la terre projetait des bouquets de mirages. Les rues et les quais résonnaient, brillaient au loin dans des myriades d'étincelles. Au débarcadère les bateaux venaient, repartaient et traversaient rapidement malgré la chaleur, malgré la réverbération de la lagune, et rapidement Salimata _____ (se retrouver) sur le quai de la ville blanche, le corps et le souffle _____ (s'accommoder) suffisamment de la chaleur et les yeux des mirages.

Le marché de riz cuit _____ (se tenir) à quelques pas du débarcadère. D'autres vendeuses _____ (s'installer) déjà sous leurs préaux. Entre les vendeuses et autour des préaux rôdaient les chômeurs, circulaient des chaînes de mendiants: aveugles, estropiés, déséquilibrés. Les clients payeurs n'arrivaient pas encore, la sortie n'avait pas sonné, elle ne devait plus tarder.

Mais midi venait de retentir sur les chantiers, dans les bureaux. Les travailleurs affamés _____ (se bousculer) aux portails, _____ (se déverser) sur les places, dans les rues, dans les voitures et dans les pirogues.

2 Again without looking at the original, fill in the missing articles or *de* + article. Check your version against the original when you have finished.

___ autres vendeuses à ___ ombre ___ préaux servant sur ___ tables la jalousaient et médisaient. Salimata vendait, en plein soleil! ___ riz mal cuit! Et à crédit! En distribuant ___ sourires hypocrites! Elles se disaient tout cela et d'autres paroles encore. Vraiment indignes de mères! Et avec ___ cœurs méchants à égorger ___ poulets sur ___ linge blanc sans laisser ___ tache. Allah, le comptable ___ mal et ___ bien, comment justifies-tu d'avoir gratifié d'aussi méchantes créatures de progénitures, alors que Salimata ___ musulmane achevée . . .

Mais midi venait de retentir sur ___ chantiers, dans ___ bureaux. ___ travailleurs affamés se bousculèrent aux portails, se déversèrent sur ___ places, dans ___ rues, dans ___ voitures et dans ___ pirogues.

– ___ bon riz cuit! À très bon marché! Venez acheter ___ bon riz cuit!

Keys

● Key 1: The present tense

1   **a** ils parlent **b** vous finissez **c** nous refusons **d** je te défends **e** il réussit **f** tu réponds **g** tu tombes **h** ils vendent **i** je compte **j** elle obéit

2   **a** j'admets **b** cet enfant dort **c** nous connaissons **d** beaucoup d'enfants meurent **e** vous croyez **f** les Impressionnistes peignent **g** ils prennent **h** vous faites **i** ce qu'ils veulent **j** nous sommes **k** tu as **l** vous allez

4   **a** Je ne peux pas répondre au téléphone/prendre le téléphone: je me lave les cheveux/je suis en train de me laver les cheveux.
   b Je suis ce cours depuis trois mois/voilà/ça fait trois mois que je suis ce cours.
   c Je viens de finir de déjeuner.
   d Je suis prêt dans deux minutes.
   e Il va disparaître dans quelques instants.
   f Depuis combien de temps attendez-vous?
   g Je me lave les dents deux fois par jour.
   h Ils poussent la voiture/ils sont en train de pousser la voiture.

● Key 2: The *passé composé*

1   **a** j'ai acquis **b** nous n'avons toujours pas résolu **c** Albert Camus est né **d** il est mort **e** mes copains m'ont offert **f** nous avons bu **g** ces incidents ont nui **h** nous n'avons pas reçu

2   **a** Nous sommes allés au cinéma.
   b Elle s'est regardée dans le miroir.
   c Ce sont des cadeaux que j'ai achetés.
   d Voici les fleurs que j'ai cueillies.
   e Elle s'est lavé les cheveux.
   f Malheureusement elle est sortie ce soir.
   g La dame à qui j'ai demandé le chemin n'a pas répondu.
   h Ils se sont regardés dans les yeux.
   i Elle s'est demandé si c'était vrai.
   j Ils se sont écrit tous les jours.

3   **a** tu t'es trompé(e) **b** nous nous sommes réveillés **c** elle s'est dépêchée **d** les enfants se sont bien amusés **e** elles se sont assises **f** ils se sont envoyé.

4   **a** J'ai couru à/jusqu'à la poste.
   b Elle est montée dans sa chambre.
   c Elle a eu/obtenu un prix pour son travail.
   d Ils/elles sont devenu(e)s très désagréables.
   e Nous y avons pensé/réfléchi.
   f Je ne l'ai pas fermée.

5   Cet après-midi, *j'ai poussé* Arthur dans le bassin. Il *est tombé* et il *s'est mis* à faire glou-glou avec sa bouche, mais il criait aussi et on *l'a entendu*. Papa et maman *sont arrivés* en courant. Maman pleurait parce qu'elle croyait qu'Arthur était noyé. Il ne l'était pas. Le docteur *est venu*. Arthur va très bien maintenant. Il *a demandé* du gâteau à la confiture et maman lui en *a donné*. Pourtant, il était sept heures, presque l'heure de se coucher quand il *a réclamé* ce gâteau, et maman lui en *a donné* quand même. Arthur était très content et très fier. Tout le monde lui posait des questions. Maman lui *a demandé* comment il avait fait pour tomber, s'il avait glissé et Arthur *a dit* que oui, qu'il avait trébuché. C'est chic à lui d'avoir dit ça, mais je lui en veux quand même, et je recommencerai à la première occasion.

D'ailleurs, s'*il n'a pas dit* que je l'avais poussé, c'est peut-être tout simplement parce qu'il sait très bien que maman a horreur des rapportages. L'autre jour, quand je lui avais serré le cou avec la corde à sauter et qu'il *est allé* se plaindre à maman en disant: 'C'est Hélène qui *m'a serré* comme ça ,' maman lui *a donné* une fessée terrible et lui *a dit*: 'Ne fais plus jamais une chose pareille!' Et quand papa *est rentré*, elle lui *a raconté* et papa *s'est mis* aussi en colère. Arthur a été privé de dessert. Alors, il *a compris* et, cette fois, comme il *n'a rien dit*, on lui *a donné* du gâteau à la confiture: j'en *ai demandé* aussi à maman, trois fois, mais elle *a fait* semblant de ne pas m'entendre. Est-ce qu'elle se doute que c'est moi qui *ai poussé* Arthur?

6   Cet après-midi, *j'ai poussé* Amandine dans le bassin. Elle *est tombée* et elle *s'est mise* à faire glou-glou avec sa bouche, mais elle criait aussi et on *l'a entendue*. Papa et maman *sont arrivés* en courant. Maman pleurait parce qu'elle croyait qu'Amandine était *noyée*. Elle ne l'était pas. Le docteur *est venu*. Amandine va très bien maintenant. Elle *a demandé* du gâteau à la confiture et maman lui en *a donné*. Pourtant, il était sept heures, presque l'heure de se coucher quand elle *a réclamé* ce gâteau, et maman lui en *a donné* quand même. Amandine était très contente et très fière. Tout le monde lui posait des questions. Maman lui *a demandé* comment elle avait fait pour tomber, si elle avait glissé et Amandine a dit que oui, qu'elle avait trébuché. C'est chic à elle d'avoir dit ça, mais je lui en veux quand même, et je recommencerai à la première occasion.

D'ailleurs, si *elle n'a pas dit* que je l'avais *poussée*, c'est peut-être tout simplement parce qu'elle sait très bien que maman a horreur des rapportages. L'autre jour, quand je lui avais serré le cou avec la corde à sauter et qu'elle *est allée* se plaindre à maman en disant: 'C'est Hélène qui *m'a serrée* comme ça ,' maman lui *a donné* une fessée terrible et lui *a dit*: 'Ne fais plus jamais u-ne chose pareille!' Et quand papa *est rentré*, elle lui *a raconté* et papa *s'est mis* aussi en colère. Amandine a été *privée* de dessert. Alors, elle *a compris* et, cette fois, comme elle *n'a rien dit*, on lui *a donné* du gâteau à la confiture: j'en *ai demandé* aussi à maman, trois fois, mais elle *a fait* semblant de ne pas m'entendre. Est-ce qu'elle se doute que c'est moi qui *ai poussé* Amandine?

● Key 3: The imperfect

1   je connaissais; me semblaient; je savais; ils appartenaient; j'étais; ils avaient; il habitait; il venait; il avait; en faisaient; je trouvais; nous nous réjouissions; nous reconnaissions

2   **a** mais l'an dernier je n'avais pas de travail donc je n'avais pas d'argent.
     b il y a un an il/on fêtait ses dix-huit ans.
     c la semaine dernière j'écrivais ma dissertation.
     d il y a vingt ans c'était une chose rare.
     e l'an dernier je ne pouvais pas le faire, je n'avais pas de permis.
     f parce que je finissais mes révisions pour l'examen.
     g l'autre jour il faisait des erreurs tout le temps.
     h pourtant hier il marchait impeccablement.

3   **a** La neige (re)couvrait le sol et il gelait.
     b Quand elle était petite elle habitait (dans) cette maison.

c Je dormais à poings fermés quand elle a téléphoné.

d Il buvait un/du pastis tous les jours à midi.

e Si c'était moi, je dirais non!

f Quand j'étais plus jeune, j'allais souvent chez ma grand-mère.

g Il a dit que c'était trop tard pour l'envoyer.

h Cela faisait/il y avait presque deux heures qu'elle était dans la salle d'attente.

i Comme elle/pendant qu'elle s'habillait, elle remarqua qu'il y avait une voiture dans l'allée.

● Key 4: The pluperfect

1 **a** nous étions sortis **b** il s'était assis **c** j'avais dormi **d** il était devenu **e** il avait couru **f** il s'était intéressé au football **g** elle était retournée **h** ils avaient fait

2 s'était maintenant terminée; elle était arrivée; elle avait trouvé; le temps avait passé; elle avait fini; elle avait obtenu; elle avait bouclé; elle avait fait

3 **a** Non, ils étaient tous partis.

b Non, j'avais emporté un anorak.

c Non, elle avait déjà pris fin.

d Non, ils avaient/on avait apporté des chaises supplémentaires.

e Non, il avait encore menti.

f Non, ils s'étaient bien cachés.

4 **a** Elle pensait qu'il avait fait des progrès.

b J'avais été conscient/au courant de ces rumeurs.

c Si nous avions eu plus de temps, nous l'aurions fait.

d Ils avaient raconté des histoires.

e C'étaient les fleurs que j'avais achetées.

f Si cela avait été le cas, je n'aurais pas eu d'objections.

● Key 5: The past historic and past anterior

1 J'ai cherché; j'ai pris; A. était là; m'a surprise; s'est mis; m'a fait; est passé; a tendu; sommes montés; nous nous sommes retrouvés; avons pu; ai-je dit; j'ai lu; m'a fait; sommes descendus; ai dit; sommes entrés; ont dévisagés; a dit; nous nous sommes faufilés; s'est assis

2 **a** J'allai; **b** Elle finit; **c** Ils vinrent; **d** Il fut; **e** Je parlai; **f** Elles eurent; **g** Ils aperçurent; **h** Elle dit

3 Nos voisins nous regardèrent; je me vis; je rabattis; je pris; une panique soudaine me traversa; je rougis; dis-je; je répétai; il sourit; me questionna; je lui parlai; je lui demandai; il me la décrivit; je pensai

4 **a** Elle sortit à cinq heures de l'après-midi.

b J'appelai Erica mais elle n'était pas là.

c Elle ouvrit la porte sans réfléchir.

d Il mourut le lendemain.

e Ils furent de retour après la tombée de la nuit.

f Elle se réveilla et ouvrit les yeux.

g Ils purent enfin rentrer chez eux.

h Soudain j'eus l'impression que c'était Pat.

5 disait-on; c'était un garçon; il ne déclara pas; vinrent le trouver; le supplièrent; il restait; lui enleva ses vêtements; il resta; il s'enferma; ne sortit plus; des mois se passèrent; il semblait; il vivait;

celui qu'on soupçonnait; se maria; Sainte-Lucie ne sembla; passa devant la maison; mangeaient des petits gâteaux; le jeune homme aperçut; qui défilait; il se mit à trembler; se leva; se signa; prit; il sortit

7 **a** se fut présentée; **b** fut partie; **c** eut-elle claqué; **d** eurent reçu; **e** se fut assis; **f** eurent fait

8 **a** Elle l'avait déjà dit mais personne ne la croyait/ne l'avait crue.
b Son sac fut prêt en cinq minutes.
c Elle se montra/fut plus compréhensive après qu'il eut expliqué ses raisons.
d Je ne m'étais pas rendu compte/je n'avais pas réalisé que c'était si critique/crucial.
e Ils allèrent à Paris dès que son contrat fut terminé (passive).
f La colère monta aussitôt que les résultats furent publiés (passive).

9 avait; était; était; avait déjà été malade; prit/eut pris; se rendit compte; était; appela; demanda; arriva; eut examiné; décida; partirent; eut préparé; fallut; avait oubliée.

● Key 6: The future and future perfect

1 **a** Ils passeront **b** Elle partira, elle aura **c** Les vents atteindront **d** Il faudra **e** Je ne saurai **f** Elles recevront **g** Vous pourrez **h** J'irai, je m'assiérai

2 **a** je partirai; **b** j'irai; **c** je marcherai; **d** sera; **e** je ne regarderai; **f** j'arriverai; **g** je mettrai.

4 **a** Je sais qu'il ne recommencera pas.
b Elle dit que le train va encore être/sera encore en retard.
c Si tu ne cours pas, tu seras en retard/à moins de courir, tu seras en retard!
d Je crois que s'il a le temps il le fera ce soir.
e Je la verrai dès qu'elle arrivera.
f Ils vont partir d'un moment à l'autre.

7 **a** elle aura acheté; **b** nous serons rentrés; **c** j'aurai terminé; **d** tu auras fini; **e** elles auront connu; **f** ils se seront bien ennuyés; **g** vous aurez bientôt traduit **h** elle se sera demandé

8 **a** Vous pourrez jouer au tennis quand vous aurez payé votre cotisation.
b Vous descendrez pour le petit déjeuner quand vous vous serez habillé(s).
c Nous partirons quand tu auras fini ton café.
d Vous dormirez mieux quand vous aurez éteint la lumière.

9 **a** partira, aurez fini **b** fera **c** reparlera, auras passé **d** sera fait **e** regardera, aura fini **f** aura fallu **g** aurez, aurez lu **h** ferai

● Key 7: The conditional (present and past)

1 j'aurais; je ne planterais pas; J'aurais; cultiveraient; élèveraient; s'habilleraient; mettraient; iraient; ne serait pas; elle soignerait; assemblerait; s'occuperait

2 **a** i Tu peux; ii m'arrangerait; iii tu avais pu passer
b i Je me lève; ii j'irais; iii je m'étais levé
c i Je ferai; ii j'avais; iii j'aurais fait

3 **a** Je préférerais ne pas le changer.
b Il a dit qu'il reviendrait demain.
c Pourrais-tu/pourriez-vous m'aider à soulever ce sac?
d Dis-moi/dites-moi si tu aimerais partager.

e D'après le journal six personnes seraient mortes dans l'/cet accident.

f Je devrais rentrer à la maison ce week-end.

g Si elle était plus gentille avec les autres, les autres seraient plus gentils avec elle.

h Crie si tu es prêt! (if = when).

i Tu devrais/vous devriez commencer à chercher du travail dès maintenant.

j Le criminel serait allé à l'étranger.

6 **a** Si je ne sais pas cuisiner, je mange un sandwich.

   Si je ne savais pas cuisiner, j'irais au restaurant/j'achèterais un livre de cuisine.

   b S'il y a grève de métro, j'irai à pied.

   c Si je n'étais pas . . . , je ferais la grève.

   Si je n'avais pas été . . . , j'aurais fait . . .

   d Si l'électricité est coupée, j'utiliserai une pile électrique.

   Si l'électricité était coupée, j'utiliserais une bougie.

● Key 8: The negative

1 **a** Vous ne faites pas de sport.

   b Je n'ai pas fini mon travail.

   c N'avez-vous pas fini votre travail?

   d Ne pouvez-vous pas m'aider?

   e Je ne vais pas lui en parler ce soir.

   f Je n'ai pas bien compris ce chapitre.

   g Je ne pars pas tout de suite.

   h Ne savez-vous pas nager?

   i Je n'ai pas de frère.

   j N'avez-vous pas eu le temps de le lire?

   k Vous n'allez pas partir tout de suite?

   l Il ne vous a pas vu arriver tout à l'heure.

   m Je ne vais pas le faire.

   n Je ne suis pas contente (je suis ennuyée) de ne pas avoir fini (or de n'avoir pas fini) ce travail.

2 **a** Je n'ai rien oublié.

   b Il ne part jamais à neuf heures.

   c Le week-end, nous ne faisons jamais rien d'intéressant.

   d Je n'ai jamais admiré son travail.

   e Personne ne vous a téléphoné.

   f Je n'ai ni frère ni sœur.

   g N'avez-vous rien vu?

   h Rien ne va se passer ici.

   i Il n'a aucun espoir.

   j Il n'est jamais occupé à rien.

   k Elle ne va rien écrire.

   l Personne n'est venu m'aider.

   m Rien ne le tracasse.

   n N'avez-vous vu personne?

3 **a** Je n'ai jamais lu ce livre.

   b Nous ne nous sommes pas du tout amusés.

   c Il n'y a plus d'étudiants dans la salle.

   d Il ne me reste que vingt euros.

   e Elle ne prend guère de café.

   f Je ne l'ai trouvé nulle part.

   g Il n'y a pas un seul arbre dans le jardin.

   h Nous n'avons étudié ni pièces de théâtre ni romans.

4 **a** Vous n'en trouverez jamais un autre comme lui.

   b Il n'habite plus à la maison.

   c Ma voiture n'est pas fiable – ni la tienne/la vôtre non plus.

   d Aucun d'entre vous n'a compris ce dont il s'agissait.

   e Je n'ai rien à dire.

   f J'ai cherché cette clé partout et je ne la trouve nulle part.

   g Ce n'est guère le moment d'aborder ce sujet.

h Personne n'est innocent dans cette affaire.

i Je n'aurai plus jamais peur des araignées.

j Il ne reste (plus) qu'une banane.

● Key 9: Interrogatives

1 **a** Combien est-ce que **b** Qu'attendez-vous **c** Laquelle de ces deux **d** Quand est-ce que **e** Auquel de ces employés **f** Qui n'a pas encore **g** Lequel de ces sacs **h** Où/quand faut-il **i** Que ferez-vous **j** Comment faites-vous

2 **a** Est-elle revenue?

b La France est-elle un pays surpeuplé?

c Faut-il envoyer cette lettre maintenant?

d Cette décision est-elle irrévocable?

e Irez-vous à l'opéra?

f Cet enfant est-il en bonne santé?

3 **a** Est-ce qu'ils vont bâtir un immeuble? Vont-ils bâtir . . . ?

b Est-ce qu'il va pleuvoir ce week-end? Va-t-il pleuvoir . . . ?

c Est-ce que le parti est d'accord? Le parti est-il d'accord?

d Est-ce qu'ils ont nommé un nouveau président? Ont-ils nommé . . . ?

e Qu'est-ce qui se passe si vous avez tort? Que se passe-t-il si . . . ?

f Est-ce que vous pouvez marcher jusqu'au sommet de cette colline? Pouvez-vous marcher jusqu'au . . .

g Où est-ce que vous avez perdu votre passeport? Où avez-vous perdu votre passeport?

h Où est-ce qu'elle est allée après New York? Où est-elle allée . . . ?

4 **a** Quand est-ce qu'elles sont parties? Quand sont-elles parties?

b Laquelle est-ce que vous préférez? Laquelle préférez-vous?

c Pourquoi est-ce que vous avez fait cela? Pourquoi avez-vous fait cela?

d A qui est-ce qu'il en a parlé? A qui en a-t-il parlé?

e Quel diplôme est-ce que tu prépares? Quel diplôme prépares-tu?

f Où est-ce que tu vas? Où vas-tu?

5 Possible questions:

Avez-vous déjà travaillé en équipe?

Quelle expérience avez-vous des ordinateurs?

Savez-vous utiliser les tableurs?

Vos stages de marketing sont-ils récents?

Quand seriez-vous disponible?

Y aura-t-il des déplacements dans ce travail?

Combien de vacances aurai-je par an?

Est-ce que j'aurai des chèques-repas?

● Key 10: Personal pronouns

1 **a** ce que vous voulez retenir (line 19)

b ces techniques (lines 23–4)

c des procédés de mémorisation (lines 31–2)

d 40 mots quelconques (line 38)

e des prouesses de ce genre (lines 51–2)

Yes, **a** could be described as 'neutral' le, since it refers to a general idea/whole phrase and not a specific noun. See Personal pronouns in the text, 2b

2 **a** leur **b** vous les **c** les; eux **d** se; Moi; les; vous les

3 **a** Vous pourrez les retenir. **b** Vous parviendrez à les faire. **c** Tout ce que l'on peut en obtenir.
   d Vous pourrez vous en souvenir. **e** Ne la laissez pas passer.

4 **a** Je vous l'ai affirmé. Je ne vous l'ai pas affirmé.
   b Je vous les ai révélé(e)s. Je ne vous les ai pas révélé(e)s.
   c Il nous les a montré(e)s. Il ne nous les a pas montré(e)s.
   d Nous le lui avons demandé. Nous ne le lui avons pas demandé.
   e Nous le leur avons dit. Nous ne le leur avons pas dit.
   f Vous leur en avez parlé. Vous ne leur en avez pas parlé.

5 **a** Oui, je vais leur en parler. Non, je ne vais pas leur en parler.
   b Oui, je vais la leur montrer. Non, je ne vais pas la leur montrer.
   c Oui, je vais leur en demander. Non, je ne vais pas leur en demander.
   d Oui, il nous les révèle. Non, il ne nous les révèle pas.

6 **a** Y avez-vous pensé?
   b Je ne le suis pas.
   c Elle lui ressemble beaucoup.
   d Le patron leur a accordé un jour de congé.
   e Je m'adresse à elle . . .
   f Le professeur leur a conseillé . . .
   g Je ne peux pas l'en empêcher.
   h Le cadeau lui a beaucoup plu.
   i Je vais lui donner un coup de fil ce soir.
   j Ce que je lui reproche c'est de ne pas m'en avoir averti.
   k Elle est assise a côté d'eux.
   l Il l'a envoyé chercher.
   m J'avais l'intention de le regarder ce soir.
   n Il avait déjà commencé à les ranger.

7 m'a envahi; je me suis laissé prendre; Il a lui aussi; je m'en étais douté; l'aveuglait; se sont croisés; j'en suis certain; me fait; Je le lui renvoie

8 m'a offert; Je lui ai répondu; j'en voulais bien un; il m'a touché; Donnez-moi; Je la lui ai tendue; Il y a déposé; comme en ont; Je n'en avais vraiment plus aucune envie; l'avouer; impossible de la lui rendre; Je l'ai donc introduite; Je lui ai tout de suite trouvé; la recracher; Je m'en suis abstenu; ne le voyant pas; m'observer

9 **a** Il s'agit de chacun pour soi ici.
   b Je trouve impossible de lui faire plaisir.
   c Vous me faites/Tu me fais penser à elle.
   d Marie et Jeanne ont tout fait elles-mêmes.
   e J'aimerais lui montrer cette photo et lui demander ce qu'elle en pense.
   f J'essaie de lui apprendre à lire.
   g Je lui ai conseillé de prendre le train de midi.
   h Je l'ai vue partir ce matin.
   i Ils lui ont fait terminer son travail.

● Key 11: Relative pronouns

1 a La victime est un militant qui luttait contre l'exploitation capitaliste et qui défendait les salariés.

b Il défendait les salariés dont les droits étaient bafoués.

c La droite dénonce l'insécurité dans les villes dont sont victimes les individus les plus faibles.

d Il a oublié de signer le document, ce qui nous a surpris.

e Ils s'indignent de la politisation dont font l'objet certains drames sociaux/dont certains drames sociaux font l'objet.

f Voici l'endroit où je vais garer la voiture.

g Est-ce que tu connais cette femme à qui il parle?

h Tout le travail que nous avons fait hier est à refaire.

i Il fume comme un sapeur, ce qu'elle déteste.

j C'est un traitement remarquable sans lequel il serait mort.

2 a Est-ce tout ce que vous avez fait?

b Ce dont je me souviens surtout, c'est de la manière dont ils nous ont accueillis.

c La femme à côté de qui elle était assise, ne lui a pas adressé la parole.

d Il dit qu'il a déjà fini son travail, ce que je ne crois pas.

e Ce qui m'irrite c'est sa façon de parler.

f Le jour où ils sont arrivés il pleuvait sans cesse.

g C'est un problème auquel nous n'avions pas pensé.

h Les gens chez qui elle a logé étaient très sympathiques.

i Elle a bien du mal à découper la viande, parce que le couteau avec lequel elle travaille est très émoussé.

3 laquelle; ce qu'; qui; qui; où; qui

4 qui; dont; dont; dont; que; que; qui; qui; qui; dont; ce qui; qui; desquels

5 qui; que; ce qu'; dont; qui; où; Ce qui; qu'

6 a Le film que nous avons vu hier soir était fantastique.

b Le restaurant où nous sommes allés hier soir était très cher.

c Le courriel qu'elle m'a envoyé était désagréable.

d Voilà la revue dont il parlait.

e L'homme qui attendait sur le trottoir est parti.

f Est-ce que tu te rends/vous vous rendez compte de ce qu'ils ont fait?

g C'est un écrivain dont l'influence se fait toujours sentir de nos jours.

h Ce qui m'étonne c'est qu'ils l'ont cru.

● Key 12: Nouns

1 a le renseignement; **b** la civilisation; **c** la personne; **d** le bras; **e** le rapport; **f** la charité; **g** le problème; **h** la baisse; **i** le tourisme; **j** la raison; **k** la noix; **l** le manque; **m** le musée; **n** le français; **o** la patience

2 a les trous; **b** les genoux; **c** les généraux; **d** les pneus; **e** mesdames; **f** les festivals; **g** les voies; **h** les voix; **i** les yeux; **j** les numéros; **k** les écrivains; **l** les championnats; **m** les châteaux; **n** les vœux; **o** messieurs

3 a Les/des peaux fragiles nécessitent des soins particuliers. **b** Il a utilisé des clous pour fixer ces étagères. **c** J'ai avalé des noyaux d'abricots. **d** Les hôpitaux sont près des universités. **e** Il lui a donné de nouveaux travaux à faire. **f** On pouvait entendre des hiboux dans les bois.

4 **a** Ce vieux est très vulnérable. **b** Ouvre l'œil! **c** Le repas sera préparé à l'avance. **d** J'aime jouer aux échecs avec mon copain. **e** «Madame, Mademoiselle, Monsieur» **f** L'alexandrin est un vers à douze pieds.

5 **a** Le Maroc est un pays qui m'intrigue. **b** La Bretagne est une région très prisée par les Britanniques. **c** J'ai traversé les Rocheuses du Canada en train. **d** La Normandie a subi de lourdes pertes à la Libération. **e** Le Mexique sera ma prochaine destination.

6 Depuis des mois, la fonction publique hospitalière vit sous tension. Pour s'en convaincre, il suffit d'avoir séjourné dans un hôpital: rares sont les malades qui ne se sont pas aperçus, un jour, de la pénurie des personnels soignants à leur chevet. Mais, en cette période d'été, le déficit est plus criant encore: aux sous-effectifs chroniques est venu s'ajouter le casse-tête des 35 heures. Certains services sont au bord de la rupture, complètement désorganisés. Les fermetures de lits se multiplient pendant les vacances. Des interventions chirurgicales importantes sont retardées. Les couloirs des urgences sont plus que jamais encombrés de brancards. Mieux vaudra ne pas tomber malade en plein mois d'août.

La santé est un domaine sacré pour le citoyen. C'est aussi un terrain très sensible sur le plan social. La France, qui se targuait d'avoir mis au point l'un des meilleurs systèmes du monde, se retrouve aujourd'hui empêtrée dans d'inextricables problèmes d'organisation et de durée du travail à l'hôpital. Cela lui coûtera très cher. Et des conflits sont à craindre.

Julien Redon, *Ouest-France*

7 **a** un coffre-fort, des coffres-forts; **b** un gratte-ciel, des gratte-ciel; **c** un chef-d'œuvre, des chefs-d'œuvre; **d** un arc-en-ciel, des arcs-en-ciel; **e** une porte-fenêtre, des portes-fenêtres; **f** un chou-fleur, des choux-fleurs; **g** un faire-part, des faire-part; **h** une grand-mère, des grands-mères

8 **a** Aimerais-tu des pâtes pour dîner? Des spaghettis?
b Avignon est bien connue pour ses festivals d'art dramatique.
c Sa réponse montrait un manque total de compréhension.
d J'irai voir les Preston en rentrant du travail.
e Ça n'est pas un problème!
f Le comité n'a pas réussi à prendre une/de décision.
g J'irai en vacances à la fin août/à la fin du mois d'août.
h Tu auras besoin d'un T-shirt et d'un short ou un pantalon.
i Vous avez certainement fait des progrès.
j Le gouvernement doit agir rapidement.

● Key 13: Articles and quantifiers

2 **a** Beaucoup d'étudiants; des exercices de grammaire **b** un article en forme de; J. Boissonnat, journaliste (no article); les différentes méthodes de travail dans les principaux pays; pas de critiques de la France **c** des nouilles sans beurre et sans sel **d** Les chats; plus d'affection; les chats de gouttière **e** beaucoup d'hommes d'affaires; de grands problèmes; la crise ; des dettes, des licenciements; l'échec; bien des entreprises **f** les étudiants; des études; les moyens

3 **a** Les loutres sont des animaux très timides.
b Nos étudiants sont tous des Écossais. (Note There would be no article if the adjective *écossais* were used. Here *Écossais* is a noun.)
c Les bibliophiles sont des gens qui aiment les livres.
d Les muscatels sont des raisins secs de Malaga.

4 **a** d'odeurs délicieuses; **b** d'articles **c** d'amis **d** de yaourts et de pommes

5 La France; les méthodes de travail; les autres; des critiques; la France; le centre; la loi; l'Europe; les Français; un Parlement; les Belges; de pauvres idiots; la Commission; le deuxième centre; point de vue; nombre d'ambassades; de corps de presse; les bureaux; les syndicats; les patronats; les Français; les autres; Trop de paroles et trop peu d'actions; la France

6 un type; du Midi; de sa puissante berline; les causses; le Massif central; d'un virage; Un troupeau; de moutons; la route; L'homme; du mal; Le flot; de brebis; le berger; un quart; d'heure; l'homme; l'accent; du coin; un pari; le citadin; d'une bonne affaire; le nombre; de moutons; un agneau; le paysan; Le Parisien; de données; le berger; le cadre sup; d'un animal; de façon; le gardien; du troupeau; une proposition; le Parisien; le consultant; le berger; l'autre; le paysan; une information; l'agneau

7 cœur de l'hiver; les principaux responsables; no article before chefs d'Etat, banquiers, financiers, patrons, because they are nouns in a list; no article before petite ville suisse, because this is a noun in apposition to Davos; de marché; de la dérégulation; des nouveaux maîtres; de Davos; de l'hyperlibéralisme; la capitale de la mondialisation; le foyer principal de la pensée unique.

8 Monsieur,

Je vois d'après un article récemment paru dans votre journal (Tour du monde, *L'Entreprise*, octobre 1989), qu'encore une fois vous autres Européens confondez sans faire attention la Grande-Bretagne avec l'Angleterre. Dans un paragraphe où il prétend discuter de la vie des affaires en Grande-Bretagne, Jean Boissonnat ne parle que des Anglais. Comme c'est si souvent le cas, il me paraît que les Ecossais et les Gallois ont été oubliés. Cependant nous avons des petites et des grandes entreprises en Ecosse et au Pays de Galles, et nous sommes des nations travailleuses toutes les deux (nos deux nations sont travailleuses), ce que, selon votre journaliste, on ne peut pas dire des Anglais (Je ne fais pas de remarque là-dessus). L'obsession de la qualité n'est pas un trait propre aux Japonais – nous autres Ecossais le partageons, et cette obsession, mariée à la continuité dans des projets à long terme, à l'énergie et à la bonne gestion des entreprises, nous a fait produire les meilleurs whiskys et les meilleurs articles en laine du monde entier. La prochaine fois que Jean Boissonnat fera le tour du monde peut-être pourrait-il élargir ses expériences en faisant escale en Ecosse; nous sommes toujours prêts à satisfaire aux besoins d'un nouveau client!

● Key 14: Demonstratives

1 **a** Je préfère celle-là.
b Elle n'aime pas cela.
c J'ai demandé à tous ceux qui habitent dans cet immeuble, mais personne ne l'a vu.
d Tout cela est vraiment très impressionnant.
e Ces fleurs-ci sont très belles, mais celles-là sont vraiment ravissantes.
f Je préfère votre proposition à celle de Jeanne.
g Ce plat-ci n'a pas l'air très bon. Choisissez plutôt celui-là.
h J'ai vu beaucoup de tableaux, mais je n'ai pas trouvé celui dont tu m'avais parlé.
i Je vais vous dire ceci: . . . .
j Les enfants de Marie et ceux de son frère sont tous partis chez leur grand-mère.

2 ceci; cela; celui; cela

3 **a** celui; ceux; ce; cet
b ceux; ceux; ceux; celles The first three are masculine plural pronouns, referring to *cauchemars*. The last one is feminine plural, referring to *forêts*.

4 celle; celle; celle; cette; celui

● Key 15: Possessives

1 **a** Je t'expliquerai mon idée, et après tu me diras ce que tu en penses.

b Ils nous ont offert leurs condoléances.

c Nous n'avons jamais vu nos voisins d'en face.

d Maintenant elle habite une jolie petite maison. Son ancienne maison était plus grande, mais beaucoup moins jolie.

e Nous avons fait de notre mieux.

f Ils ne rendent jamais visite à leurs parents.

g Vous n'avez rien dit de vos vacances. Quels sont vos projets?

2 **a** ma soeur; **b** ma photo; **c** mon passeport; **d** mon idée; **e** mon bureau; **f** ma clé; **g** mon dictionnaire; **h** ma chambre; **i** mon ordinateur; **j** mon opinion.

3 **a** Est-ce que je peux emprunter le tien?

b Quand est-ce que tu auras terminé la tienne?

c Je vais en parler aux miens ce soir.

d Leurs enfants s'entendent bien avec les nôtres.

e Mes parents me laissent prendre mes propres décisions, mais les siens sont beaucoup plus autoritaires.

f Qu'allez-vous faire de la vôtre?

g Notre jardin est beaucoup plus petit que le leur.

h Elle est partie avec un foulard qui n'est pas le sien.

i Mes enfants sont sortis avec deux des siens.

j Est-ce que nous pouvons regarder les vôtres?

4 Mon enfant; ma sœur; mon esprit; tes traîtres yeux; leurs larmes; notre chambre; leurs odeurs; sa douce langue natale.

5 **a** Elle a laissé son parapluie dans le bus.

b Notre drapeau est bleu, blanc et rouge.

c Il a emprunté sa bicyclette et son casque.

d Ce sont nos sacs à dos. Les vôtres sont là-bas.

e J'espère que votre déjeuner était meilleur que le nôtre.

6 **a** Elle aimait beaucoup son école primaire; son école primaire lui plaisait beaucoup.

b N'oublie pas tes billets; n'oubliez pas vos billets.

c Elle a glissé et s'est foulé la cheville.

d Cette signature n'est pas la sienne.

e Il n'y aura pas de provisions. Chacun doit apporter les siennes.

f Nous avons rencontré un de ses amis à la gare.

g Avez-vous eu de ses nouvelles?

h La qualité d'une dissertation ne dépend pas de sa longueur.

i C'est son père à lui qui va organiser le mariage.

j Chacun son tour!

k A chacun son goût.

● Key 16: Adjectives

1 tapissée; cristallines; ornée; vaste; calcaire; souterraines; continuelle; jolies; fort; supérieur; animale; orné; négatives; émouvants; spirituelle; difficiles; exceptionnel; architectural; basse; Renaissance (invariable noun acting as adjective); splendides; voûtées; impressionnantes

2 **a** Il vient d'acheter une nouvelle voiture américaine. Il a vendu son ancienne voiture à sa fille aînée.

b Que pensez-vous de sa dernière pièce de théâtre? Elle me paraît sensationnelle.

c Elle va visiter sa vieille tante et lui apporter ces délicieux gâteaux.

d Encore de ces histoires banales! Racontez-moi quelque chose de plus intéressant.

e Les routes nationales sont toujours encombrées au mois d'août.

f Elle porte une jupe bleu foncé et une chemise bleu clair. Toutes les deux sont neuves.

g C'est un fol espoir, mais auriez-vous un peu de crème fraîche?

h Nous avons passé une bonne soirée chez nos amies grecques.

i Les trois premières pages du roman sont vraiment passionnantes.

j Je cherche un nouvel exemple pour illustrer ce vieil argument.

3 **a** Le site se composait d'une masse désordonnée de vieux bâtiments délabrés, les ruines d'une ancienne ferme.

b Ces beaux vieux tableaux posent un problème de conservation très difficile.

c Il est très difficile de voir des films français contemporains si l'on habite une petite ville provinciale en Grande-Bretagne.

d La politique étrangère française témoigne d'une certaine variabilité.

e Les hautes falaises blanches forment un point de repère saisissant.

f Il l'a fait de sa propre initiative. Les deux premières pages sont très impressionnantes, n'est-ce pas?

g Avez-vous lu son dernier livre sur la politique monétaire européenne?

h Les nouvelles grandes cités universitaires offrent des chambres modernes et pratiques.

4 Chers bois; pleins de soleil; frayeurs suffocantes; ces atroces petits corps lisses et froids; haletante; une couleuvre bien sage; ses petits yeux dorés; ce n'était pas dangereux; quelles terreurs; seule; plutôt seule; ces petites grandes filles; petites bêtes; chenilles velues; si jolies, rondes et roses; insupportables; les grands bois; pas broussailleux; des sentiers étroits; d'une façon inquiétante; seule; les yeux perdus; le jour vert et mystérieux; tranquille et un peu anxieuse; l'obscurité vague

● Key 17: Adverbs and adverbial phrases

1 **a** récemment; **b** énormément; **c** absolument; **d** discrètement; **e** lentement; **f** extrêmement; **g** ponctuellement; **h** normalement; **i** précisément; **j** vraiment; **k** assidûment; **l** profondément; **m** vivement; **n** gentiment

2 **a** bien; **b** patiemment; **c** malheureusement; **d** lentement; **e** partialement; **f** irrégulièrement; **g** malhonnêtement; **h** indiscrètement

3 **a** franchement; **b** facilement; **c** actuellement; **d** evidemment; **e** poliment; **f** conformément

4 **a** correct; **b** Les étudiants comprennent mal cette théorie. **c** correct; **d** On va chercher partout. **e** correct; **f** correct; **g** Nous avons mis les papiers ailleurs. **h** Cet hôtel est vraiment le meilleur que je connaisse. **i** correct; **j** Elle oublie souvent d'acheter du lait.

5 **a** Nous nous retrouvons souvent le weekend. **b** Le spectacle m'a vraiment plu. **c** C'est une question complètement impossible. **d** Peut-être le verrons-nous demain. **e** Il prend parfois le train de sept heures. **f** Ils ont toujours essayé de rester en contact. **g** Si les clefs ne sont pas là, il faudra/vous devrez chercher ailleurs. **h** Ce travail devient vite ennuyeux.

6 **a** J'ai changé de place pour mieux voir. **b** Il faudra lui parler tôt ou tard. **c** Ils sont déjà rentrés. **d** Ils sont rentrés tard. **e** Avez-vous assez mangé? **f** Après un retard d'une heure il est enfin arrivé. (*or* enfin il est arrivé) **g** Nous nous sommes beaucoup amusés. **h** Vous allez réussir brillamment à vos examens. **i** Elle a travaillé consciencieusement.

7 **a** Les enfants ont écouté avec attention. **b** Il a parlé sans interruption pendant plus d'une heure. **c** Ils ont réagi d'une manière déconcertante. **d** Il a avancé avec circonspection. **e** Nous avons trouvé son adresse tout à fait par hasard. **f** J'ai regardé tomber l'alpiniste sans pouvoir rien faire. **g** On leur a octroyé le contrat sans hésiter. **h** Elle se leva et sortit d'un air fâché, en claquant la porte.

8 **a** Qu'est-ce que vous recherchez au juste? **b** C'est une idée tout à fait ridicule. **c** Il faut partir tout de suite. **d** Il a fait très chaud cet été, au mois d'août en particulier. **e** C'est à peu près terminé maintenant. **f** Elle se lève tôt en général.

9 **a** Ils parlent bas pour ne pas déranger les enfants. **b** Il est évident qu'ils n'ont aucune idée que nous sommes là. **c** D'habitude je pars de chez moi peu après huit heures. **d** Il devient de plus en plus difficile d'essayer de le comprendre. **e** Il est possible qu'il ait tourné au mauvais endroit.

● Key 18: Comparatives and superlatives

1 **a** plus blanc, plus je lave . . . plus les couleurs **b** les plus fraîches, les moins grasses **c** il vaut mieux, plus savoureux, moins les produits, meilleurs ils sont

2 **a** le meilleur des gâteaux, le mieux **b** une des plus belles régions de France **c** la nouvelle la plus sensationnelle, un de mes moindres soucis **d** le plus sérieusement **e** les moins irritants

3 **a** Moins vous faites de travail, moins vous avez envie d'en faire.
 b Moins de temps vous avez, mieux vous devez vous organiser.
 c Plus les gens vieillissent, plus ils ont de temps libre.
 d Plus les gens regardent la télé, moins ils vont au cinéma.
 e Il est aussi travailleur qu'elle est paresseuse.
 f Il aime autant le cinéma qu'il déteste la télévision.

4 plus d'attention; plus de contacts; plus éveillées que; plus de la moitié; plus tôt; mieux; plus fréquemment; Moins sensibles; davantage; plus tôt; plus développée; plus importante; plus aiguë; plus volontiers

5 le plus heureux; l'un des plus importants cimetières/l'un des cimetières les plus importants; plus de; le plus ancien; plus de; plus d'une centaine; le plus jeune; au plus court; plus d'une centaine; moins de; du plus beau musée imaginaire

● Key 19: The imperative

1 apprenons; conduisons; faisons; utilisons; fuyons; osons; vivons; informons-nous; ne nous exposons pas; faisons; portons

2 apprends; conduis; fais; utilise; fuis; ose; vis; informe-toi; ne t'expose pas; fais; porte

3 **a** Calmez-vous. Asseyez-vous là et essayez de respirer à fond.
 b Donnez-moi un moment. Ne me tracassez pas.
 c Soyez gentil. Aidez-moi à descendre la valise s'il vous plaît.
 d Ayez patience. Ne vous moquez pas de lui.
 e Veuillez répondre dans les plus brefs délais.
 f Allez-vous-en. Laissez-moi en paix.
 g Souvenez-vous de son anniversaire. Sachez qu'il tient beaucoup à vous.
 h Soignez-vous. Faites attention à votre régime et n'oubliez pas de respecter les consignes du médecin.
 i Finissez votre dissertation. Relisez-la demain.
 j Ne vous préoccupez pas de cela. Souriez. Il n'y a pas de problème.
 k Vendez votre vélo. Achetez-vous une voiture.

4 **a** Calme-toi. Assieds-toi là et essaie de respirer à fond.

b Donne-moi un moment. Ne me tracasse pas.

c Sois gentil. Aide-moi à descendre la valise s'il te plaît.

d Aie patience.

e Ne te moque pas de lui.

f Va-t'en. Laisse-moi en paix.

g Souviens-toi de son anniversaire. Sache qu'il tient beaucoup à toi.

h Soigne-toi. Fais attention à ton régime et n'oublie pas de respecter les consignes du médecin.

i Finis ta dissertation. Relis-la demain.

j Ne te préoccupe pas de cela. Souris. Il n'y a pas de problème.

k Vends ton vélo. Achète-toi une voiture.

5 **a** Cherche tes chaussures!

b Ne mange pas dans l'assiette du chien!

c Regarde-moi quand je te parle!

d Ne sois pas si bruyant!

e Arrête de tirer la queue du chien!

f Ne parle pas à des inconnus!

g Ne mets pas les doigts dans ton nez!

h Va t'amuser!

6 **a** Parle-lui-en.

b Occupez-vous-en et faites-y attention.

c Donnez-lui-en.

d Offre-les-lui. Remercie-la de ma part.

e Ne l'oubliez pas.

f Ne venez pas la demander. Ne cherchez pas à la trouver.

g Vas-y. Donne-les-leur.

h Parles-en. Explique-les.

● Key 20: Pronominal verbs

1 **a** Tu t'es servi? **b** Elles se sont assises **c** Nous nous sommes plaints **d** Je ne me sens pas bien **e** Elle se débrouillera **f** Ils se sont mariés **g** Vous vous souvenez **h** Il s'est encore trompé.

2 **a** Ces aventures se sont passées . . .

b Nous nous sommes pressés . . .

c Taisez-vous!

d Vous vous passerez de . . .

e Nous nous entendons bien . . .

f Les voisins se sont occupés des . . .

3 son influence s'est étendue; a su s'adapter; s'est progressivement intégré; son économie s'est ouverte; cette mutation s'est accomplie; il s'est réalisé; la France se situe

4 **a** Elles ne s'en iront pas sans bruit. **b** Je ne m'intéresse pas aux . . . . **c** Tu ne t'es pas mal débrouillée. **d** Il ne s'est pas rasé avant de sortir.

e Nous ne nous étions pas couchés de bonne heure. **f** Vous ne vous ennuyez pas tout seul?.

5 **a** s'est arrêtée **b** je me lève **c** je me suis adressé(e) **d** il se souviendra **e** tu t'énerves **f** nous nous reposerons

6 **a** Je me suis acheté un CD.

b Réveille-toi et lève-toi!

c Malheureusement le train ne s'arrête pas ici.

d Ces jouets se vendaient très bien avant Noël.

e Je me demande si cette maison sera jamais finie.

f Brosse-toi les dents et presse-toi/pressez-vous!

g Si seulement nous pouvions nous rencontrer.

h Elle ne s'est jamais trompée.

i Le bureau se trouve dans le nouveau bâtiment.

j Tu devras/vous devrez/il te faudra/il vous faudra te/vous passer de la voiture.

● Key 21: The passive

1 a Son copain a préparé le couscous.

b On a retrouvé la gamine dans la rue.

c Les assistants organiseront la soirée.

d Un incendie aurait entièrement détruit l'école.

e On a bâti une nouvelle pièce pour agrandir la maison.

f Un excellent journaliste écrit chaque semaine l'éditorial.

2 a Les noms propres s'écrivent avec des majuscules.

b Le canard se mange avec des petits pois.

c Le rugby se joue dans le sud-ouest de la France.

d Récemment la ville de Toulouse s'est métamorphosée.

e Les pommes de terre se vendaient très cher l'hiver dernier.

f Cela se fera avec ou sans votre accord.

3 sont encadrées; pourra être proposée; la date prévue; vous sera remboursée; établissements classés; sélectionnés; sont également sélectionnées; soient organisés; peut être demandé; peut vous être demandée; elle n'est pas comprise

4 a La Tour Eiffel a été construite en 1889.

b On fait de la pub pour cette boisson à la télé.

c Le directeur lui a demandé de sortir.

d On m'a appris à jouer de la clarinette à l'école.

e Le cessez-le-feu sera signé officiellement demain.

f Avant cet incident il avait été pris en train de voler une radio.

g Ces produits de beauté se vendent à la boutique hors-taxe.

h On lui a demandé de payer en avance/il s'est vu demander de payer en avance.

6 a Le courrier a été distribué/on a distribué...

b On lui a donné la meilleure note/Elle a eu...

c On leur a accordé la nationalité française.

d Cette facture a été envoyée il y a un mois/ On a envoyé...

e On parle français dans certaines îles des Antilles/Le français se parle...

f Le pont a été détruit pendant la guerre/On a détruit....

g Le repas a été préparé par mon copain/Mon copain a préparé...

h On m'a montré différents modèles.

i On m'a demandé de montrer mon billet.

j Les bagages ont été descendus/On a descendu...

k Le canard est souvent servi avec une sauce à l'orange/ On sert.../Le canard se sert...

● Key 22: The infinitive and present participle

Exercises on the infinitive

1 **a** Après avoir étudié . . .
  b Après avoir lu . . .
  c Après s'être lavée . . .
  d après y être allée . . .
  e Après s'être plainte . . .
  f Après avoir mis . . .

2 **a** Il l'a entendue mettre sa clef dans la serrure.
  b Ils espèrent passer l'été en France.
  c Ne pas se pencher au dehors.
  d Servir frais.
  e A le voir assis (French uses a past participle here; see ***Discover more about the present participle, 1a***) en train de bavarder, on dirait qu'il n'avait pas de travail à faire.
  f Elle est allée chercher votre dossier.
  g Sans vouloir vous offusquer, je dois absolument refuser.
  h Pour terminer son travail il est resté dans son bureau jusqu'à 19 heures.
  i Suivre un régime trop sévère n'est pas une bonne idée.
  j Que faire? Comment la trouver?
  k Je ne comprends pas votre façon/manière de travailler.
  l Je suis enclin/porté à croire qu'elle a raison.
  m Elle s'est fait couper les cheveux hier.
  n Après avoir fait la vaisselle, je vais faire le lit.

Exercises on the present participle and gerund

1 ayant; étant; dormant; finissant; faisant; sachant; mangeant; devenant; fleurissant; disant; riant; rougissant; pouvant; atteignant; offrant; voyant; buvant; peignant; connaissant; éteignant.

2 **a** en écoutant; **b** en te levant; **c** étant; **d** rassemblant; **e** en utilisant; **f** en forgeant.

3 **a** Etant **b** Ayant terminé **c** un groupe d'enfants jouant (invariable) **d** Ayant **e** une longue file de voitures avançant (invariable) très lentement **f** Sachant **g** Rougissant **h** des étudiants répétant (invariable) une pièce de théâtre.

4 en publiant; en inaugurant; Ce faisant

5 **a** Habitant une île isolée, ils menaient une vie très tranquille.
  b Ayant décidé de partir le lendemain, il se sentait beaucoup plus content.
  c En rentrant, elle commença à préparer son dîner.
  d Tout en voulant vous aider, je ne sais vraiment pas comment (m'y prendre).
  e En feuilletant des journaux à la bibliothèque, elle avait découvert des articles très intéressants.
  f Tout ce qu'elle voyait (c)'était une longue queue s'étendant (or qui s'étendait) tout le long de la rue.
  g Il a payé son voyage en Australie en travaillant comme garçon de café.

Review exercise

1 d'aller **2** de faire **3** débuter **4** s'agissant **5** d'attendre **6** confondre **7** en introduisant **8** de le mettre **9** se situer **10** évacuer **11** introduire **12** donner **13** s'en servir **14** vivre **15** pouvoir **16** communiquer **17** en marchant **18** à marcher **19** en parlant **20** à parler **21** devenir **22** se partageant **23** parler

● Key 23: Verbs with *à/de*

1 **a** à **b** de; de **c** de **d** à **e** à **f** de **g** de **h** de **i** de/d' **j** à; de **k** à **l** à **m** à **n** de **o** à **p** d'

2 de; d'; à, à; no preposition after verb of movement. See Chapter 22.

4 **a** J'ai réussi a m'en souvenir/me le rappeler entièrement.
b J'ai fini de préparer mon sac à dos.
c Dans ce film il s'agit d'un homme et d'un tigre.
d Il lui a demandé d'en choisir un(e).
e Vous devriez y penser/y réfléchir.
f As-tu/avez-vous essayé de faire des crêpes?
g Aujourd'hui tu vas/vous allez apprendre à patiner.
h Il a hésité à lui téléphoner vu qu'il était si tard.

● Key 24: *Devoir, pouvoir, vouloir, savoir*

1 On pourrait; vous devez/devriez; ceux qui veulent/voudraient; cela peut/pourrait; s'il sait; le chercheur d'emploi pourra; ceux qui veulent; doivent

2 je devais; je voulais; n'ai pas pu; je ne savais pas; j'aurais pu; je voudrais/devais; pour essayer de savoir; je devrai/dois

3 **a** Je n'ai pas pu arriver à l'heure.
b Il devrait faire plus attention.
c J'aimerais savoir la vérité.
d Il aurait pu essayer au moins!
e Elle lui doit 200 euros.
f Pouvez-vous m'aider?
g Je le saurai demain.
h J'aurais dû réviser les temps.
i Elle doit savoir ça!
j Je voudrais partir dans une demi-heure.

4 **a** J'aimerais boire quelque chose.
b Ils/elles devraient attendre un peu plus longtemps.
c Pourrais-je/est-ce que je pourrais laisser un message?
d Ils/elles ne pouvaient pas/n'ont pas pu me le dire.
e Ça serait formidable!
f Elle devrait être arrivée maintenant.

5 **a** J'aurais dû me souvenir qu'il y avait un film ce soir. **b** Je n'aurais pas pu le/la perdre. **c** Cela aurait été presque impossible. **d** Tu n'aurais/vous n'auriez pas dû ouvrir cette lettre. **e** Non, ils auraient téléphoné. **f** Cela aurait pu arriver.

● Key 25: Impersonal verbs

1 **a** s'agissait; fallait **b** y aurait eu **c** faille (subjunctive after negative verb of thinking); s'agirait (conditional for something which is alleged and not vouched for by the writer him/herself) **d** aura **e** y avait eu **f** y a eu **g** s'était agi **h** faudra **i** s'agissait (or s'agit); faudrait **j** s'agisse (Subjunctive after verb of fearing) **k** a fallu; aurait fallu

2 **a** Il y a vingt kilomètres d'ici à la mer.
b Il s'est passé quelque chose de très bizarre.
c Il faudrait attendre quelques minutes. Il manque trois étudiants.
d Il y a à faire à la maison. Il me faut rentrer/il faut que je rentre aussitôt que possible.
e Il leur faut plus de temps pour achever le travail.
f Il faut que le gouvernement s'adresse à/s'occupe de ce problème.
g Est-ce que vous savez de quoi il s'agit dans son livre?

h Il faisait beaucoup de vent et il a fallu que les alpinistes rebroussent chemin avant d'atteindre le sommet de la montagne.

i Tu trouveras qu'il y a de quoi boire.

j Il y a une demi-heure que j'attends ici.

● Key 26: The subjunctive (present and perfect)

Exercises on the present subjunctive

1 a réfléchisses; partes; t'en ailles; recommences; boives; te lèves

   b sortions; finissions; chantions; fassions un effort; apprenions ce poème; nous en allions

   c travaille; maigrisse; boive; puisse se détendre; prenne une douche; en sache les résultats

   d vous vous chargiez de cette tâche; finissiez votre travail; preniez . . .; ayez . . .; soyez prêts

2 redevienne; mette; fassent; respectent; soient; sachent

3 a subjunctive after je m'étonne que (expression of emotion)

   b subjunctive after il est peu probable que (expression of improbability)

   c subjunctive after conjunction sans que

   d subjunctive after je veux que (expression of desire that something should be done)

   e subjunctive after pour que (conjunction of purpose)

   f indicative after pendant que (conjunction of time)

   g subjunctive after indefinite antecedent (un endroit) + relative pronoun (où)

   h indicative after positive statement, elle dit que . . .

   i subjunctive after negative verb of thinking, je ne pense pas que . . .

   j imperfect indicative after positive statement of fact, il est évident que

4 a ayez; **b** soit; **c** arrivera; **d** sache; **e** parte; **f** avez; **g** permette; **h** était

5 a Je veux changer d'emploi. Je veux qu'il change d'emploi.

   b Avant que vous ne partiez, pourrais-je vous demander un service?

   Avant de partir je lui ai donné un coup de téléphone.

   c Elle a peur de voyager (toute) seule.

   Il a peur qu'il ne lui arrive un accident.

   d Il est parti sans dire au revoir.

   Elle est partie sans qu'il la voie.

6 a Quoi qu'on fasse, on ne peut jamais le satisfaire.

   b Bien que/Quoique la ville nous plaise, nous ne regrettons pas de partir.

   c Il veut que vous lui donniez/tu lui donnes un coup de téléphone ce soir.

   d C'est l'étudiant le plus brillant que je connaisse.

   e Quelles que soient ses raisons, il n'y a vraiment pas d'excuse.

   f Il a ordonné que les prisonniers soient libérés.

   g Je crains qu'il ne revienne plus tard.

   h Est-ce que vous dites qu'il ment?

   i Nous allons déjeuner sur la terrasse à moins qu'il ne pleuve.

   j Il est possible qu'ils sachent déjà le résultat.

   k Il espère qu'elle sera de retour ce soir.

   l Qu'il le sache ou non, il sera élu président de la Commission.

Exercises on the perfect subjunctive

1 a ait fini; **b** soit déjà arrivée; **c** n'ayons pas pu; **d** dise; **e** j'aie jamais vu; **f** soient déjà partis; sois

2 a J'espère que vous n'avez pas fini le gâteau au chocolat.

   b Il est possible qu'elle l'ait déjà rendu(e).

c D'accord pourvu que tu rentres/sois rentré(e) à minuit.

d Comme il était le seul candidat il a gagné le prix.

e C'est l'exposition la plus intéressante que j'aie jamais vue.

f Il n'y a pas de remède qui soit plus efficace que le sport.

g Je pense que tu avais/vous aviez raison la première fois.

h J'attendrai jusqu'à ce que tu aies/vous ayez fini de te/vous brosser les dents.

● Key 27: The subjunctive (imperfect and pluperfect)

Exercise on the imperfect subjunctive

a rendît; laissât; s'éveillât. **b** n'entendît pas **c** fît **d** n'appartînt pas **e** tournât **f** sortît **g** restât **h** n'éveillât. All the verbs are in the third-person singular. This is the most commonly occurring form of the imperfect subjunctive.

Exercises on the pluperfect subjunctive

1   **a** eût achevé. Expression of emotion: *Il était content que* + subjunctive.

   b fût déjà arrivée. Expression of possibility: *Il était possible que* + *subjunctive.*

   c ne ('ne' after verb of fearing) se fût déjà trompée de chemin. Expression of fear: *Il craignait que* + subjunctive.

   d n'eût jamais pensé. Conjunction expressing concession: *Quoique* + subjunctive.

   e ne fût jamais allée. Expression of emotion: *Il avait beaucoup regretté que* + subjunctive.

2   The past conditional (conditional perfect) could be substituted in the first two cases and the pluperfect indicative in the third case: n'aurait pour rien au monde trahi; aurait traversé; avaient reçu.

3   **a** Si elle avait su le résultat, elle s'en serait réjouie. **b** Si elle s'était montrée plus sympathique, il se serait confié à elle. **c** S'il y avait pensé, il aurait pu lui épargner cet ennui.

● Key 28: Prepositions

1   **a** dans la corbeille sur la table **b** de Genève en Suisse **c** en Bretagne **d** par Londres **e** à la boulangerie **f** en Afrique **g** de Paris à Ankara **h** en France et en Espagne **i** à Agadir au Maroc **j** dans la France de l'après-guerre.

2   **a** dans un an **b** en 1944 **c** à 15.00 heures **d** depuis une semaine **e** en cinq minutes **f** après eux **g** dans un quart d'heure **h** jusqu'à demain **i** dans les années trente **j** à/à partir de 8 heures.

4   **Paragraph 1:** depuis 1975, de la planète, de ses problèmes, depuis dix ans, sans alarmisme, sans illusions, sans respect, des préjugés

   Paragraph 2: de la planète, par exemple, de synthèse, par l'observation, dans les graisses, dans les années 30, avant d'être interdits, des plastiques, des vernis, des cires, pour arriver, dans le corps, aux États-Unis, dans l'industrie

   Paragraph 3: des océans, des forêts, dans l'édition, en hygiène, par l'empoisonnement, à base, de plomb, par milliers, de la mort, à produire, à utiliser, à détruire

5   **Paragraph 1:** à Lyon, dans la rue, par les Lyonnais, dans les rues

   Paragraph 2: d'une statue, en 1852, sur la colline, pour remercier, de la peste, de la statue

   Paragraph 3: de milliers, dans la rue, à partir de sept heures du soir, dans les rues, de Noël, des magasins, par leurs couleurs

   Paragraph 4: sur la place Carnot, aux santons, des crèches, sur la place Louis Pradel, à côté de l'Opéra, en forme, de croissants, de cônes, de sphères, par les enfants

6   **a** Elle habite (dans) un appartement au cinquième étage.

   b Il faudra que tu sois/vous soyez à l'heure pour l'entretien.

    c Je voyagerai d'Australie en Inde et peut-être jusqu'au Japon.
    d Discutez la proposition parmi vous.
    e Le siège social de la Croix Rouge est à Genève en Suissse.
    f Il habitait une résidence étudiante depuis six mois.
    g La gare n'est qu'à deux minutes à pied.
    h J'ai dû le/la diviser en cinq portions.
    i Il va falloir qu'elle aille chez le dentiste demain matin.
    j Tout était tranquille jusqu'à son arrivée.

● Key 29: Conjunctions

1 **a** mais elle par contre **b** ni lui non plus **c** et de sommeil **d** ni les plats épicés **e** ou en car **f** et j'approuve **g** ou la semaine prochaine **h** mais un membre de la famille

2 **a** dès que vous le voyez **b** pourvu que ce ne soit pas **c** sans qu'il y ait de trace **d** depuis qu'ils ont déménagé **e** pour que l'omelette **f** avant qu'il ne soit trop tard **g** puisque c'est votre tour **h** à moins qu'il n'y ait **i** jusqu'à ce qu'il fasse noir **j** pendant qu'il fera la sieste

3 **a** avançaient **b** a peur **c** puisse/pût voir les festivités **d** il y ait un seul arrêt **e** est en prison **f** fasse la vaisselle **g** aura ses résultats **h** prenne pas froid **i** mange **j** il n'y ait des complications

4 mais attention; à moins que vous n'ayez; et mettez; ou tout simplement; car les ultra-violets; lorsqu'il fait chaud; avant que vous n'ayez soif; parce que la sensation; dès qu'il fait chaud; bien que ce soit; si la cuisson; pourvu que vous fassiez

5 et à y implanter; mais la tradition; et de l'expansion; et religieux; mais l'extermination; et l'économie; lorsque, aux possessions; de sorte que la Grande-Bretagne; et surtout hétérogène; et de leur volonté; lorsque les grandes nations; et appétits économiques

● Key 30: Word order

1 **a** Les grandes vacances sont-elles déjà terminées?
    b Sans doute y a-t-il de bonnes raisons de s'inquiéter.
    c A peine était-elle installée dans son nouvel appartement qu'elle pensait déjà à déménager.
    d Ce modèle vous plaît-il?
    e «J'ai décidé de mettre les choses au clair», a-t-il ajouté.
    f Peut-être aura-t-il oublié notre rendez-vous.
    g «Il ne faut pas ruminer le passé», se dit-elle.
    h Il vous a déjà averti, paraît-il.

2 **a** Heureux sont ceux qui trouvent un métier qui leur convient.
    b A gauche surgit le château de Polignac.
    c Sans doute les écologistes ont-ils raison.
    d Restent deux questions épineuses.
    e Ensuite arrivèrent des soldats.
    f Peut-être y aura-t-il des places libres pour demain.
    g Bientôt arriva l'hiver.
    h De là viennent tous vos tourments.

3 **a** Ce que disent les hommes politiques est souvent hors de propos.
    b C'est en 1981 que Mitterrand a été élu président.
      Inversion is not possible, because the verb has a complement, président.
    c C'est aux cœurs hardis que sourit la fortune.

d C'est dans cet endroit que je l'ai rencontré pour la première fois.

   Inversion is not possible with a pronoun subject.

e C'est à lui que s'adressent tous ces préambules.

f Tant qu'il y a de la vie, il y a de l'espoir.

   Inversion is not possible with a pronoun subject.

g Tant que durera la guerre, il restera en exil.

h Voilà le laboratoire où Crick et Watson ont découvert la structure de l'ADN.

   Inversion is not possible, because the verb has a direct object

i Ensuite sont arrivés les autres.

j Telles sont ses qualités qu'il doit sûrement réussir.

k A la vague de chaleur a succédé un temps variable.

l Elle est moins bête qu'elle n'en a l'air.

   Inversion is not possible with a pronoun subject.

m Il est plus assidu que ne le disent ses collègues.

n Tant que ma grand-mère est restée chez elle, elle a joui de toutes ses facultés.

   Inversion is not possible, because the verb has an adverbial complement.

o L'UE a ouvert une procédure contre l'Italie, estimant que les examens écrits auxquels sont soumis tous les candidats représentaient un obstacle pour les étrangers.

p Au-dessus du portail royal, éclairées par le soleil couchant, s'élèvent trois magnifiques lancettes, parmi les plus anciennes et lumineuses que nous ait léguées le monde médiéval.

q C'est en 1966 que se noue l'histoire.

4 **a** C'est là que travaille mon ancien ami.

   b «Que peut-il bien vouloir dire?» se demanda-t-elle/s'est-elle demandé.

   c Ce n'est qu'à la fin du roman que toute la situation s'éclaircit.

   d Peut-être le film passera-t-il à la télévision un de ces jours.

   e Sa conduite est totalement inappropriée, me semble-t-il.

   f Sans doute le spectacle sera-t-il un grand succès.

   g Je ne comprends pas ce que dit le professeur.

   h Ils sont partis, semble-t-il, sans mot dire.

   i Il est allé voir la vieille maison où habitait son arrière-grand-mère.

   j Quelles que soient ses excuses, il n'a pas le droit de nous laisser tomber.

   k Suivit une longue pause.

   l Vive la révolution!

5 **a** Il n'a pas eu de chance.

   b Elle n'a jamais de monnaie.

   c Personne n'a le droit de le faire.

   d Je n'ai pas encore fini.

   e Je ne suis plus d'accord/je ne suis jamais d'accord.

6 **a** Qu'a-t-elle fait?

   b Avez-vous déjà déménagé?

   c Où avez-vous trouvé mon porte-monnaie?

   d Pourquoi cette fenêtre est-elle ouverte?

   e Pourquoi n'avez-vous pas encore commencé?

7 **a** Parlez-lui!

   b J'y serai bientôt.

   c J'en reviens juste.

   d J'aurais dû le leur dire/leur en parler.

   e Envoyez-le demain par la poste.

   f Envoyez-le-lui directement.

g Envoyez-le-leur dès que possible.

h As-tu fait des projets? Parle-m'en!

i Donne-le-lui immédiatement!

j Donnez-m'en juste un peu.

● Key 31: Highlighting and emphasis

1 a Ses petites manies, nous les connaissons très bien.

b Sans doute reconnaîtrez-vous que nous avons dû procéder ainsi.

c A la fin du mois je pourrai vous les donner.

d Son vélo, elle l'a prêté à sa sœur.

e Haut et pointu, le pic de cette montagne est immédiatement reconnaissable.

f Seule son écriture suffirait à l'identifier.

g Penser aux vacances, je n'en ai pas le temps.

h Retourner en Amérique, elle en rêve sans cesse.

i Vous trouver ici, je n'y aurais jamais pensé!

2 a Il est trop cuit, ce gigot.

b Ils sont vraiment paresseux, ces étudiants.

c Je l'ai vue hier, Marie.

d Il y en a, des enfants.

e Il l'a lu hier, ce livre.

3 a Lui, il ne s'entraîne pas assez. (Also possible: Il ne s'entraîne pas assez, lui.)

b Son amie, elle, ne peut pas le lui pardonner.

c Je suis sûre que toi, tu me comprendras. (Also possible: Je suis sûre que tu me comprendras, toi.)

d Nos voisins, eux, n'ont rien vu.

e Moi, je ne comprends pas son comportement. (Also possible: Je ne comprends pas, moi, son comportement. Or: Je ne comprends pas son comportement, moi.)

f Vous, vous êtes toujours en retard. (Also possible: Vous êtes toujours en retard, vous.)

4 a C'est à cause de sa dyslexie que l'enfant a un retard scolaire.

b C'est elle qui a promis de le faire.

c Ce n'est pas à lui que je l'ai donné.

d Ce sont Patricia et Sandrine qui ont préparé le dîner.

e C'est demain que je dois passer mon examen.

f C'est à Lyon qu'on mange le mieux.

5 a Ce qui m'intéressait surtout, c'était son livre sur l'Afrique.

b Ce qui me frappe le plus, c'est son insolence

c Ce que j'ai remarqué, c'est son enthousiasme.

d Ce qui l'embête de plus en plus, c'est d'aller à Paris.

e Ce dont j'avais envie, c'était de prendre une douche.

f Ce que j'aime surtout, c'est la situation de cet appartement.

g Ce dont vous aurez sûrement besoin, c'est d'un imperméable.

6 a Son livre sur l'Afrique, voilà ce qui m'intéressait surtout.

b Son insolence, voilà ce qui me frappe le plus.

c Son enthousiasme, voilà ce que j'ai remarqué.

d Aller à Paris, voilà ce qui l'embête de plus en plus.

e Prendre une douche, voilà ce dont j'avais envie.

f La situation de cet appartement, voilà ce que j'aime surtout.

g Un imperméable, voilà ce dont vous aurez sûrement besoin.

Revision texts

● Text 1: Le secret du cerveau de Mozart Key to analysis

1 It refers to *musiciens*. The pronoun *en* replaces *de* + noun. See Chapter 10. In this case *en* stands for the phrase in bold: '*le plus célèbre exemple de ces musiciens*'.
2 might/could well. See Chapter 24.
3 *11 ayant l'oreille absolue; 11 qui ont l'oreille absolue.* See Chapter 22.
4 *le traitement du langage est effectué.* See Chapters 20 and 21.
5 *plus + de* + number. See Chapter 18.
6 higher than **what** it is. See Chapter 11. Better to omit the relative 'what' in English.
7 *le fait que ce soit* (lines 37–8). When le fait que is used to introduce new information, it is followed by the indicative, but if as in this case, it is used to comment on information which has already been established it is followed by the subjunctive. Not detailed in Chapter 26 itself, but see references listed there to other grammar books. *bien qu'il soit un organiste talentueux* (lines 46–7). After the conjunction *bien que*. See Chapter 26.
8 probably/may well be dependent not just on . . . . The present conditional is used here to indicate an unconfirmed fact. See Chapter 7.

● Text 2: Il se pourrait bien que les arbres voyagent Key to analysis

1 In the first three examples, the past participle agrees with the subject of a verb conjugated with *être*. In line 54 it agrees with the preceding direct object, *sa femme*, of a verb conjugated with *avoir*. All reflexive verbs form their compound tenses with *être*, as do a small group of other verbs, including *aller* and *partir*. All other verbs, like *trouver*, take *avoir*.
2 The pluperfect. It is translated into English as "had gone, " indicating what had happened before the story began. The man had had to bend down.
3 The author shifts from the pluperfect to the imperfect to distinguish between what had happened previously, e.g. *une famille avait émigré en Saskatchewan* (lines 16–17), and what still used to happen repeatedly, e.g. *des hommes allaient couper du bois* (line s 17–18), or to describe a continuing state, e.g. *il était … très fier* (line 44).
4 Note particularly the absence of a preposition after a verb of movement, e.g. *était allé visiter* (line 14), *n'était jamais allé courir* (lines 50–51), and a verb of perception, e.g. *il avait vu construire* (line 27). See Chapter 22.
5 *d'avoir entendu* (lines 5–6); *fier d'avoir vécu* (line 44–5); *sans jamais avoir eu besoin* (lines 48–9).
6 See Chapter 8.
7 *Personne; quelque chose; quelqu'un; quoi.*
8 Indirect object: *lui avait coûté* (line 12); *lui cachait le nez* (lines 30–1). Stressed pronoun: *disaient de lui* (line 35); *Le vieil Herménégilde, lui* (lines 41–2).
9 Demonstrative adjective: *Ces gens* (line 20); masc. sing.: *ce village*, but *cet homme*. Fem. sing.: *cette femme*, but fem. pl.: *ces femmes*. Demonstrative pronoun: *Il y avait ceux qui* (line 1). Masc. sing.: *celui*; fem. sing.: *celle*; fem. pl.: *celles*.
10 Note that possessive adjectives in French agree with the thing possessed, not with the possessor, so *sa femme* for his wife (line 11). *Un voile qui lui cachait la figure.*
11 The form, *vieil*, is used before a masculine singular noun beginning with a vowel or mute 'h'. The adjectives *beau, fou, mou, nouveau* become *bel, fol, mol, nouvel* in the same situation.
12 *Étaient tous partis* (line 41); *toutes les tempêtes* (line 36). The former is a pronoun; the latter is an adjective. The final *–s* of *tous* is pronounced when it is a pronoun, but not when it is an adjective.

13 This is a pronoun, standing alone as the subject of the verb. The adjective, *quelques*, would need to be accompanied by a noun in this context. *Certains* (line 4) functions here as a pronoun; it has the same form when used as an adjective, e.g. *à certains moments*.

14 Used as a number, *mille* is invariable. It takes a plural –*s* only when used as a noun meaning 'miles'. The adverb, *même* (even), is invariable, unlike the adjective, *même* (same, very), e.g. *les arbres mêmes* (the very trees).

15 To translate in or to + place, use *à* + town; *au* + masculine country/ state beginning with a consonant (but *en Alaska*); *en* + feminine country/ province/ state/. To denote origin with a masculine place, use *de* + definite article + place name, but *de* + fem place name (with no article).

16 Use of stressed pronoun, either immediately after the subject (lines 41–2), or in the initial position (line 48) to highlight a noun subject. *Reprise* construction in line 54; the direct object, *sa femme* (line 54), is placed in initial position for emphasis, and then repeated in the form of the object pronoun, *l'*.

●Text 3: Les aventuriers sous la mer Key to analysis

1 *Depuis* + present is used to express an action which began in the past, but which is continuing in the present: 'Since men have been going to sea', 'Mediterranean fishermen have been bringing up'. See Chapter 1. By contrast, the *passé composé* is used with *depuis* as in lines 20–2, when the event narrated is completed and not envisaged as ongoing. The imperfect tense is used in line 10 for a description of a state of affairs which went on for some time. Neither the beginning nor the end of this state of affairs is relevant. The preposition *pendant* is used to express 'for' + past time. If *depuis* + imperfect had been used, the meaning would have been 'had been having access'. See Chapter 3.

   The preposition *pour* translates 'for' + time only when reference is made to intentions, e.g. *je vais à Paris pour 3 jours*. See Chapter 28.

2 The first two events are more remote in time. They occurred in 1943. The 'fouilles archéologiques' which have taken place since have occurred over the intervening years since and connect more closely with the present. The event narrated in the final paragraph occurred recently, in 1993.

3 In sentences where a condition is expressed with *si* + imperfect, as here in *s'ils pouvaient fouiller* (lines 12–13), the main verb *sauraient* is in the present conditional. See Chapter 7. The conditional is NEVER used in the *si* clause of a conditional sentence. See Chapter 3.

4 Verbs with the final vowel of their stem in 'e', e.g. *ramener* change 'e' to 'è' in all the singular forms and in the third-person plural form of the present tense.
   Verbs with the final vowel of their stem in 'é', e.g. *repérer*, change 'é' to 'è' in the same circumstances. A verb stem ending in 'g' becomes 'ge' in the imperfect. See Chapter 3.

5 In careful written French, *des* becomes *de* when the adjective precedes its noun. See Chapter 13.

6 The adjective *seuls* agrees forward with *les plongeurs* to which it refers. The past participle *mulitipliées* of the pronominal verb *se multiplier* agrees with its feminine plural subject, *les fouilles archéologiques sous-marines*. See Chapter 20.

● Text 4: Napoléon: le testament que l'on croyait perdu Key to analysis

1 *Passé composé*. For list of other verbs conjugated with *être*, see Chapter 2. Pronominal verbs (see Chapter 20) and the passive (see Chapter 21) are conjugated with *être*.

2 Qui is a relative pronoun referring to the subject of the following verb (cette pièce) whereas que refers to the object of the following verb (*le testament*) (see Chapter 11).

3 These are examples of 'historic present'. This tense expresses past actions and is used instead of a past tense to give greater immediacy and impact to the story. (See Chapter 1.)

4 *En* refers back to *tout ce qui m'appartient à Sainte-Hélène*. It is the appropriate pronoun because of the verb construction: verb + *de* + noun (*disposer de*) (see Chapter 10.)

5 *Il* stands for Bertrand, *le* stands for *le testament*, *lui* stands for *à Napoléon*. A third-person indirect object pronoun such as *lui* comes after a direct object pronoun such as *le* (see Chapter 10.)

6 Both *puissiez* and *connusse* are subjunctive. They follow the conjunctions *afin que* and *sans que*, which demand the subjunctive.
Puissiez (lines 41, 56) is a present subjunctive and is used to refer to future events. *Connusse* (line 81) is an imperfect subjunctive referring to past events. This is only used in literary language. (See Chapters 26 and 27.)

7 *Se résigner* (line 22): infinitive.
se résoud (line 35): indicative present.
se sentant (line 33): present participle.
s'est dégradée (line 59): passé composé (with passive meaning).
s'exécute (line 68): indicative present. (See Chapter 20).

8 *Explique-t-il*: there is an inversion of the subject and the verb in sentences where a verb of saying or thinking occurs after direct speech.
Aussi figurera-t-elle: subject and verb are inverted in careful speech and writing when certain adverbs such as *aussi* are placed at the beginning of the sentence (see Chapter 30).

● Text 5: Une fois réchauffé Key to analysis

1 dans les Alpes; en Israël; dans l'océan Pacifique; au Tchad; en Asie du Nord-Est

2 Articles may be omitted from lists like this.

3 In careful written French, *des* becomes *de* when the adjective precedes the noun. After a superlative, where in English we would use 'in', *de* is used in French. Here *de* + *le globe* = *du globe*.

4 It occurs throughout the singular of the present tense and in the third-person plural, i.e. before a silent ending/mute -e. It also occurs throughout the future and conditional tenses.

5 *Va augmenter* indicates that this will certainly happen in the near future, as opposed to *augmentera*, which would indicate probability in the more distant future.

6 *en furetant* (line 1): by rummaging/ferreting around
en empruntant (lines 6–7): by taking
en crachant (lines 58–9): by spitting out
en brisant (line 112): by breaking up

7 The verb in line 10 is passive, so the past participle agrees in gender and in number with the subject of the sentence. In line 14, the past participle refers ahead to *nuages* (line 15) and so must agree with it.

8 *dès que* (line 22). In both cases, *Or* is introducing a new element, which is the next step in a logical argument. It may be translated as 'now'.

9 It is an adjective in line 37, so it agrees with the noun *heures* which it qualifies. However, in line 5 it is an invariable adverb qualifying the number 20 000.

10 Before a number or a fraction, when it means 'a quantity less than', *moins* is followed by *de*, not *que*.

● Key to exercises

1 **a** Les puissantes colonnes d'air chaud sont formées au-dessus du plancher brûlant des déserts.
  b A ce rythme, l'océan Atlantqiue est traversé en moins d'une semaine.
  c Or, cette perturbation thermique peut être propagée loin, très loin . . .

● Text 6: "Venez acheter du bon riz cuit!" Key to analysis

2 In French most adjectives follow the noun they qualify. This is the case for *paisible* and *cuit*. However, a number of short adjectives such as *bon* and *grand* precede the noun. Adjectives of colour such as *blanche* normally follow the noun. When a noun is qualified by two adjectives, one of which normally precedes and one which normally follows the noun, they both occupy their normal position e. g. *du bon riz cuit*.

4 This is an example of inversion in an interrogative sentence: interrogative adverb + verb + subject + object.

5 *en distribuant* is a gerund (*en* + present participle). A gerund can only be used to refer to the subject of a sentence. Its meaning here corresponds to the English 'while' + -ing.

6 *du* is a partitive article. It expresses an indefinite quantity such as *du café* (= some coffee).

7 After the negative constructions *ne . . . ni . . . ni* or *sans . . . ni . . . ni*, no article is used. It means 'either . . . or'.

8 In order to convey the English 'without + -ing' French always uses *sans* + infinitive.

Bibliography

Cited works and main works consulted in the preparation of the text are as follows.

Adamson, R. *et al.* 1999, 3rd edition: *Le Français en faculté, cours de base.* London: Hodder and Stoughton.

Batchelor, R. E. and Offord, M. H. 2000, 3rd edition: *Using French: A Guide to Contemporary French Usage.* Cambridge: Cambridge University Press.

Coffman Crocker, Mary E. 2009, 5th edition: *Schaum's Outline of French Grammar.* New York: McGraw-Hill.

Duffy, J. 1992: Problems with Prepositions. *French Studies Bulletin* 42, 4–10.

Ferrar, H. 1982, 2nd edition reprinted: *A French Reference Grammar.* Oxford: Oxford University Press.

Hawkins, R. and Towell, R. 2010, 3rd edition: *French Grammar and Usage.* London: Hodder Education.

Judge, A. and Healey, F. 1985, revised edition: *A Reference Grammar of Modern French.* London: Arnold.

L'Huillier, M. 1999: *Advanced French Grammar.* Cambridge: Cambridge University Press.

Morton, Jacqueline. 2013, 7th edition: *English Grammar for Students of French.* Ann Arbor, Michigan: Olivia and Hill Press

Price, G. 2008, 6th edition: *A Comprehensive French Grammar.* Oxford: Blackwell.

Turk, P. and Vandaele, G.G. 2006, 3rd edition: *Action grammaire.* London: Hodder Education.

Index

www.routledge.com/languages

Companion Website

French Grammar in Context

Companion Website

French Grammar in Context comes with a completely free companion website featuring over 120 additional exercises. These have been specially designed to provide students with opportunities for further practice and consolidation of their knowledge.

Features include:

- An extensive range of interactive "multiple choice" and "fill in the gap" exercises, to provide variety and active engagement with material.
- A highly user-friendly structure modelled after the organisation of the book, allowing for easy navigation throughout.

Please find the companion website at **www.routledge.com/cw/jubb**

Learn more at: www.routledge.com/cw/jubb